新版改訂

公式テキストブック

鎌倉観光文化検定

監修・鎌倉商工会議所

かまくら春秋社

鎌倉

2016年に改修工事を終え、新しく整備された鶴岡八幡宮《つるがおかはちまんぐう》参道段葛《だんかずら》

静《しずか》の舞（4月・鶴岡八幡宮下拝殿《しもはいでん》〈舞殿《まいでん》〉）

新春を言祝ぐように咲く瑞泉寺《ずいせんじ》の梅

職人による鎌倉彫制作風景

流鏑馬《やぶさめ》神事《しんじ》（４月、９月・鶴岡八幡宮）

材木座《ざいもくざ》の光明寺《こうみょうじ》に咲く桜と富士山

大勢の人でにぎわう小町通り

円覚寺《えんがくじ》の新緑

長谷寺《はせでら》アジサイ

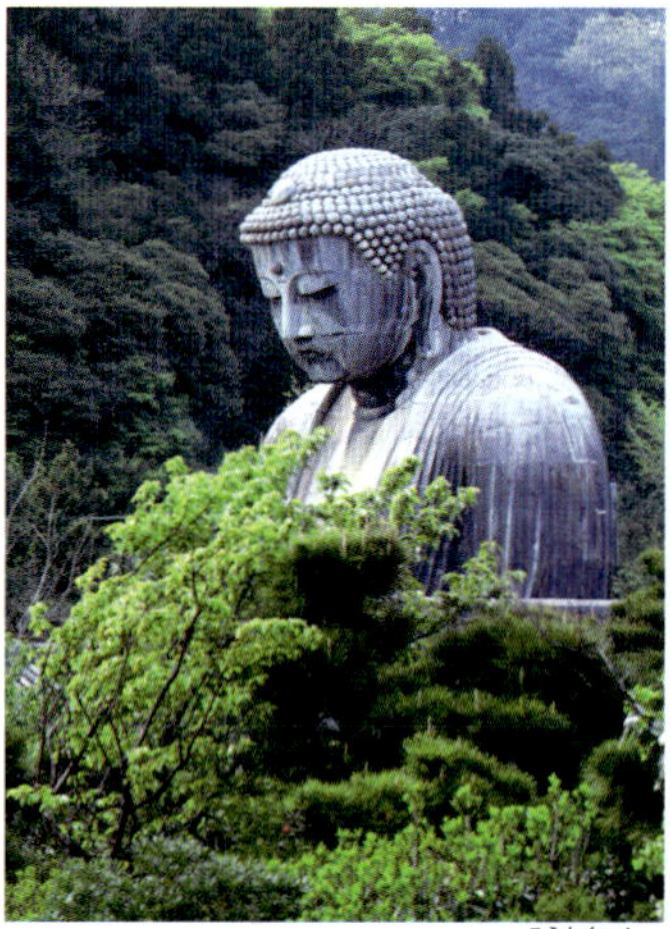

緑のなかに鎮座する鎌倉大仏（高徳院《こうとくいん》・国宝）

夢窓疎石《むそうそせき》（国師）作庭と伝わる瑞泉寺《ずいせんじ》庭園の坐禅窟

アニメファンなどの間で聖地とされる江ノ島電鉄「鎌倉高校前駅」付近の踏切

円覚寺舎利殿《しゃりでん》（国宝）

旧前田公爵邸だった鎌倉文学館とバラ園

建長寺《けんちょうじ》三門（山門／国重文）

長谷寺灌仏会（4月）

その美しさから楊柳《ようりゅう》観音とも呼ばれる東慶寺《とうけいじ》水月《すいげつ》観音《かんのん》菩薩《ぼさつ》半跏像《はんかぞう》

夕景のなかのサーファー（由比ヶ浜《ゆいがはま》海岸）

地場野菜が売られる鎌倉市農協連即売所

ぼんぼり祭。文化人らから奉納された書画をぼんぼりに仕立てる（8月・鶴岡八幡宮）

鎌倉花火大会（由比ヶ浜《ゆいがはま》、材木座海岸・秋〈予定〉）

開山忌《かいさんき》（7月・建長寺）

朝夷奈《あさいな》切通《きりどおし》の落葉

銭洗弁財天《ぜにあらいべんざいてん》宇賀福《うがふく》神社の銭洗水《ぜにあらいみず》

御霊神社《ごりょうじんじゃ》例祭（面掛《めんかけ》行列／９月・御霊神社）

圓應寺《えんのうじ》初江王《しょこうおう》坐像（国重文）

復興された英勝寺《えいしょうじ》山門（国重文）

現存する日本最古の築港遺跡と伝わる和賀江嶋《わかえのしま(わがえじま)》

鎌倉薪能《たきぎのう》（10月・鎌倉宮）

潮神楽《うしお》（1月・材木座海岸）

菅原道真《すがわらのみちざね》を祀る荏柄天神社拝殿《えがらてんじんしゃはいでん》

厄を払うために民家や商店の軒先に祀られるお守り、通称「おはらいさん」

本えびす（1月・本覚寺《ほんがくじ》）

新版改訂 鎌倉観光文化検定 公式テキストブック

新版改訂　鎌倉観光文化検定　公式テキストブック　**目次**

発刊にあたって　15

序――本編をお読みいただく前に　16

歴史・旧跡

歴史　26

旧石器・縄文・弥生時代／古墳時代／奈良時代／平安時代／鎌倉時代／南北朝・室町時代／戦国時代／江戸時代／明治時代／大正～昭和（戦前）時代／昭和（戦後）～平成時代

海の旧跡　49

和賀江嶋／由比ヶ浜／稲村ヶ崎／七里ヶ浜

山の旧跡　52

やぐら／横穴墓／城址

町の旧跡　57

幕府跡／廃寺跡／墓碑など／屋敷跡など／信仰／水／橋

発掘調査　70

道　73

鎌倉往還／鎌倉七口／鎌倉の路

地名――79
コラム「鎌倉」の由来
天平の木簡――28
鎌倉之楯と源義朝――30
御成敗式目――35
戦場となった鎌倉――36
戦国時代の鶴岡八幡宮寺――41
伊勢宗瑞の出自――42
廃寺の勝長寿院・永福寺――60
鶴岡八幡宮は鶴岡八幡宮寺だった――63
災難除けを語る墨書――72

自然・景観

地勢――84
地形／気候／地質
町並み――87
動植物――88
鎌倉の自然環境／森林・植物／川・水源・湿地／動物・昆虫／海・海岸
花の名所――91
一月～十二月

ハイキングコース――103
天園ハイキングコース／葛原ヶ岡・大仏ハイキングコース／
祇園山ハイキングコース
コラム　京都に咲く「鎌倉桜」――94
大船生まれの玉縄桜――102
鎌倉の七つの公園――104

寺院・神社

寺院――106
北鎌倉エリア／扇ガ谷エリア／小町エリア／
金沢街道・二階堂・十二所エリア／大町・名越エリア／
材木座エリア／長谷・極楽寺エリア／七里ガ浜・腰越エリア／
大船駅西エリア／大船駅東エリア／市西エリア
神社――136
コラム　絵図にみる鎌倉時代北条氏と御家人の屋敷地――113
鎌倉七福神めぐり――135

芸術・文化

鎌倉と禅文化――144
文化財――146
国宝／その他のおもな指定文化財

文学 153
江戸時代まで／明治時代／大正時代／昭和〜平成時代
鎌倉と映画―多カルチャーへ 161
鎌倉の映画黎明期／鎌倉ゆかりの映画人／
撮影場所と大船撮影所の閉鎖／映画から漫画・ドラマへ
美術 164
鎌倉時代〜南北朝時代／室町時代／江戸時代／
明治時代以降／鎌倉の美術館・博物館
建造物 172
歴史的建造物／景観重要建築物等
芸能 178
伝説 179
コラム　禅から〝Zen〟へ―145
近年注目の「鎌倉十三仏詣」―152

産業・生活

観光 186
観光客数／友好都市（姉妹都市）
漁業・農業 188
漁業／農業

商工業──191
商業／工業
交通──193
横須賀線／江ノ島電鉄／湘南モノレール
災害──195
名産──197
コラム　室町時代・鎌倉米町のコンビニ紹介──192

行事

祭りと行事──200
一月〜十二月
おもな祭りと行事一覧──210
コラム　鎌倉の町衆と祇園祭──205

資料

鎌倉人物小事典 222／鎌倉略年表 235／系図 248／
鎌倉市内地図 250
索引──254
参考資料──270

口絵扉写真
上段・左：高徳院、右上：名越切通、右下：江ノ島電鉄
中段・左：建長寺三門（山門）と桜、右：鎌倉駅駅舎東口
下段・左：鶴岡八幡宮節分会、右：瑞泉寺紅葉
口絵写真：原田寛

発刊にあたって

戦後間もない昭和二十一年十一月に産声をあげました鎌倉商工会議所は、平成十八年、創設六十周年の節目を迎えました。この間、鎌倉は大きく発展しました。当会議所もまたいささかなりともその発展に寄与できたのではないかと自負しております。そしてこの節目を、さらに鎌倉を素晴らしい町として次の世代の人びとにバトンタッチする機会とするよう、決意を新たにいたしました。

その一環として、「鎌倉観光文化検定」を主催することとし、平成十九年六月に第一回検定試験を行いました。以後、市民の皆さまはもちろんのこと、全国の多くの方々に鎌倉についてあらゆる方面からの理解と関心を深めていただき、鎌倉の観光、経済振興の一助になればと願いつつ、現在に至っております。

本テキストブックは、「鎌倉観光文化検定」が昨年で第十一回を経過したのを機にその内容を見直し、加筆・修正して新しく版を改めたものです。検定試験の対策にはもちろんのこと、鎌倉の全体像を知るうえでも、ぜひご活用いただければ幸いです。

末筆ながら、この本を出版するにあたり、ご協力、ご尽力を賜りました多くの皆さまに心より御礼申し上げます。

平成三十年四月

鎌倉商工会議所

序――本編をお読みいただく前に

源頼朝《みなもとのよりとも》が、ここ鎌倉に幕府を開き八〇〇有余年。初の武家政権の都として人が集い、町が形成され、今の鎌倉にいたるまで長い歴史が積み重ねられました。

この地に立つと、知っているようで知らない、さまざまな疑問がわいてきます。そもそも、なぜ頼朝は鎌倉に都を置いたのでしょうか？　「源氏の嫡流」といわれる頼朝はいかに武士の統率者になっていったのでしょうか？　鶴岡八幡宮《つるがおかはちまんぐう》はどうして現在の場所に建てられたのでしょうか？　そんな素朴な疑問とともにいまの鎌倉の町の原形が姿を現す時点までさかのぼってみましょう。

一、武家の古都・鎌倉の誕生まで

十二世紀末、鎌倉は清和源氏《せいわげんじ》（天皇家の血をひいた一族の一つ）の嫡流と主張した源頼朝によって、日本史上はじめての武家による政権の中心地となりました。

頼朝は、伊豆半島に囚われていた流人《るにん》から、近隣の豪族たちの支持を得て、平家打倒のために挙兵し、またたく間に全国に支配をおよぼす権力者の座に登り詰めました。

挙兵後、石橋山《いしばしやま》（現在の小田原市南西部の山）で一旦平家方の武士に敗れ、房総半島に逃れますが、そこから父祖ゆかりの地、鎌倉を目指すのです。

関東武士の扶けを得て鎌倉に入った頼朝は、まず由比若宮（元八幡）を町の中心に移し、鶴岡八幡宮寺を築きました。そして海岸まで延びる若宮大路を築いたのです。鎌倉は、その若宮大路を中心に次第に道路が整備され、その道沿いに武家屋敷や民家が建てられ、周囲の谷戸《やと》（山の谷間）には寺院、庶民の住居などもでき、人々でにぎわうようになっていきます。

三方を囲まれた山側は、人の往き来を盛んにするために山を切り開いた「切通《きりどおし》」が整備され、海側も人や物が往き来できるようになり、人工の港が築かれ、商業地としても栄えていきました。鎌倉時代のうちに数万人が暮らす町となっていきました。

中世の鎌倉

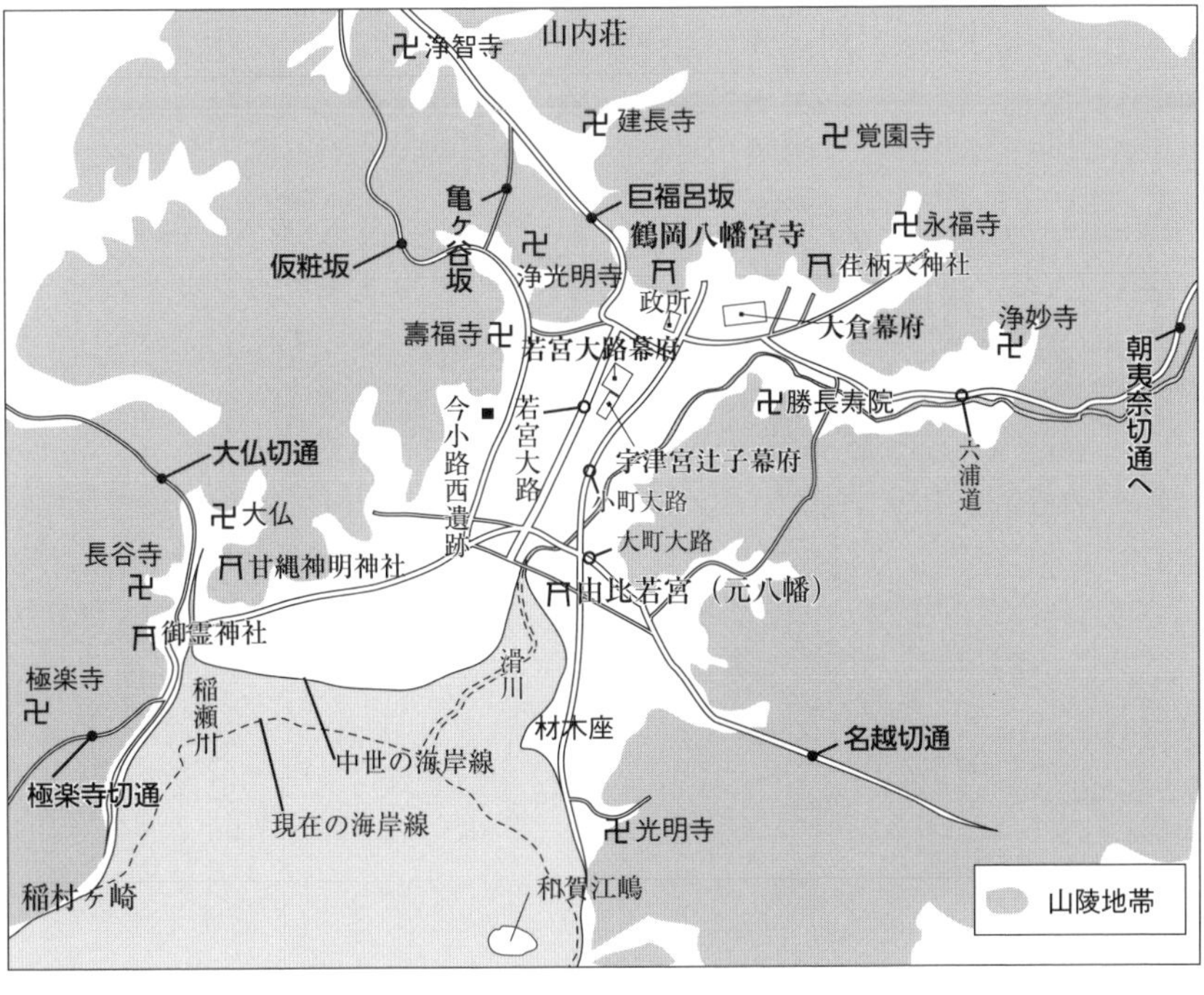

二、鎌倉時代の町の姿と人々の生活

鎌倉時代、鎌倉の町のなかの様子はどのようだったのでしょうか。近年発掘された遺跡や出土品などから明らかになってきた、当時の人々の衣食住をイラストレーションと復元図とともに見てみます。

鎌倉時代の武士の生活と服装

武士とは、もともと朝廷の警護や貴族たちの所有する荘園の管理などの役割を担いつつ、次第に戦闘集団として独立した領地や支配力を手にしていった人々です。

ただし、鎌倉時代の武士は、まだまだ小さな領地しか持たない者も多く、農作を兼業している者が多くいたと考えられます。一方で早くから朝廷や貴族に仕える一族もおり、地方と中央の結びつきも深いものでした。しかし、「いざ、鎌倉」の故事に象徴されるように、通常は自身の農地を耕しながら有事の際に武装して鎌倉に馳せ参じるという武士が多かったのです。

源頼朝が幕府の統治機関として設けた、侍所《さむらいどころ》や政《まん》

戦時の武士の姿

所《どころ》、問注所《もんちゅうじょ》といった役所に勤める者も、常に勤めていたわけではありません。鎌倉の屋敷（宿所《しゅくしょ》）に必要な時のみ滞在し、ふだんは国元にいることが多かったのです。宿所には留守番がおかれていました。

日常は狩衣《かりぎぬ》といわれる平安時代の貴族が狩を行う際の服装をもとにした動きやすい衣服を着、戦になると、兜《かぶと》や、胸板《むないた》、大袖《おおそで》、草摺《くさずり》、すねあてなどからなる鎧を着け武装したのです。

武士の食事

当時の武士の食事はとても質素でした。基本的に一日二食、主食は玄米で、副食として魚や野菜、また狩で得た鹿や猪、鳥や兎の肉が食べられていたと考えられます。鎌倉には海もあり、豊かな海産物からも良質なタンパク質をとったのではないかと思われます。

当時の武士の食事を再現したイメージ。右上の把手《とって》のある器は提子《ひさげ》といい、酒をつぐのに使われていた。また菓子の盛り合わせなども出たという。

平時の武士の姿

現在の御成小学校付近にある「今小路西遺跡」の発掘遺構から作成した鎌倉時代の町の様子（イメージ）。
作画／柿沼迪夫　監修／河野眞知郎　参考／朝日百科シリーズ『平安京と水辺の都市、そして安土』（朝日新聞社刊）

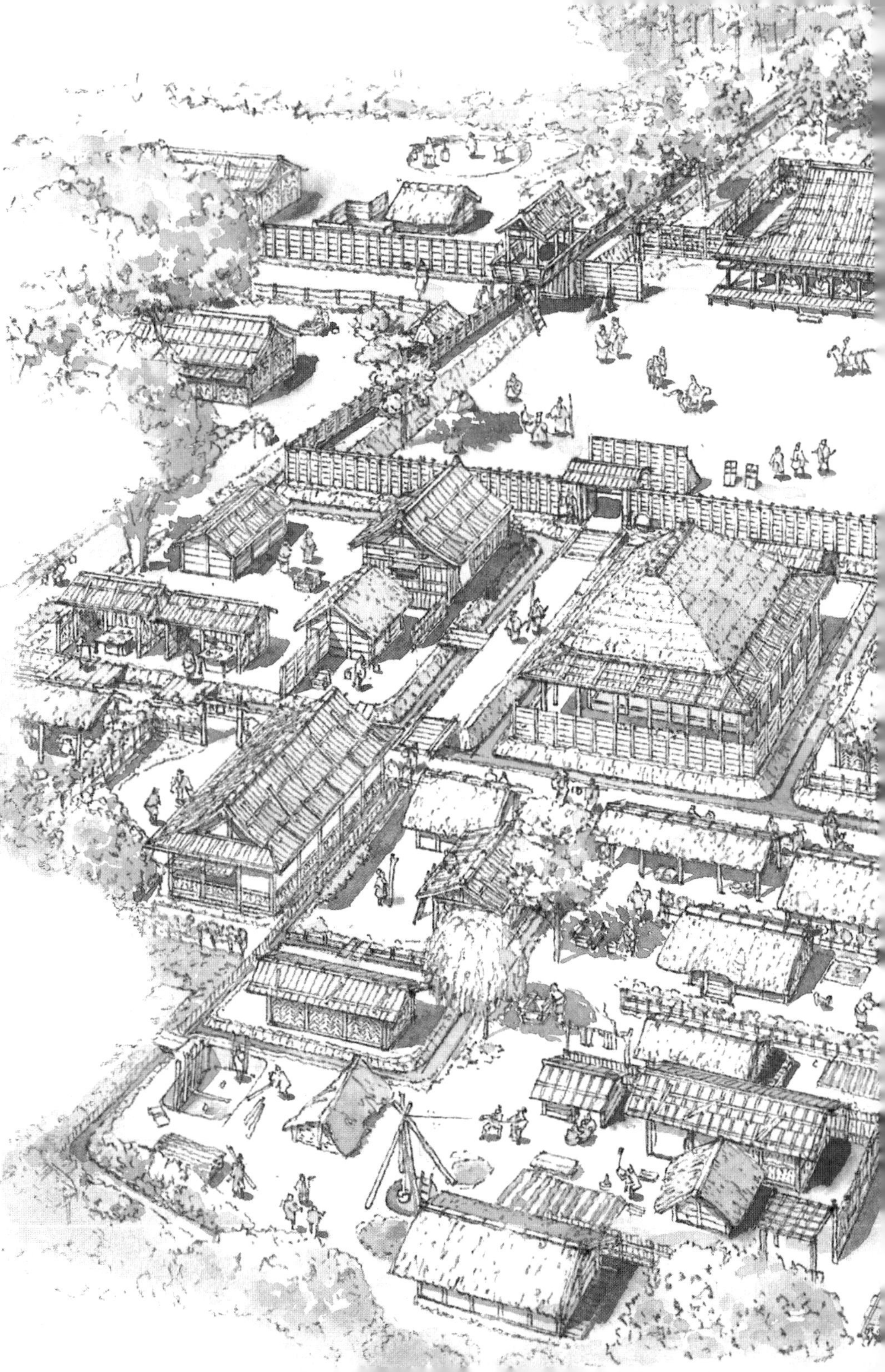

三、宗教都市鎌倉

もう一つ鎌倉の特色として忘れてはならないのが、神社や寺院が建ち並ぶ一大宗教都市であることです。町の中心に据えられた鶴岡八幡宮寺は、鎌倉幕府滅亡後も、武士たちの信仰の対象として長く敬われました。

また頼朝が二階堂の地に建立した永福寺《ようふくじ》は、壮大な伽藍を持つ、当時としては全国的に有数の規模を誇る寺院でした。鎌倉の西側、長谷《はせ》には阿弥陀如来の姿を現した鎌倉大仏が造立されました。

鎌倉が経済と政治の中心地として発展していくとともに、仏教の指導者たちも集うようになりました。特に中国から伝えられた禅宗は、幕府の執権職である北条家から篤い信仰を集め、常に戦いのなかで死と向き合う武士の精神性と相まってここ鎌倉の地で大きく発展していきます。

そのほかにも、当時巻き起こった新仏教の勃興のなかで、鎌倉で多くの開祖らが布教を行いました。現在、多くの寺社がぎゅっと凝縮されて存在する鎌倉の原点がここにあるのです。

さらに仏教文化は運慶《うんけい》に連なる慶派の仏師たちを招き寄せ、多くの優れた仏像が造られました。その仏師たちの技から鎌倉彫の源流もかたち作られていきました。

四、国際的な人気を集める都市へ

その後、室町時代には鎌倉公方《くぼう》による東国支配の拠点となりましたが、室町将軍家との対立から公方が古河（現在の茨城県）に移ると、政権都市の性格はうすれていきます。以後も歴史ある武家政権発祥の地として、戦国大名の後北条氏や豊臣秀吉、徳川家康らの尊崇をあつめ、鶴岡八幡宮寺や主要な寺社は大切にされました。

江戸期には、庶民信仰の高まりとともに、ふたたび寺社への参詣や遊山の地として鎌倉が注目されるようになります。

明治時代に入り、東京近郊の保養地・別荘地として脚光を浴びると、多くの文化人たちがその歴史・気候・風土に憧れ、集うようになりました。財界や政界の人々、そして「鎌倉文士」といわれる文学者らが集うことによって、新たに文化都市として脚光を浴びるようになっていったのです。

近代には、大正関東地震によって甚大な被害を受けますが、次第に歴史的遺産への保護意識が市民に芽生え、根付いていきます。

近年、特に海外からの渡航者が増え、首都圏からのアクセスの良さもあり、さまざまな国籍の人々が集うようになった鎌倉は、漫画・アニメーション・映画など新しい文化の舞台としても注目されています。

本書は、「鎌倉観光文化検定」受験者や、鎌倉への関心を抱かれたみなさまのために、「歴史」「自然」「寺社」「芸術・文化」「産業」「行事」など全般にわたる事柄を体系的に網羅し一冊にまとめたものです。

本書を手に鎌倉を歩いていただければ、鎌倉に残る歴史ミステリーと出合い、今まで知らなかった鎌倉の魅力、一面に気づいていただけると思います。

では、より深い鎌倉へご案内しましょう。

凡例

・本書は、鎌倉商工会議所が主催する「鎌倉観光文化検定」の新版公式テキスト（平成二十三年刊行）を、時局にあわせ再改訂したものである。これまでの「公式テキスト」の内容を再確認しつつ、必要な箇所について大幅な加筆・修正を施した。
・本書は、鎌倉に関する基礎的な事項・知識や情報を主に収載した。収載にあたっては、鎌倉商工会議所が主催する「鎌倉観光文化検定」の趣旨に従って、原則として鎌倉市民および鎌倉を訪れる観光客の関心が高いと思われる項目を中心に選択した。
・各分野の構成は、原則として「概説」と「小項目」に分けた。ただし、建築、美術、文化財などについては、神社仏閣に付随するものが少なくないため概説のみにとどめ、「寺院・神社」の項で必要に応じて紹介した。
・寺院は、原則的に一般公開されている寺院を掲載した。寺社名は、「神奈川県宗教法人名簿」に準じた。
・寺社の由緒や沿革については、それぞれの寺社の資料による。本尊、祭神をはじめとする固有名詞などの表記、読み方も原則的に各寺社の慣用に従った。
・いくつかの説が伝えられる事項については、原則的に、より一般的と思われる説を紹介した。しかし、それは、その他の解釈や説明を、必ずしも否定するものではない。
・地名については、歴史的地名表記に関しては現代仮名づかいとし、住所表記のみ現行の行政住所表示とした。
・人名、地名などの漢字表記は原則として常用漢字とした。
・引用文については詩歌などについては歴史的仮名づかいに、散文は原則として現代仮名づかいとした。
・国や県、市の指定文化財の呼称および、名所、旧跡の名称については、「鎌倉の指定・文化財目録」に準じた。
・文化財の略称については、国指定重要文化財＝「国重文」、県指定重要文化財＝「県重文」、市指定文化財＝「市文」とした。

歴史 旧跡

歴史――26
海の旧跡――49
山の旧跡――52
町の旧跡――57
発掘調査――70
道――73
地名――79

歴史・旧跡

歴 史

旧石器・縄文・弥生時代

鎌倉の旧石器時代は二万年前あたりから始まる。人々は「黒曜石《こくようせき》」を加工した槍《やり》やナイフ形石器を使い、現在の大船小袋谷《こぶくろや》や玉縄《たまなわ》・城廻《しろめぐり》などにあたる比較的海抜の高い土地に住んでいた。

縄文時代は、約一万五千年前から二千年前まで続く比較的温暖な時代であった。この時代の代表的な遺跡は、柏尾川流域に臨む関谷東正院《せきやとうしょういん》遺跡や玉縄平戸山《ひらどやま》遺跡、手広八反目《てびろはため》遺跡などである。

弥生時代になると、海岸線はほぼ現在と同じように南へ下がっていく。道具は鉄が用いられるようになり、稲作も始まった。手広八反目遺跡では、台地の下の川に面した微高地に二十五軒ほどの住居からなる村の跡が見つかっている。北鎌倉台山《だいやま》遺跡では「久ケ原《くがはら》式土器」（現在の東京都大田区久ケ原周辺で主に製作）が

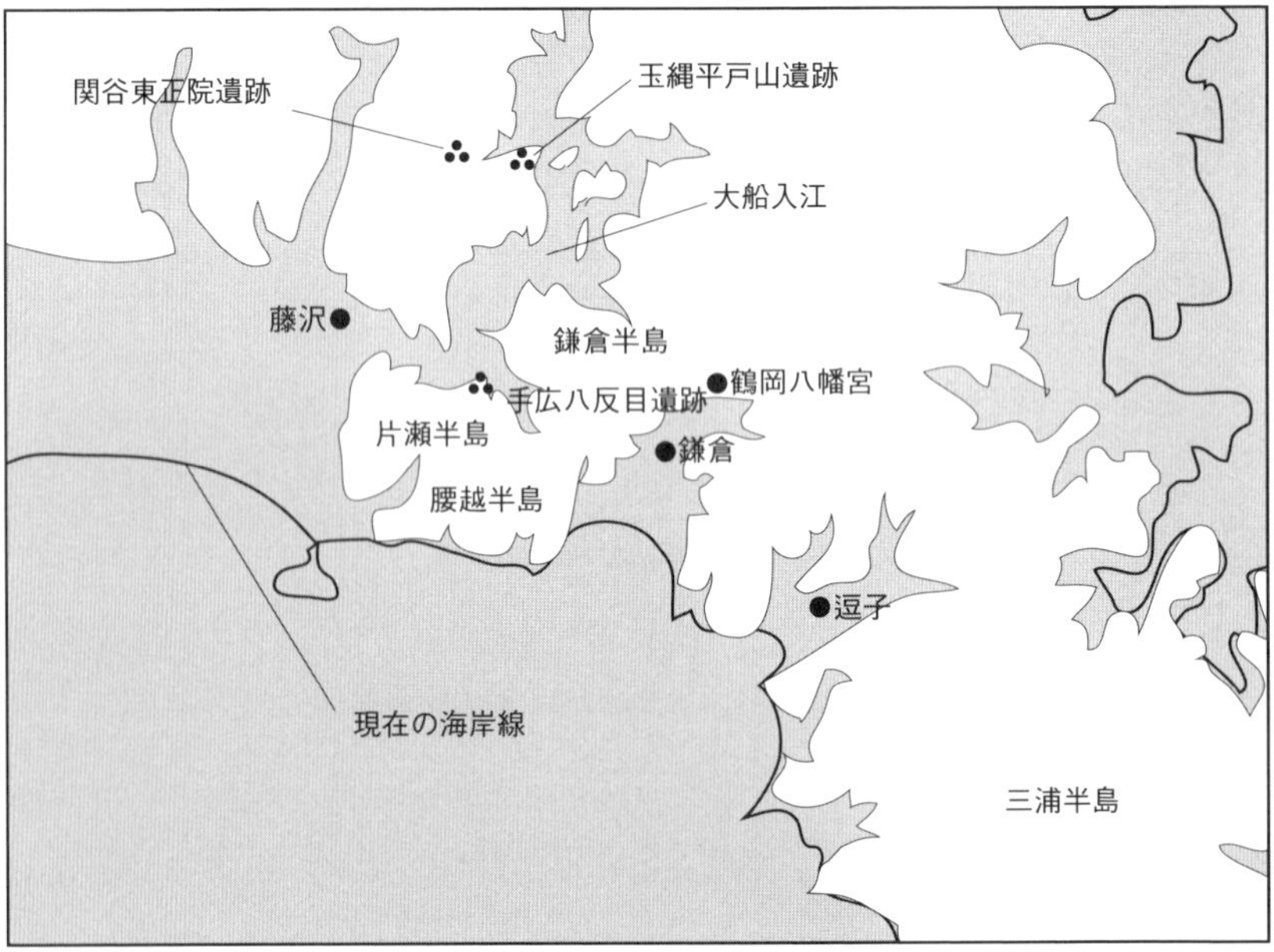

約五千～六千年前の鎌倉（出典：『私たちの鎌倉』〈発行：鎌倉市教育委員会〉）

見つかり、道具を通じて他地域と結び付きがあったことが分かる。岩瀬上耕地《かみこうち》遺跡では台地上に竪穴住居址があり、鎌倉各地に集落が生まれ始めていた。

古墳時代

氏族社会と地域文化圏が生まれ、古墳に代表される時代である。ただし市内で「前方後円墳《ぜんぽうこうえんふん》」をはじめとする高塚古墳は見つかっていない。山寄りには古墳時代後期・飛鳥時代以降の横穴古墳（横穴墓）が多い。寺分富士塚《てらぶんふじづか》遺跡では玉《ぎょく》類・須恵《すえ》器や土師《はじ》器などが出土、埋葬者を手厚く葬る意識とともに経済的な差異が生まれている。

二〇一六年（平成二十八）には、由比ヶ浜《ゆいがはま》の砂丘上（長谷小路周辺遺跡）から丁寧に葬られた一基の石棺墓が出土した。

奈良時代

一九八五年（昭和六十）、市立御成《おなり》小学校敷地（今《いま》小路西《こうじにし》遺跡）発掘で「天平五年」（七三三）銘の木簡が出土した。八〜十世紀にわたる多くの建物跡も見つかり、そこが奈良時代の「鎌倉郡衙《ぐんが》」（役所）跡と確定した。「鎌倉」と記された一番古い史料としては、天平五年九月付け「鎌倉郷鎌倉里」の木簡がある（綾瀬市宮久保《みやくぼ》遺跡出土）。そのほか「正倉院御物」の「古裂《こぎれ》」（調《ちょう》として鎌倉郡から納められた布）に「鎌倉郡沼浜《ぬまはま》郷」「鎌倉郡方瀬《かたせ》郷」などの記載がみられる。『万《まん》葉集《ようしゅう》』にも「鎌倉」「鎌倉山」「鎌倉の美奈の瀬川」（今の笹目町《ささめまち》あたりから流れていたとされる）などの地名を見ることができる。

鎌倉北部の東西道（今の鶴岡八幡宮前道路）、南部の東西道（下馬《げば》四つ角道）周辺には古い歴史を持つ寺社が多い。二階堂《にかいどう》の杉本寺・長谷《はせ》の甘縄神明《あまなわしんめい》神社・長谷寺などが奈良時代創建とされる。この二つの道は古代以来開かれていたことを示すものである。

平安時代

鎌倉郡は「沼浜・鎌倉・埼立《さきたて》・荏草《えがや》・梶原・尺度《さかど》・大島」の七郷からなる（『倭名類聚鈔《わみょうるいじゅしょう》』）。逗子市から藤沢市一帯を含む地域である。朝廷から国司が派遣され、地域の有力者たちが実際の地方政務を行った。後に彼らの子孫が鎌倉武士として活躍するようになる。

一〇二八年（長元元）房総半島の平忠常《たいらのただつね》が謀反を起こすと、朝廷は検非違使《けびいし》平直方《たいらのなおかた》らを鎮圧軍として出陣させた。だが直方が失敗したため、改めて源頼《みなもとのより》信《のぶ》・頼義《よりよし》父子を派遣する。忠常は源頼信の家臣であったので一〇三一年（長元四）には降伏した。また頼義の武勇に感じた平直方は娘を与え、彼に鎌倉の屋敷を譲る。この直方の子孫らは伊豆方面を開拓し、後に北《ほう》条《じょう》を名乗る。北条氏と源氏との関わりはこの時までさかのぼり、後に頼朝《よりとも》が鎌倉幕府を開く原点となるのである。

源頼義は前九年合戦《ぜんくねん》（一〇五一〜一〇六二）で陸奥《むつ》国《のくに》の安倍《あべ》氏を滅ぼした。一〇六三年（康平六）、その帰途に彼は相模守として鎌倉由比郷に石清水八幡《いわしみずはちまん》を勧《かん》請《じょう》し由比若宮《ゆいわかみや》を建立する。今の元八幡宮である。一〇八一年（永保元）頼義の子義家《よしいえ》はこの由比若宮を修理した。源氏は着実に鎌倉へ進出していた。一〇八三年（永保三）陸奥守となった義家は鎮守府将軍清原武則一族の内紛に介入。義家に従う武士たちとともに一〇八七年（寛治元）清原氏を滅ぼす。これを後三年合戦《ごさんねん》

コラム　「天平の木簡」

御成小学校の校庭下は奈良時代の役所の跡だった。八〜十世紀にわたり大きな役所の建物があり、そこから七三三年（天平五）銘の木簡が出たのである。天平五年七月十四日、郷の長丸子《まるこ》某が「ほしいい」（乾燥させた米）五斗を倉に納めた、と記されていた。郷長が物資を送るための荷物札として使用したものであろう。送付先は「郷」から「郡」へ、つまり「鎌倉郡」役所宛てとみてよい。この木簡により鎌倉郡内に「丸子」を名乗る地方役人がいたこと、地域から税として米の乾したものが役所に運ばれていたことが証明された。

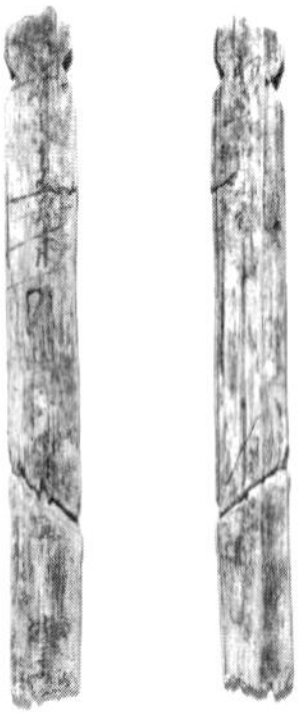

御成小学校の校庭下から発掘された木簡
（鎌倉市教育委員会提供）

という。しかし朝廷はこの合戦を私闘とみなし、恩賞も出さなかった。それで義家は自分の土地を従軍した武士たちに分け与えた。ここに源家と従軍した武士たちとの主従関係が生まれ、後に主人（源家）への「御恩と奉公」が生まれる基礎となったのである。

後三年合戦（一〇八三～一〇八七）に従った相模《さがみ》国《のくに》の武士に鎌倉権五郎景政《ごんごろうかげまさ》（正）と三浦平太為次《へいたためつぐ》（継）がいるが、景政の目に刺さった矢を、為次が彼の顔を踏んで抜こうとしたので、景政が刀で為次を突こうとした話は有名である（『奥州後三年記』）。この後、義家は平直方の軍事基盤を受け継ぎ、さらに多くの東国武士を組織していくことになる。

一一四四年（天養元）、義家の曽孫義朝《よしとも》が在庁官人（地方の役人）らと共謀して大庭御厨《おおばのみくりや》に侵入する。三浦氏や中村氏・和田氏など、後に源頼朝を支える相模国の武士層もこれに従っていた。大庭御厨とは伊勢神宮の所領で、今の藤沢市、茅ヶ崎市一帯にあたる。鎌倉景政（正）が自分の所領を神宮に寄進したもので、実際の支配は鎌倉氏の子孫らが行っていた。

「上総曹司《かずさぞうし》」と呼ばれていた源義朝は、この前年には下総国相馬御厨《そうまみくりや》をめぐり千葉氏の内紛に介入、その支配権を奪おうとした。

義朝は「鎌倉之楯《たて》」（楯とは館のこと。今の壽福寺《じゅふくじ》付近。『天養記《てんようき》』）を本拠地として東国にその勢力を広げ、地元の武士とも婚姻関係を結んだ。長男義平《よしひら》は「鎌倉悪源太《あくげんた》」と呼ばれ、母は三浦義明《よしあき》の娘である。「鎌倉」を名乗ることは彼が父義朝に代わり鎌倉を押さえていた証拠である。

一一五六年（保元元）後白河《ごしらかわ》天皇と崇徳《すとく》上皇の対立に藤原摂関家の内紛が結び付き、「保元《ほうげん》の乱」が起こる。源義朝は平清盛《たいらのきよもり》とともに後白河方として勝利するが、父為義《ためよし》はじめ、多くの身内を失った。

一一五九年（平治元）、武蔵国《むさしのくに》の国司《こくし》であった藤原信頼《のぶより》と義朝は平清盛と対立、敗北する（「平治の乱」）。この時に従った相模武士は波多野《はたの》、三浦、山内首藤《やまのうちすどう》氏などわずかであった（『平治物語』）。義朝・義平・朝長《ともなが》（頼朝の兄）らは死去し、頼朝は池禅尼《いけのぜんに》に助けられて伊豆に流され、義経《よしつね》は京都の鞍馬寺に預けられた。鎌倉地域は源氏の支配地ではなくなり、鎌倉党出身で平家の代官である大庭景親《おおばかげちか》などが相模武士団を指揮統括するようになった。また相模国の国司にも後白河院の近臣らが任命されるようになり、勢力を持った中央の平家

コラム 「鎌倉之楯と源義朝」

伊勢神宮文庫に所蔵される『天養記《てんようき》』(国重文)は「鎌倉之楯」と初めてみえる重要史料である。

一一四四年(天養元)九月と十月、源義朝らに従っていた武士たちと相模国衙《こくが》の役人たちが高座郡大庭御厨に乱入する。この御厨は、坂ノ下御霊神社《ごりょうじんじゃ》に祀られる鎌倉権五郎景政(正)が開発して代々支配してきた土地だった。伊勢神宮の権威にすがって他の勢力から守ってもらおうと寄進したのである。その地域は東が玉輪庄《たまなわしょう》 堺《さかい》 俣野川《またのがわ》、西は神郷堺《かみごうさかい》、南は海、北は大牧埼《おおまきさき》とある。今の藤沢市から茅ヶ崎市一帯である。特に東側が「玉輪庄堺俣野川」とあるので、今の境川で鎌倉の玉縄に接していたことが分かる。源義朝らは鎌倉郡内の「鎌倉之楯」から出発して高座郡鵠沼《くげぬま》郷内にあった米や他人の荷物などを奪っていった。その部下たちは、義朝の名代を務める清(清原)大夫安行《やすゆき》、三浦庄司平吉次男同吉明《よしあき》、中村庄司同宗平《むねひら》、和田太郎同助弘《すけひろ》など、所従千余騎だった。後に源頼朝の旗揚げに従い、衣笠《きぬがさ》城で討ち死にする三浦義明や伊豆の中村宗平、相模の和田助弘など、すでに頼朝の父義朝を源氏棟梁として「主従関係」を結んでいる武士たちが出てくる。

義朝の館、「鎌倉之楯」とは、今の壽福寺付近にあったことが有力視されている。義朝死後には三浦義明の弟岡崎義実《よしざね》が義朝供養のために堂を建てていた(『吾妻鏡』)。また南北朝時代に書かれた『詞林采葉抄《しりんさいようしょう》』にも先祖の源頼義が平直方から鎌倉屋敷を譲られたとある。後に北条政子《まさこ》の夢に現れた義朝が、自分の屋敷「沼浜邸宅」(逗子市沼間)を鎌倉に移してほしいとも願ったとある(『吾妻鏡』)。

政子は岡崎義実の子土屋義清《よしきよ》に依頼してその地を献上させ、栄西《ようさい(えいさい)》に寄進して壽福寺を建立しているので(『同』)、やはり壽福寺付近が源義朝の「鎌倉之楯」跡といえるだろう。

の勢力圏となっていった。

鎌倉時代

平清盛は諸国守護権を子の重盛《しげもり》に譲り、福原に遷都する。重盛政権の力は東国に及び始め、奥州平泉の藤原氏とも連携するようになる。一一八〇年（治承四）、高倉《たかくら》天皇から安徳《あんとく》天皇へ譲位され、平家政権は幼い天皇を背景に絶頂期を迎えた。だが寺社勢力や平家の家人たちへの不満も増え、源頼政《よりまさ》が以仁王《もちひとおう》（後白河院の子）と結び反乱を起こす。乱自体はすぐに鎮圧されたが、その決起命令書である以仁王令旨《りょうじ》（親王などの出す文書）が各地の源氏にお墨付きを与えた。同年八月、源義朝の子頼朝は二十年間の配流先、伊豆国韮山《にらやま》（静岡県伊豆の国市）で北条氏に支えられ挙兵する。平家一族の伊豆の国衙の目代《もくだい》（代官）山木兼隆《やまきかねたか》を倒すが、相模の大庭景親や伊豆の伊東祐親《すけちか》ら平家方の武士により「石橋山合戦《いしばしやま》」では壊滅的な敗北となった。頼朝は、平家方の梶原景時《かじわらかげとき》の機転で箱根山中で命拾いをしている。

伊豆の土肥《どい》氏に導かれ、真名鶴《まなづる》から船出した頼朝は、

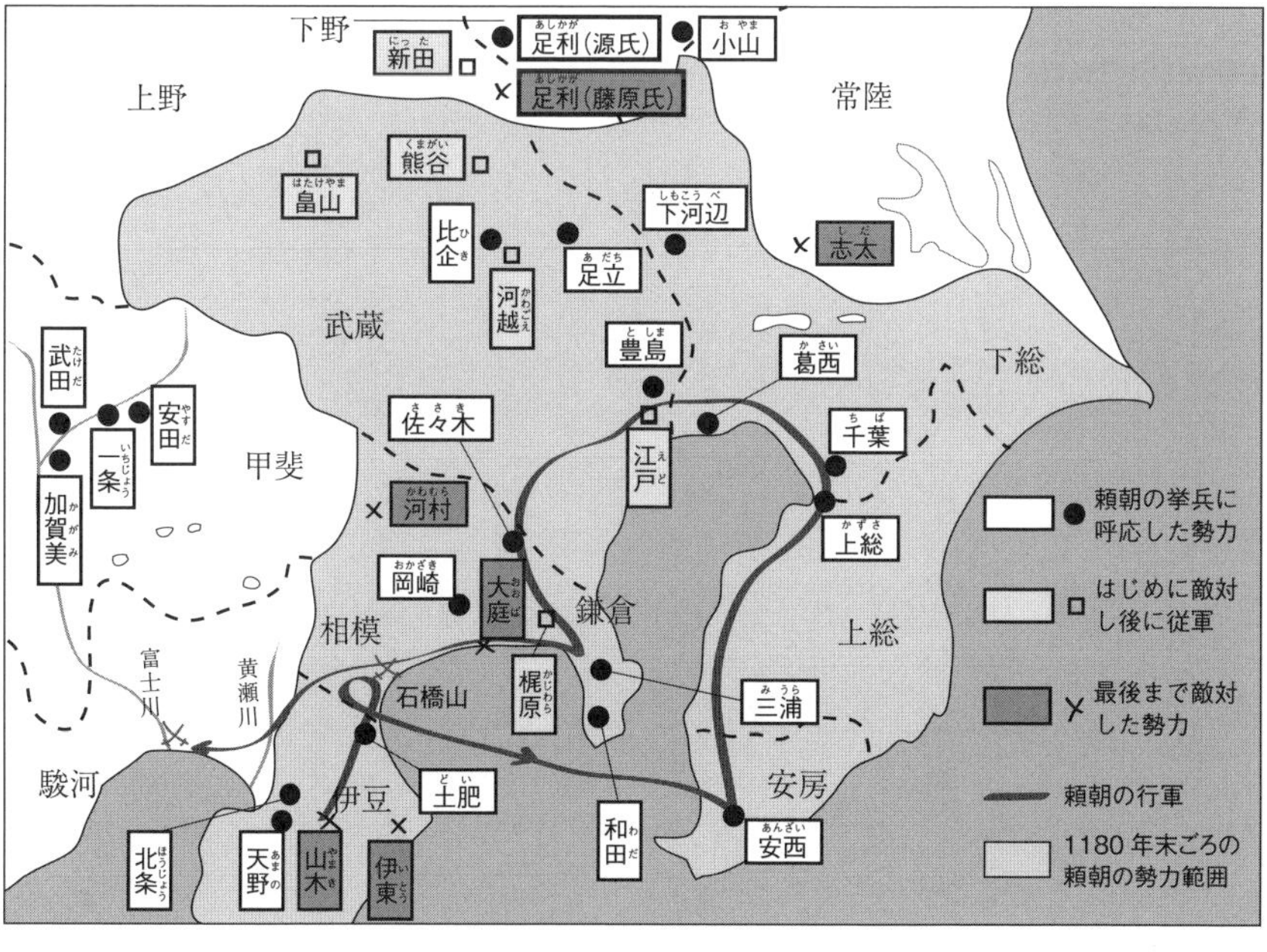

頼朝の挙兵後の行軍経路と、関東の武士団たちの呼応・敵対関係（参考：『私たちの鎌倉』）

源氏山公園の源頼朝像

海上で相模三浦氏と合流、房総半島に上陸する。その地では千葉氏・上総氏なども味方となった。千葉常胤《つねたね》は源氏先祖の旧跡地である鎌倉への移動を進言する。十一月、数万という頼朝の軍勢は武蔵を経て鎌倉に入る。頼朝は、武士たちを指揮・統制するため「侍別当《さむらいべっとう》」(後の侍所《さむらいどころ》別当)にかねて重用していた和田義盛《よしもり》を補す。まさに頼朝の政権は軍事組織が出発点であった。

翌一一八一年(養和元)春に平清盛が死去、国内は鎌倉の頼朝、奥州平泉の藤原氏、そして京都に朝廷を戴く平家という三分の様相となっていた。

その後、源氏の一流である木曽義仲《よしなか》らは平家を西国に追って入京するが、後白河院と対立、さらに源範頼《のりより》・義経の攻撃を受けて討ち死にする。ついに、一一八五年(文治元)、義経らは屋島《やしま》・壇ノ浦《だんのうら》で平家を滅亡させた。しかし義経の活躍は独断に走ったことで功績を評価されず、頼朝ともしだいに不和となっていった。

一一八九年(文治五)、義経は奥州平泉の藤原泰衡《やすひら》によって討たれ、頼朝はさらに泰衡をも滅ぼす(奥州合戦)。なお、この出陣で頼朝が垣間見た平泉中尊寺《ちゅうそんじ》の「二階大堂」(大長寿院)は、後の二階堂の永福寺《ようふくじ》建立に大きな影響を与えた。

一一九二年(建久三)、後白河院が死去する。頼朝は征夷大将軍《せいいたいしょうぐん》となり、将軍家政所《まんどころ》を開設、武家政治の基本ができあがった。国ごとに守護《しゅご》を置き、御家人を統率する軍事警察権が与えられた。御家人たちを各地の地頭職《じとう》に補した。それは恩賞としての意味もあり、主君頼朝と御家人との主従の結び付きがさらに図られ、「御恩と奉公」による幕府御家人制が確立していった。

すでに設置されていた公文所《くもんじょ》は財政事務を行う政所に組み込まれ、問注所《もんちゅうじょ》では訴訟が処理された。鎌倉

北条政子像（安養院蔵）

が本格的に政権所在地として整備され始めていくのである。

頼朝は鎌倉に入った一一八〇年（治承四）以降、由比若宮を小林郷に遷し、鶴岡八幡宮寺を鎌倉の中心として、そこからほど近い大倉郷《おおくら》に御所を造る。これまであった古道を活用しつつ、若宮大路（置石《おきいし》。通称は段葛《だんかずら》）やそのほかの道を整備していった。あわせて御家人たちの宿館もその周辺に設置されていく。

鎌倉には御家人だけでなく、幕府役所の下働きの者、御家人の従者や商工業者、僧侶、神官などのほか、訴訟のために集まってくる地方の人たちもいた。しだいに町は過密化する。その分火事も多くなり、平地にあった幕府御所や八幡宮寺、御家人屋敷、庶民の家も何度も焼けている。火事は町の改造の機運となって、谷奥や浜地、さらには坂・尾根を利用しての寺地や宅地への開発となっていった。鎌倉は浜・谷戸《やと》（谷《やつ》）・坂の文化といわれているが、その起点はこのようなところにあるといえる。

一一九九年（建久十）、頼朝が不慮の死を迎えた（はっきりとした死因は分かっていない）。その子頼家《よりいえ》が二代将軍となる。頼家の義父比企能員《ひきよしかず》の進出を阻止しようと、祖父北条時政《ときまさ》、母政子、叔父義時《よしとき》は比企氏らへの警戒を強める。頼家はその権限をしだいに狭められ、宿老十三人による合議体制で政治が進められる。その間、侍所の梶原景時も粛清され、北条氏がその職権を独占し、鎌倉は北条氏の所管となる。一二〇三年（建仁三）、比企氏が討たれ、頼家も将軍職をはく奪される（比企氏の乱）。その後、北条時政は後妻牧方《まきのかた》とともに平賀朝雅《ひらがともまさ》を将軍にする計画を子義時と政子に察知され、失脚・追放された。

三代将軍は頼朝の次男実朝《さねとも》となる。幼少の将軍を母政子と叔父の執権《しっけん》義時が補佐して政治を進めるようになる。執権とは将軍に代わって政務を行うもので、連《れん》署《しょ》（副執権ともいう）とともに鎌倉幕府政治体制の基本となっていく。

一二一三年（建保元）、侍所別当の和田義盛が北条

義時の挑発によって一族とともに討たれる（和田合戦）。すでに政所別当の義時は侍所別当をも兼任し、鎌倉の支配と御家人統制を一元化していく。

一二一九年（建保七）正月、右大臣となった将軍実朝は、鶴岡八幡宮寺で公暁《くぎょう》（源頼家の子）に殺される。幼少から京都文化の摂取につとめた実朝は、後鳥羽《ごとば》上皇や藤原定家《さだいえ（ていか）》の支援を受けつつ、多くの和歌を詠み、『金槐《きんかい》和歌集』を残している。

義時らは将軍実朝の後継者として頼朝遠戚にあたる藤原（九条）道家《みちいえ》の子三寅《みとら》（後の頼経《よりつね》）三歳を京都から迎える。彼が成長するまでは政子が「尼将軍」として政治を進めた。

実朝の死は後鳥羽上皇による、義時追討の動きとなった。一二二一年（承久三）、政子は頼朝の恩を説く言葉を安達景盛によって御家人らに伝えた。その呼びかけは御家人の結束力を強め、上皇方を打ち破る（承久の乱）。幕府北条氏は朝廷の軍事力を削ぎ、朝廷と西国武士の監視統制のために六波羅《ろくはら》探題を設けた。没収した敵方所領には新たに地頭を置き、京都にも「在京御家人」を設置して幕府勢力は西国・九州方面にも広く及んでいった。

一二二五年（嘉禄元）北条政子が死去する。三代執権北条泰時《やすとき》は幕府体制の一新を図り、大倉御所を宇津《うつ》宮辻子《のみやずし》に移す。新将軍藤原頼経をたて、実質は北条氏を執権とする幕府運営をめざした。訴訟や政策会議を進める評定衆《ひょうじょうしゅう》を設け、その実績を踏まえて一二三二年（貞永元）、御成敗式目《ごせいばいしきもく》（貞永式目）を制定した。これは武家による初めての成文法で、頼朝時代の先例と武家の道理を基本としていた。以後およそ六〇〇年にわたる武家社会の基本理念となった。さらに経済政策として和賀江嶋《わかえのしま（わがえじま）》の築港支援や巨福呂坂《こぶくろざか》、朝夷奈切通《あさいなきりどおし》の整備などを実施し、都市鎌倉への発展の基礎を造っていった。

執権泰時の政治体制は、その下に補佐役の連署、有力御家人や実務官僚からなる評定衆十一人を置き、合議体制で進められた。この執権政治は孫時頼《ときより》に受け継がれ、評定衆の下にさらに引付衆《ひきつけしゅう》を置き、裁判の迅速化と公正性を図った。

一二四七年（宝治元）、北条氏親族であった安達氏の先制攻撃で有力御家人の三浦泰村《やすむら》一族が滅亡する（宝治合戦《ほうじかっせん》）。その結果、北条氏は多くの所領を獲得、特に執権のもとに集まる土地を得宗《とくそう》領（嫡流家の所領）

として直属の部下（御内人《みうちびと》）に維持管理させた。ここに北条氏の嫡流時頼による独裁化が進んだ。この間、摂家（藤原）将軍も廃され、新たに宗尊《むねたか》親王（後嵯峨《ごさが》上皇の皇子）を迎え、以後幕府滅亡までおよそ八十年あまりも親王将軍が続くことになる。源氏が将軍となることはすでに過去のものとなっていた。

一二七四年（文永十一）と一二八一年（弘安四）の二度にわたり、元（モンゴル）に率いられた高麗軍が九州を攻撃した（文永・弘安の役）。幕府は九州の御家人を中心にして彼らを撃退させた。その合戦の様子は『蒙古襲来絵詞《もうこしゅうらいえことば》』（三の丸尚蔵館蔵）が今に伝えている。なお第一回モンゴル襲来の翌年に、執権の時宗《ときむね》は来日した元の使節杜世忠《とせいちゅう》らを龍ノ口《たつのくち》（藤沢市）で斬首した。

時宗の政治はさらに独裁化を深め、自宅で特定の者だけが出席する「寄合《よりあい》」が開かれ、「深秘《しんぴ》の沙汰《さた》」で政治が進められた（得宗専制政治）。合議体制はしだいに形だけとなる。だが若い九代執権貞時《さだとき》があとを継ぐと、あらたな政治改革をねらう「新御式目《しんごしきもく》」三十八条が出された。得宗が「公《く》

コラム　「御成敗式目」

あまりにも有名な鎌倉幕府の法律である。一二三二年（貞永元）八月、執権北条泰時、連署時房《ときふさ》を中心に太田康連《やすつら》、矢野倫重《ともしげ》、斎藤浄円《じょうえん》など、当時の法曹界を代表する幕府役人（評定衆）らにより編纂された。御家人では三浦義村、中条家長《いえなが》などが参加している。全文五十一カ条あり、寺社への崇敬と修理に始まり、守護や地頭の職務、所領等の訴訟手続き、女子への土地譲与権、また朝廷の法律には関与しないことなどが記されている。特に都市鎌倉に関しては、鶴岡八幡宮寺や将軍家ゆかりの寺僧などでも許可なく僧位を求めてはいけないとある。全体として源頼朝時代の先例や慣習を重んじて、それらを「道理」という言葉でまとめている。北条泰時は謙遜しつつ「物を知らない東国人がかき集めたもの」「武家の人へ計らうもの」と手紙に書いている。

この法律はその後、武家社会でおよそ六〇〇年もさまざまに受け継がれ、戦国大名や江戸幕府・大名たちの法理念を形作っていった。近世には、その内容と文字が手習い本となって一般民衆にも広がったのである。

方《ぼう》」（政治体制の実務責任者）として政治を進めていくことがもとめられた。貞時の外戚で幕府・御家人を中心とした政治改革推進派の安達泰盛《やすもり》と貞時の直属家臣で北条得宗独裁化を進める平頼綱《たいらのよりつな》（御内人）が対立、一二八五年（弘安八）に泰盛及びその支持派の多くの御家人が頼綱に倒された（霜月騒動）。この後、頼綱の独断・専横を止めるため、成長した貞時は一二九三年（永仁元）の鎌倉大地震に乗じて彼を倒した（平禅門の乱、また平頼綱の乱ともいう）。

鎌倉後期、貨幣経済の発展は土地を基本とする御家人社会に経済的困窮をもたらした。外国勢力侵攻への対処、御家人への西国移住命令、寺社・御家人等への恩賞地不足、金融業者からの借金の返済など、多くの御家人らが生活苦になっていった。幕府は一二九七年（永仁五）、徳政令を出した（永仁の徳政令）。御家人には売買、質入れした所領が無償でもどることとなった。しかし、それはかえって経済的な破綻を生みだすことになった。

北条氏を中心とする幕府と一部上級御家人、大寺社は、鎌倉・京都・博多などの都市で豊かな経済生活をおくり、「都市貴族」ともいうほどになっていった。

コラム「戦場となった鎌倉」

一三三三年（元弘三）、鎌倉幕府は足利高氏《あしかがたかうじ》（尊氏）と名越高家《なごえたかいえ》を大将とする軍勢を上洛させる。退位した後醍醐天皇とそれに呼応する多くの武士たちを押さえるためだった。四月二十九日、高氏は丹波篠村《たんばしのむら》（京都府亀岡市）で北条氏へ反旗を翻し、新田義貞《にったよしさだ》もまた上野で挙兵、鎌倉に向かう。ついに幕府の本拠地鎌倉が戦場になったのである。

各地の武士たちも自らの意思をはっきりさせていく。常陸《ひたち》の武士塙《はなわ》氏は「鎌倉高時《たかとき》御退治」と述べている。五月十九日には極楽寺坂で北条軍と対戦、家人らが討ち死にした。

安芸国熊谷《あきのくにくまがい》氏や遠江国天野《とおとうみのくにあまの》氏なども参戦し、その近郊で多数の死者を出している。

『太平記』などでは新田義貞の稲村ヶ崎侵入が有名であるが、特に一番激しい戦場となったのは極楽寺周辺だった。

東アジア一帯から輸入された「唐物《からもの》」と呼ばれる高価な青磁や白磁は、中国との間を往復する「建長寺船」によってもたらされ、金沢六浦や和賀江嶋に運ばれてきた。そこは得宗家や建長寺、円覚寺《えんがくじ》、極楽寺なども関わって、良い品物を求める有徳人《うとくにん》（交易などで経済的に豊かになった庶民）でにぎわった。今も市内の寺社や称名寺《しょうみょうじ》（横浜市）に伝わる中国様式の仏像や絵画・仏具などに象徴されるように鎌倉文化の源流となった。

　こうした特権的な一部御家人や北条氏一門による幕府の職務や守護の独占は、地方社会での新興勢力に不満を与え、「悪党」として、幕府の規制に従わない者を多く生みだしていった。

　鎌倉後期には天皇家の分立にともない、即位する天皇が順番に立つようになった（両統迭立《りょうとうてつりつ》）。それに不満の後醍醐《ごだいご》天皇は密かに討幕の計画を立てた。一度は失敗するが（正中の変）、一三三三年（正慶二・元弘三）ついに討幕に至る。呼応した足利高氏（後の尊氏）、その子ども千寿王《せんじゅおう》（後の義詮《よしあきら》）を擁した新田義貞らが、五月に鎌倉を囲む。外から攻撃されたことのない鎌倉七口は北条一門で固められた。稲村ヶ崎に剣を投じて干潟を渡ったという義貞勢と北条氏方は極楽寺坂や洲《す》崎《さき》で激しく戦った。十六代執権北条守時《もりとき》は五月十八日に巨福呂坂で討ち死にし、十四代執権北条高時・十五代執権貞顕《さだあき》は五月二十二日、一門、御内人らの従者とともに東勝寺で自害に追い込まれた。京都では足利高氏により六波羅探題が陥落し、京・鎌倉の北条氏得宗家は滅亡した。

新田義貞らの鎌倉攻めにより自刃した北条高時らを葬ったといわれる腹切りやぐら

南北朝・室町時代

「建武《けんむ》の新政」をとった後醍醐天皇は、鎌倉に皇子成良《なりよし》親王と足利直義《ただよし》（尊氏の弟）を派遣する。関東武士と寺社を統括するうえで、鎌倉の重要性はこれまでと変わらなかった。一三三五年（建武二）、北条高時の遺児時行が信濃《しなの》に挙兵、直義方を攻撃し、鎌倉を占領する（中先代《なかせんだい》の乱）。直義は脱出する際に東光寺《とうこうじ》（今の鎌倉宮付近）に囚われていた後醍醐天皇の皇子大塔宮護良親王《おおとうのみやもりよし》を殺害している。護良親王は父後醍醐天皇を京都で支えていたが、武士政権をめざす足利尊氏らの讒言により父から勅勘を受け、鎌倉に送られ幽閉されていた。京都の尊氏は鎌倉陥落を知ると直義救援のため、後醍醐天皇の許可を受けずに鎌倉に下り、旧北条氏方を破った。尊氏は天皇の上洛命令も拒否して再び若宮小路の旧幕府邸跡に新第（新邸宅）を造って住んだ。天皇は尊氏を討つために新田義貞を派遣した。その後、尊氏は合戦を続けながら京都・丹波・兵庫から九州にまで移動し、多くの武士層の支持を得て新たな政権創設に動きだす。

一三三六年（建武三）、尊氏は「建武式目」を作り、幕府開設の地を「鎌倉」も含めて関係者の意見に従って決める、と述べたが、京都室町に幕府が開かれた。鎌倉にも鎌倉府をもうけて基氏《もとうじ》（尊氏の子）を派遣、鎌倉公方として最高責任者とした。その補佐役を関東管領《かんれい》といい、初代に上杉憲顕《のりあき》と高師冬《こうのもろふゆ》の二人を任じた。その後、上杉氏（犬懸《いぬがけ》・山内《やまのうち》・扇谷《おうぎがやつ》・宅間《たくま》の四家のうち、初めは犬懸・山内氏、後に山内氏を任命）が世襲する。鎌倉府の政治領域は関東八カ国に甲斐・伊豆合わせて十カ国であった（一時信濃が入る。後に陸奥《むつ》・出羽《でわ》が追加）。幕府と同様に鎌倉府は東国にも守護を置く。それは後に守護大名になる契機ともなった。

鎌倉公方は所領の付与・安堵・没収などのほか、鎌倉五山を除いて関東十刹《じっさつ》への住職を任命した。これらの寺は後に公方の保護を失って廃寺となり、今に残る鎌倉の寺では瑞泉寺《ずいせんじ》・大慶寺《たいけいじ》のみである。

鎌倉公方は二代氏満《うじみつ》の頃から幕府と対立し始めるが、四代持氏《もちうじ》はその意思を明確にする。一四三四年（永享六）三月、持氏は鶴岡八幡宮寺に「血書の願文」を捧げ、「関東の重任」つまり鎌倉府を独自に支配しようと考えていたらしい。すでに一四一六年（応永二十三）に前関東管領上杉禅秀《ぜんしゅう》らの反乱（上杉禅秀〈氏《うじ》憲《のり》〉の乱）を鎮め、力を得た持氏は、これまで幕府将軍と鎌倉府の連携・調停役であった関東管領上杉憲実《のりざね》を討とうとした。一四三八年（永享十）、将軍義教《よしのり》は憲実支援の命令を出し、鎌倉大倉御所を攻撃、持氏方に加担していた足利義久《よしひさ》・同満貞《みつさだ》らは捕まった。持氏は永安寺《ようあんじ》（現在は廃寺）で出家、翌年に上杉憲実はこの寺を襲って持氏らを自害させた（永享の乱）。

持氏の自害（『結城合戦絵巻』〈国立歴史民俗博物館蔵〉より）

乱後、長らく鎌倉公方は置かれなかった。一四四七年（文安四〈文安五年説もあり〉）幕府は足利持氏の子成《しげ》氏《うじ》を公方にとり立て、上杉憲忠《のりただ》を関東管領とした。しかし、一四五四年（享徳三）、成氏は憲忠を西御門《にしみかど》で殺害する。山内・扇谷上杉方と成氏派の武士たちはその後に合戦となった（享徳の乱）。双方が関東各地を転戦し、足利成氏もまた下総古河《こが》に移座して古河公方と呼ばれた。これを契機に鎌倉府は事実上なくなった。京都での応仁の乱に先立つこと十三年前に関東地域はすでに戦国時代に入ったといえる。

以後、将軍義政《よしまさ》は弟政知《まさとも》を関東に下向させるが、鎌倉には入れず、伊豆の堀越《ほりこし》にとどまり、堀越《ほりごえ》公方と呼ばれた。鎌倉地区はその後も関東管領扇谷上杉氏と相模守護が支配をしていくが、すでに幕府とは異なる動きを示し、上杉氏家臣の太田氏や長尾氏が実質支配をしていくようになった。

室町時代の鎌倉は、鎌倉府が置かれたことから政治都市としての機能は続き、武士層の屋敷地もあり、訴訟などでの出入りの人々も多くいた。また鶴岡八幡宮寺をはじめ多数の寺社があり、僧侶・神官、職人・商人なども鎌倉に在住していた。鎌倉市内各所の発掘で見られる遺物からもそれが分かる。権力者による大きな規制はなくなるが、その分地域の住人たちが町を維持管理していった。旧暦六月の祇園会では鉾が出され、公方をはじめ見物者の桟敷があった（『鎌倉年中行事』）。運営は「町衆」がその中心となっていた。この伝統は戦国時代の鎌倉へも続く。

戦国時代

幕府奉行人出身の伊勢宗瑞《いせそうずい》（伊勢盛時《もりとき》。北条早雲《そううん》とは後の人がつけた呼び方）は、堀越公方足利政知の子茶々丸を殺害し、伊豆への進出を図った。一四九六年（明応五）には小田原城を占拠する。さらに鎌倉を支配していた三浦道寸《どうすん》（義同《よしあつ》）を住吉城（逗子市）に追い、一五一六年（永正十三）、三崎の新井城（三浦市）で三浦氏を滅亡させた。

一五一二年（永正九）八月、宗瑞ははじめて鎌倉に入り、「枯るる樹にまた花の木を植ゑそへて　もとの都になしてこそみめ」（『快元僧都記《かいげんそうずき》』）と武家の都市鎌倉の再興を願った。その直後に武蔵・相模国境の玉縄の地を新たにとり立てて玉縄《たまなわ》城を築く。戦国時代末期には、鎌倉市の関谷・打越《うちこし》・植木・相模陣など広い範囲にわたる城となり、鎌倉街道（上つ道）や東海道などの交通要地を押さえている。小田原北条氏は、関東進出への足場として、北条氏一門の玉縄北条氏を置いた。一五四九年（天文十八）には城主北条綱成《つなしげ》が玉縄城普請《ぶしん》のために鎌倉中の家別に人足役《にんそくやく》をかけている。

鎌倉は北条氏家臣の代官（大道寺氏《だいどうじ》）と地元出身の小代官後藤氏が住人と寺社を所管していた。一五二〇年（永正十七）頃から小田原城主二代北条氏綱《うじつな》が鎌倉を検地しており、代替わりとともに新たな税制改革をめざした。

また氏綱は、安房《あわ》の里見氏による鎌倉侵入で焼かれて荒廃した鶴岡八幡宮寺の再建に一五三二年（天文元）春からとりかかった。完成までの様子は八幡宮相承《そうしょう》院《いん》の供僧快元《ぐそうかいげん》が日記『快元僧都記』に詳しく残している。

氏綱は鎌倉内に屋形を造営し、働く職人衆たちを慰労している。実質の造営管理者は、玉縄城主の北条為《ため》昌《まさ》で、何度も見回りをしている。一五三九年（天文八）には遷宮の準備がなされ、絵師や銀細工師が最終の仕上げにはいっている。正遷宮には相撲、経供養、舞楽などが奉納され、氏綱・氏康《うじやす》・長綱《ながつな》（幻庵《げんあん》）などの北条一門や有力家臣、京都からの客人などが列席し、にぎやかに挙行された。この間、鎌倉では各地からの人々が集まり、職人たちがその技能・技術を対立しながらも競い合って伸ばしていった。

一五四七年（天文十六）、北条氏は鎌倉諸寺に土地を寄進し、安堵している。鎌倉時代の北条氏同様に鎌倉を支配する政権であることを示した。

一五六一年（永禄四）、長《なが》尾《お》景《かげ》虎《とら》は小田原に出陣のおり、八幡宮寺で山内上杉氏の名跡と関東管領職を正式に継承し、上杉政虎《まさとら》（後に上杉輝虎《てるとら》さらに謙信《けんしん》）と名乗る。

一五八二年（天正十）、対立していた徳川家康と北条氏政《うじまさ》は和睦し、氏政の子氏直に家康の娘が嫁ぐ。以後、しばらくは安定した北条氏の領国となるが、家康の助言

コラム「戦国時代の鶴岡八幡宮寺」

一五二六年（大永六）十一月、安房国の戦国大名里見実尭《さねたか》が鎌倉に侵入、鶴岡八幡宮寺の神宝を奪い、建物を焼失させてしまった。その後、北条氏綱は一五三二年（天文元）から九年をかけて社殿や築地、回廊などを修復完成させる。この事業に精魂を傾けた人が快元僧都である。二十五坊の一つ相承院住職で、小田原北条氏の支援を得てその事業を成し遂げている。もと仏師で鎌倉代官の後藤氏、小田原から派遣された大道寺氏らとともに事業を統括したのである。玉縄、鎌倉の大工のみならず小田原や奈良からも多数の職人が招請され、技術や習慣の違いから文化摩擦も起きている。「酒」を通じてのトラブルもあり、鎌倉は建築ラッシュに沸く、バブル経済の真っただ中であった。

鎌倉住人たちも勧進銭を出し、個人で「赤橋《あかはし》」を寄進した橋本氏親子もいた。小坪《こつぼ》の浜についた鳥居木などの材木を住人たちが大勢で引っ張っていった。柱飾りなど高級な飾り物も装着され、それらが盗まれないよう監視番もつけられた。円覚寺の「洪鐘《おおがね》」なども出開帳に使われ、多くの「散銭《さんせん》」（賽銭《さいせん》）が集まった。

一五四〇年（天文九）十一月二十一日、ついに御遷宮がなされて完成した。翌年の二月、苦労をともにした当主の北条氏綱も亡くなっている。僧快元の日記『快元僧都記』はここで途切れている。

にもかかわらず豊臣秀吉への臣従をしぶっていたため、ついに秀吉の攻撃を招いた。一五九〇年（天正十八）には、建長寺の貯蔵米を玉縄城か小田原城へ運ぶことが命じられている。すでに鎌倉地区も臨戦態勢に入り、住人らも戦さに召集された。秀吉は諸大名を動員して北条氏の支城を先に落とす。玉縄城は四月に家康軍に囲まれ、城主北条氏勝は無血開城した。秀吉は小田原北条氏の旧支配地を家康に与え、自ら鶴岡八幡宮寺に参拝し、新たに再建することを命じた。

秀吉は、鶴岡八幡宮寺・建長寺・円覚寺・東慶《とうけい》寺《じ》を優遇し、そのほかの寺社を牽制していった。

江戸時代

一五九一年（天正十九）、家康によって鎌倉の寺社検地が行われ、寺社領や村々の年貢なども決められた。鎌倉十ヶ村といわれ、雪ノ下《ゆきのした》村・小町《こまち》村・大町《おおまち》村・扇ヶ谷《おうぎがやつ》村・谷合四ヶ村《やつあいよんかそん》（十二所《じゅうにそ》村・西御《にしみ》門《かど》村・二階堂《にかいどう》村・浄明寺《じょうみょうじ》村）・山之内《やまのうち》村・乱橋材《みだればしざい》木座《もくざ》村・極楽寺《ごくらくじ》村・坂ノ下《さかのした》村・長谷《はせ》村が近世鎌倉

コラム「伊勢宗瑞の出自」

かつて、彼は伊勢の素浪人から戦国大名に成りあがったといわれていた。最新の研究成果では、備中国《びっちゅうのくに》の伊勢氏出身で盛定《もりさだ》次男「伊勢新九郎盛時」の後身とされている。室町幕府に仕えていた有力奉行人伊勢氏の出身であり、将軍の命によって今川氏へ派遣された武士だった。彼が死去した年齢も八十八歳とされていたが、六十四歳説が有力である。

彼は波乱に満ちた一生を送った。今川氏親《うじちか》を支えるための駿河《するが》下向、その後に出家、宗瑞と名乗る。一四九三年（明応二）の幕府管領《かんれい》細川政元《まさもと》のクーデターと関わり、宗瑞の伊豆進出、それに伴い堀越《ほりごえ》公方の追放で自立を図る。一四九六年（明応五）には小田原城を占領、三浦半島に勢力持つ三浦氏も徐々に追い詰め、一五一六年（永正十三）に三崎の新井城に滅ぼしたのである。

鎌倉にはこれ以前の一五一二年（永正九）八月十三日に入って、鎌倉を昔のように都としたいもの、と和歌を詠んだ。その後、本覚寺《ほんがくじ》や建長寺、円覚寺、東慶寺などの年貢を免除する文書をだしている。

の村の基本となった。生産高も石高ではなく中世以来の「永高《えいだか》」（銭）で表示されたことも鎌倉の特徴である。これらの村人は八幡宮寺の池ざらいや掃除、祭礼の人足役、火消役などが義務付けられた。また江戸に上る宮家・公家や門跡などが途中で鎌倉を観光していくことも多く、荷物運びなどその手伝いもさせられた。

海岸に面する腰越《こしごえ》・坂ノ下・新宿《しんじゅく》・材木座地区は「鎌倉海」といわれ、その住民は家康から漁業権を認められたが、規制が多くて困窮することも多かった。

旧鎌倉周辺の村々も純農村として旗本や大名領となる。中でも大河内《おおこうち》（松平）正綱《まさつな》が鎌倉郡内を知行し、玉縄に住んだ。一六一九年（元和五）に玉縄城は廃城となり、その地域も旗本領などになった。学者新井白石も一七一一年（正徳元）に植木村を、江戸町奉行で有名な大岡家も一六〇二年（慶長七）以来幕末まで手広村を、刀鍛冶の山村家（正宗派の子孫）も戦国時代から幕末まで扇ヶ谷村を知行地としていた。

鎌倉を訪ねた著名人では学者林羅山《はやしらざん》、僧侶の沢庵《たくあん》宗彭《そうほう》、徳川光圀《みつくに》などがその記録を残している。羅山は頼朝の墓を訪ね、苔むした姿に感動し、沢庵は夜の八幡宮祭礼や五山参詣を体験、徳川光圀は英勝寺《えいしょうじ》を宿

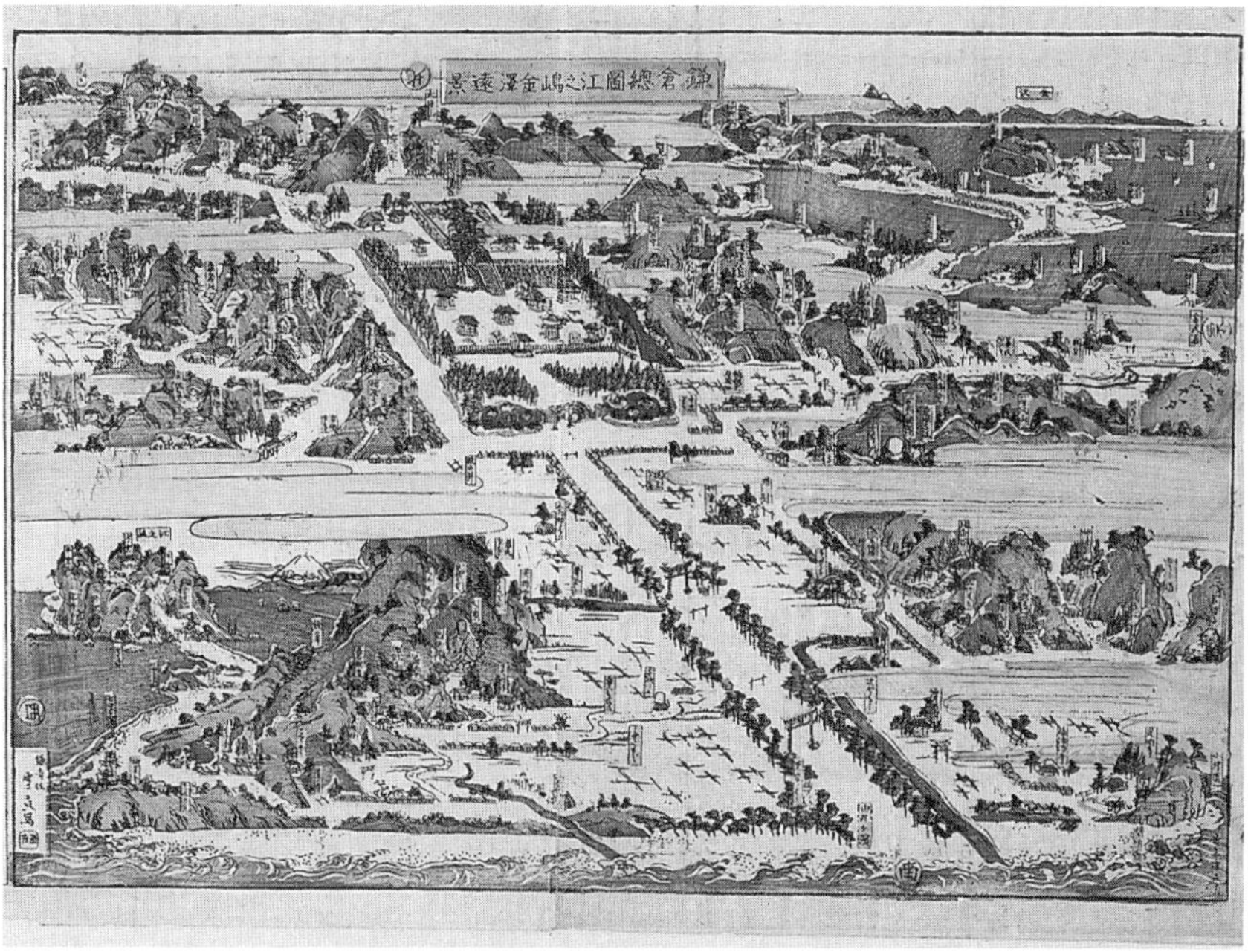

江戸時代に描かれた案内絵図「鎌倉総図江之島金沢遠景」（神奈川県立金沢文庫所蔵）

舎にして金沢・鎌倉・江の島の旧跡を訪問、その記録『鎌倉日記』に詳しく書いている。特に浅井了意《りょうい》の『東海道名所記』（一六五八年〈万治元〉刊行）が出されると、多くの人たちが鎌倉・江の島方面に来るようになった。しかも『吾妻鏡《あずまかがみ》』や『徒然草《つれづれぐさ》』『太平記』など古典知識をもって旧跡を訪れていた。特に松岡《まつがおか》の東慶寺門内では離婚を願う有髪の女が糸を紡ぐ姿に訪問客たちが注目している。

一七〇三年（元禄十六）の大地震では、鎌倉内の寺社や人家などほとんどすべてが崩壊、八幡宮寺の階段や鳥居、石橋などは崩れ、また津波の被害も多く、復興への道は厳しかった。江戸幕府の朱印状で所領を安堵されていた大寺社を除いて、その経営復興は困難となり、伝来の仏像や宝物を江戸の人々に見せ（出開帳《でがいちょう》）、諸国へ展示して（勧化《ごんげ》）、寄進を仰いだ。高徳院大仏などの修復も僧侶や信者の托鉢で賄っていた。

八幡宮寺や建長寺・円覚寺など大寺社でさえも江戸期を通じて多くの修復がなされ、特に一八二二年（文政五）の八幡宮寺再建には幕府大工方の支援とともに鎌倉大工の伝統がそこに生かされていった。

鎌倉十ヶ村の住人たちは、鎌倉武士が信仰していた佐竹天王（大町八雲神社）や相馬天王（八坂大神）なども地域の鎮守として、かつての武士の都としての記憶を伝えた。彼らは鎌倉町衆として地域の祇園祭や天王祭を運営していった。

十八世紀末になると、日本近海に異国船が渡来する。一八五三年（嘉永六）と翌年のペリー来航を契機に幕府は鎌倉にも海防の負担をかけるようになった。建長寺・円覚寺などは申し合わせて、異国船退散の祈禱などを行った。また大砲を造るため、鎌倉内の諸寺院から梵鐘《ぼんしょう》を出すような動きもあった。さらに会津藩・川越藩・彦根藩などが幕府に命じられて相模湾警備役となったため、鎌倉内の十五ヶ村はそれぞれの藩領・預り地となって、村民は人足役など多くの負担に苦しんだ。

一八五八年（安政五）、日米修好通商条約が結ばれ、翌年に横浜などが開港する。規制はあるが鎌倉を訪れる外国人も増えてきた。イギリス人ロバート・フォーチュンなどは日記に農村のような鎌倉の風景と大仏に驚きながら、将来的には外国人観光客にとって魅力的な町となることを予見している。

混乱する幕末政治は外国人排斥の動きを現し、一八六四年（元治元）イギリス人が下馬橋近くで殺された。しかし外国人の鎌倉訪問は減ることはなく、川崎大師や藤沢清浄光寺《しょうじょうこうじ》（通称・遊行寺《ゆぎょうじ》）とともに鶴岡八幡宮寺・鎌倉大仏・江の島を観光するコースが幕末には出来上がっている。すでに今につながる観光都市鎌倉の原型はここにある。

明治時代

明治維新により、鎌倉は一八六八年（明治元）、神奈川県に属した。新政府が公布した神仏分離に関する布告と廃仏毀釈《はいぶつきしゃく》によって神仏混淆《しんぶつこんこう》であった鶴岡八幡宮（寺）では、多宝塔《たほうとう》などの仏教関係の御堂《みどう》や伽藍《がらん》が破壊されるなどした。各寺社もまた上知令《あげちれい》によって境内以外の土地を失い疲弊していった。

一八八九年（明治二十二）に、町村制が施行され、現在の鎌倉市地域は鎌倉郡に編入となり、東鎌倉村、西鎌倉村、腰越津村、小坂《こさか》村、深沢《ふかさわ》村、玉縄村の六つの村になった。さらに東鎌倉村と西鎌倉村が合併して鎌倉郡鎌倉町となったのは一八九四年（明治二十七）のことである。

ドイツ人の医学者ベルツは一八八〇年（明治十三）に「鎌倉は保養地として最適な地である」と紹介し、日本の衛生行政の充実に力を尽くした長与専斎《ながよせんさい》も「海水浴場として理想的な海である」と紹介したことから、保養地、別荘地としての鎌倉が全国的にも知られるようになった。一八八九年（明治二十二）、大船と横須《よこす》賀《か》間に横須賀線が開通し、鎌倉は保養地、別荘地としてさらに発展していく。

一九〇二年（明治三十五）、江ノ島電気鉄道が藤沢から片瀬まで開通し、一九一〇年（明治四十三）には、鎌倉までの全線が完成する。

明治三十年代、由比ヶ浜で海水浴を楽しむ人々（鎌倉市所蔵）

大正〜昭和（戦前）時代

当時の町の発展に大きな貢献をした鎌倉同人会《かまくらどうじんかい》は、明治の外相陸《む》奥《つ》宗光《むねみつ》の長男陸奥廣吉《ひろきち》や洋画家の黒田清輝らが発起人となって一九一五年（大正四）に発足した。鎌倉の貴重な文化遺産の保護・保存をはじめ、街灯の設置、駅や郵便局、鎌倉国宝館《こくほうかん》などの公共施設の整備、設置などの事業活動を行っている。また、鎌倉青年会（団）も、一九一七年（大正六）から、鎌倉の文化遺産を市民や観光客に分かりやすく紹介するため、市内の大倉幕府跡などに旧跡案内の石碑を建てる活動を行い、およそ八十基建立している。

同年、鎌倉で初めてタクシーとバスの営業が始まった。一九二〇年（大正九）に行われた第一回国勢調査での鎌倉町の人口は約一万八千二百五十二人、戸数三千七百十六戸だった。一九二三年（大正十二）に起こった大正関東地震では、大きな打撃を受けた。『鎌倉震災誌』によれば、約三千戸が全半壊し、火災と津波により五百戸あまりが流出・焼失、死者は四百十二人、重傷者三百四十一人に上った。寺社も被害を受け、これをきっかけに貴重な文化財を守るために鎌倉国宝館の建設が計画され、一九二八年（昭和三）に開館した。

大正関東地震による津波の爪痕が残る坂ノ下地区

一九三〇年（昭和五）、鎌倉町の人口は二万六千六百四十五人となる。翌年、腰越津村が腰越町になり、一九三三年（昭和八）には、小坂村と玉縄村が合併して大船町が誕生。このころから市制施行へ向けての準備が始まり、一九三九年（昭和十四）、鎌倉町と腰越町が合併して鎌倉市が誕生した。

また昭和初期には、大正関東地震で壊滅的な被害を受けた東京から、多くの文学者や文化人たちが良好な環境を求めて鎌倉へ移住してくるようになった。

一九三四年（昭和九）には、作家久米正雄《くめまさお》、大佛《おさらぎ》次郎らをはじめ文化人を中心とした「鎌倉カーニバル」が始まり、「海の銀座」とまでいわれた鎌倉の浜辺と同様に、鎌倉の夏の風物詩として全国的に知られるようになる。久米は町議も務めた。また大佛は鎌倉女学校（現鎌倉女学院）の教壇にも立った。一九三六年（昭和十一）には、久米、大佛、里見弴《さとみとん》などの鎌倉在住の作家によって鎌倉ペンクラブ（会長久米正雄）も結成された。また、大船には東京の蒲田《かまた》から松竹撮影所《しょうちくさつえいじょ》が移転し、松竹大船撮影所として発展。「大船調」といわれる多くの作品が作られるようになった（松竹大船撮影所は二〇〇〇年〈平成十二〉に閉所）。

このころから大船深沢地区には軍需工場も建てられるようになり、一九四一年（昭和十六）には第二次世界大戦が始まる。軍需物資の供給には寺院の梵鐘《ぼんしょう》なども集められた。一九四五年（昭和二十）の五月には横浜大空襲があったが、鎌倉は幸い空襲を免《まぬが》れ、八月に戦争は終わった。

昭和（戦後）～平成時代

戦後間もなくの一九四六年（昭和二十一）、地域社会・経済の立て直しのために鎌倉商工会議所が創立された。一九四八年（昭和二十三）、鎌倉市は深沢村と大船町を編入して人口八万人の都市となる。一九五二年（昭和二十七）には、源氏の家紋とされるササリンドウが市章に制定された。

昭和三十年代に入ると、東京への通勤圏として、宅地造成が盛んに行われ、人口も増加した。鎌倉市は、大船・深沢地域に積極的に工場を誘致して工業化を促すなど市の発展を図ったが、そのために緑が失われ自然環境が破壊されて悪化するなど環境面での対策が急務となった。一九五八年（昭和三十三）には、世界の恒久平和を願い、多くの歴史的遺産と文化的遺産を持つ平和都市であることを謳《うた》った平和都市宣言を行った。

一九六四年（昭和三十九）には鎌倉風致保存会《かまくらふうちほぞんかい》が発足。一九六六年（昭和四十一）には「古都における歴史的風土の保存に関する特別措置法」（以下「古都《こと》保《ほ》存法《ぞんほう》」）が成立し、歴史的風土保存区域での建築物の新築、増築や土地の造成工事などの行為は届け出制になり、歴史的風土特別保存地区では厳しい許可制になった。「古都保存法」の制定が実現するきっかけになったのは、「御谷《おやつ》騒動」と呼ばれる鶴岡八幡宮の後背部の緑地開発をめぐっての開発側と反対派の攻防だった。運動には、大佛次郎ら著名人をはじめ多くの市民が加わった。風致保存会は一九六四年、御谷騒動の舞台となった緑地を買い取った。これが日本で初めての「ナショナルトラスト運動」となった。一九七三年（昭和四十八）には、自然環境と歴史的遺産を保護する文化都市として発展することを願い、市民憲章が制定された。

昭和五十年代の旧鎌倉駅舎

　一九八五年（昭和六十）には鎌倉文学館が、一九九三年（平成五）には、大船に鎌倉芸術館が開館した。一九八九年（平成元）には、市制五十周年にあたり、多くの文化財の公開や講演会などのイベントが行われた。

　日本で最初のナショナルトラスト運動の地として、自然景観や風土、歴史・文化遺産の保護と育成に力を入れているなか、鎌倉市は、神奈川県、横浜市、逗子市とともに「武家の古都・鎌倉」の世界遺産登録を推進していた。しかし、二〇一三年（平成二十五）四月にユネスコの諮問機関であるイコモスから「不記載」勧告を受けたことにより、推薦を一旦取り下げた。

　現在は、世界遺産登録に結び付くコンセプトの再構築に向けた取り組みを進めているほか、二〇一五年（平成二十七）に策定された鎌倉市歴史的風致維持向上計画や二〇一六年（平成二十八）に認定された日本遺産の事業により、二〇一七年（平成二十九）五月に開館した鎌倉歴史文化交流館の考古学遺物展示などを通じて「歴史的遺産と共生するまちづくり」に取り組んでいる。

　二十一世紀、「古都としての風格を保ちながら、生きる喜びと新しい魅力を創造するまち」（第三次鎌倉市総合計画）の実現に向け、少子化、高齢化という課題を抱えながら、鎌倉は新しい時代の日本を代表する街をめざして歩んでいる。

歴史・旧跡

海の旧跡

鎌倉には海の旧跡が多く残っている。南が海に向かってひらかれている鎌倉の地形は、各地の港を結ぶ海上交易ルートの拠点としても利便性が高かった。現存する築港遺跡としては、わが国で最も古い和賀江嶋《わかえのしま（わがえじま）》がある。また新田《にった》義貞《よしさだ》の鎌倉攻めの舞台となった古戦場・稲村ケ崎《いなむらがさき》などをめぐっては、鎌倉時代から数々の歴史上の物語が生まれた。

鎌倉時代には、材木座上河原付近まで海が入り込んでいたようである。当時は今の一の鳥居から西側を「前浜《まえはま》」（坂ノ下海岸と由比ヶ浜《ゆいがはま》）と呼んでいた。

和賀江嶋

現存する日本最古の築港遺跡として国の史跡に指定されている。和賀は、もともと材木座の古名ともいわれ、和賀江嶋は材木座の東南の端に位置する。飯島岬から海中に約二百メートル延びた石積みの防波堤と考えられる。材木座（西浜）は遠浅の海で、風波は荒く、難破・破損する船が多く、大型船も安全に出入りできるよう港湾整備の必要があった。そこで、九州筑前《ちくぜん》でも港を築いた実績のある往阿弥陀仏《おうあみだぶつ》という勧進《かんじん》僧が、一二三二年（貞永元）、船着場としての築島を幕府に申請した。三代執権北条泰時《ほうじょうやすとき》はこれを受け入れ、相模川《さがみがわ》や酒匂川《さかわがわ》、伊豆《いず》辺りから運んだ石が積み上げられて約一カ月で完成したといわれる。この築港事業も同年の泰時による貞永式目の制定とともに都市新整備政策の一つと考えられる。鎌倉時代後期には、日本各地をはじめ中国との交易船でにぎわい、極楽寺の管理下で関料（関税）を徴収するなど海の玄関口としての役割も果たしていたとみられる。

干潮時に姿を現した和賀江嶋（鎌倉市提供）

江戸時代までは港として利用されていたが、その帰属をめぐり、材木座村との争いが絶えなかった。その際に江戸幕府に提出した和賀江嶋の絵図二枚が小坪草柳家に残され（鎌倉国宝館保管）当時の様子を伝えている。その後、地震や台風、そして風化により積み石が崩れて平らになっていった。現在では「島」とはいっても丸石が河原状になって海面に姿を見せる状況である。満潮時には海水に浸かり、干潮時には石が現れて島となる。浜辺では、今でも中国の古い青磁の破片などが見つかることもある。

由比ヶ浜

稲村ヶ崎（霊山《りょうぜん》ヶ《が》崎《さき》）から材木座の飯島までの全長約三・二キロメートルの海岸の総称だが、一般的には、滑川《なめりかわ》の河口を境にして西側の稲瀬川《いなせがわ》までを由比ヶ浜と呼んでいる。

名前の由来は、その昔、由比郷《ごう》といったからとか、互いに助け合う共同組織の「結《ゆい》」にちなむともいわれる。由比には、由井、湯井などの字も当てられていた。

鎌倉時代には「前浜」と呼ばれ、多くの家も浜に建ち、また小笠懸《こがさがけ》や流鏑馬《やぶさめ》、犬追物《いぬおうもの》など武芸の修練場とされていた。将軍源頼朝《みなもとのよりとも》が走湯山《そうとう》（伊豆山神社）・箱根山・三嶋社の三社へ参詣する「二所詣」（二つ詣でる場合もあったが〝二所詣〟と呼ぶ）に出発するときには、この由比ヶ浜の海で身を清めたともいわれる。一一九三年（建久四）には、頼朝が放生会《ほうじょうえ》を行ったといい、浜は神聖な宗教儀式の場ともなっていた。一方、一二一三年（建保元）の和田合戦では、幕府を攻撃した和田義盛《わだよしもり》が一族とともに由比ヶ浜で滅亡し、首《くび》実検《じっけん》が行われたのも、この浜とされる。

また一二一六～七年（建保四～五）ごろに、三代将軍源実朝《みなもとのさねとも》が宋へ渡るため陳和卿《ちんなけい》に命じて巨大な船をこの浜で建造したとされる（『吾妻鏡』）。

近年の発掘調査により、前浜は物を造る職能民の生活、生産の場であったことも分かった。また同時に、鎌倉時代から江戸時代にかけて埋葬された多くの人骨が発見されたことから、浜が鎌倉時代以後、大規模な埋葬地だったことも明らかになった。明治初期には一時、火葬場にもなっていたようだ。

一八八九年（明治二十二）に横須賀《よこすか》線が開通してから、保養地、別荘地として人気が高まり、のちに「海の銀座」といわれるほど海水浴客でにぎわい、リゾート地として発展していった。

一九五六年（昭和三十一）に湘南有料道路（国道一三四号線）の開通により、美しい松林と砂丘の姿は失われ、現在の姿になった。

稲村ヶ崎

極楽寺から続く山並みが海岸まで延びて海中に突出する岬で、東側は断崖となっている。かつては、この岬の東側を「霊山《りょうぜん》ヶ《が》崎《さき》」、西側を「稲村ヶ崎」と呼んでいたともいう。東の由比ヶ浜と西の七里《しちり》ヶ《が》浜《はま》の境界にあたり、鎌倉の海を分けている岬でもある。名前の由来は、岬の形が稲の束を積み上げた稲むらに似ているところから名付けられたといわれる。

一三三三年（元弘三）の鎌倉攻めに際し、新田義貞が海中に黄金造りの太刀を投げ入れて龍神《りゅうじん》に祈念すると、一気に潮が引いて鎌倉に攻め入ることができたというエピソード（『太平記《たいへいき》』）でも知られ、国の史跡に指定されている。

現在、海浜公園として整備され、新田義貞の石碑のほか、一九〇八年（明治四十一）に教え子の北里柴三郎《きたさとしばさぶろう》と鎌倉を訪れた、近代細菌学の祖といわれるドイツ人細菌学者ロベルト・コッホの記念碑（一九八三年〈昭和五十八〉霊山山《りょうぜんさん》から移転）がある。二〇〇二年（平成十四）まで海水浴場としてもにぎわっていた。

近年の発掘調査や研究により、霊山にあった極楽寺の支院仏法寺をめぐる、鎌倉方と新田軍との争奪戦が鎌倉幕府の滅亡を決したとされる。

七里ヶ浜から江の島に続く海岸線と、その先の富士山、箱根の山々、沖には伊豆半島が望める景勝地としても名高い。

七里ヶ浜

稲村ヶ崎から腰越《こしごえ》・小動岬《こゆるぎみさき》までの約二・九キロメートルの海岸。名の由来は諸説あり、別名、七里灘《なだ》、七里浜《ばま》、七里浦ともいわれる。また、「七里」という言葉には、本来、長い道のりという意味があり、稲村ヶ崎と小動岬の間の距離があることからきているともいわれる。江戸時代には富士山を望む景勝地として多くの浮世絵に描かれた。また、鎌倉で刀や包丁などの鍛冶《かじ》が盛んになったのは、砂鉄を多く含んだこの浜の砂を利用できたからだともいわれる。

一九一〇年（明治四十三）に逗子開成中学の生徒ら十二人が七里ヶ浜沖合で遭難死した海難事故があり、慰霊、追悼《ついとう》のために生まれた歌「七里ヶ浜の哀歌」によっても世に知られるようになった。稲村ヶ崎にその慰霊碑が建っている。尋常小学校の唱歌「鎌倉」にも、「七里ヶ浜のいそ伝い稲村ヶ崎名将の剣《つるぎ》投ぜし古戦場」と歌われている。

七里ヶ浜

海岸はすぐに水深が深くなり海水浴には向かないが、近年は季節を問わず若者たちがサーフィンを楽しんでいる。「日本の渚《なぎさ》百選」にも選ばれている。

山側の傾斜地は、一九六五年（昭和四十）ごろから高級住宅地として開発され、人口が急激に増え現在に至っている。

歴史・旧跡

山の旧跡

鎌倉を取り囲む標高百～百五十メートルほどの山稜部には、古くは古墳時代の横穴《おうけつ》古墳《こふん》（横穴墓《おうけつぼ》）が存在した。また鎌倉時代になると、山間の谷戸《やと》の斜面を削り、寺院や武家屋敷が建てられるようになった。そして、斜面を削った「切岸《きりぎし》」には僧侶や武士の墓所や堂（やぐら）が掘られた。鎌倉の山は主に凝《ぎょう》灰岩《かいがん》という軟質の岩でできており、掘りやすかったことも多く造られる要因となった。谷戸の奥や切通《きりどおし》では、今も多くのやぐらを目にすることができる。

山稜部には、切岸《きりぎし》、掘割《ほりわり》、土塁《どるい》など、外敵を防ぐための要害遺構が数多く存在するが、現在の鎌倉の山々の尾根は、ハイキングコースになっている。山歩きと旧跡めぐりをともに楽しむことができ、ハイカーの人気を集めている。

やぐら

やぐらとは、中世鎌倉を取り巻く丘陵山腹を穿《うが》って造られた仏堂的横穴《よこあな》墳墓などの総称。三浦《みうら》半島や房総半島にも分布している。

江戸時代には漢字で、窟、矢倉、矢蔵、谷倉、屋蔵などとも当てた。呼称は、岩倉《いわくら》、谷戸倉《やとくら》、谷津倉《やつくら》などからの転訛《てんか》、あるいは中世期の鎌倉で、洞窟・岩穴を意味する方言だったとされるが、最近の研究では中国岩窟寺院の影響を受けて生まれたともいわれる。

貞享年間（一六八四～一六八八年）に編纂《へんさん》された『新編鎌倉志《しんぺんかまくらし》』の正覚寺《しょうかくじ》の項に、「三浦道寸《どうすん》城跡」として「やぐら」の記載があり、少なくとも江戸時代には、やぐらという言葉が使われていたことが考えられる。

やぐらは、一般的に、内部は方形に削られた玄室《げんしつ》、中央に羨道《せんどう》（玄室に向かう通路、あるいは入口）がある。墳墓としてのやぐらには、玄室内に壇を設けて納骨穴を造り、その上に五輪塔や宝篋印塔《ほうきょういんとう》など供養塔《くようとう》を置き、内部は漆喰《しっくい》で塗り固めているものも残る。仏堂的側面の強いやぐらには、壁面に梵字《ぼんじ》や五輪塔、仏像などが彫刻されているものもある。

現在、鎌倉市内で知られているやぐらの数は千基を超す。埋もれているものを含めれば二千基以上に達するといわれる。

朱垂木《しゅだるき》やぐら

西御門《にしみかど》の山奥、百八《ひゃくはち》やぐらに連なる西方のやぐら群の中の一窟。天園《てんえん》ハイキングコースの途中にある十王岩《じゅうおういわ》の南西の山腹には約五十のやぐら群が散在するが、その中のほぼ中央にある。やぐらの前面には低い基壇があり、仏像を安置したと思われるが、このやぐらには納骨穴がない。羨道の天井に、紅殻《べんがら》塗りの太い平行線の模様が多数描かれている。これは仏殿などにある朱塗りの垂木《たるき》を表したものとみられ、そこから朱垂木という名前が付けられている。国指定史跡建長寺《けんちょうじ》境内の一角にある。

百八《ひゃくはち》やぐら

二階堂《にかいどう》・覚園寺《かくおんじ》山門跡の庚申塔《こうしんとう》の辺りを右に折れ、小道を進むと、覚園寺裏山の山頂と山腹の崖辺りから、尾根をはさんで杉ヶ谷《すぎがやつ》と呼ばれる谷戸の斜面に多数のやぐらがまとまってある。百七十七穴あり、鎌倉で最も規模が大きいやぐら群。数が多いことから、仏教でいう百八の煩悩《ぼんのう》になぞらえて付けられた名のようだ。やぐらの奥の壁面には五輪塔、宝篋印塔や仏像を浮き彫りにしたもの、梵字が刻まれているものなどがある。ここでは一般的なやぐらの形から珍しい様式まで、鎌倉にあるほぼすべてのやぐらの形式が見られる。国指定史跡覚園寺境内の一角にある。現在は非公開。

日月《じつげつ》やぐら・唐糸《からいと》やぐら

名越《なごえ》から浄明寺《じょうみょうじ》に抜ける釈迦堂《しゃかどう》切通の上方には釈迦堂ヶ谷《しゃかどうがやつ》奥やぐら群がある。元は五十基ほどあったようだが宅地造成で切り崩され、残っていない。

このやぐら群の西側の釈迦堂口トンネル上尾根やぐら群の中に、「日月やぐら」がある。やぐら内部の壁面、納骨堂の丸い穴をそれぞれ日輪に、二重に掘られた穴を月輪の形になぞらえて呼ばれるようになった。

唐糸やぐらは、前掲やぐら群の西側にあり、室町から江戸初期に作られた短編物語である御伽草子《おとぎぞうし》の『唐糸草子』ゆかりのやぐらといわれている。源《みなもとの》頼朝《よりとも》の従兄弟《いとこ》である木曽義仲《きそよしなか》は、家臣手塚太郎光盛《てづかたろうみつもり》の娘で琵琶と琴の名手、唐糸に頼朝の様子をうかがうよう命じて鎌倉へと送る。唐糸は義仲を討とうとする頼朝の企てを知って、頼朝を暗殺しようとしたが果たせず、このやぐらに幽閉《ゆうへい》されてしまう。その後、故郷から母の唐糸を探しに来た娘の万寿姫《まんじゅひめ》は頼朝に気に入られ舞を舞う。そして、頼朝に願い出て母親を救い出すという伝説である。

日月やぐらと唐糸やぐらは、二〇一〇年（平成二十二）、「大町釈迦堂口遺跡」として国指定史跡となった。現在調査中のため非公開。

明月院《めいげついん》やぐら

明月院開山堂《かいさんどう》の横にあるやぐらで、間口約七メートル、奥行き六メートル、高さ三メートルと、鎌倉に現存するやぐらの中で最も大きい。壁面には基壇が設置され、壇上に釈迦如来《しゃかにょらい》、多宝如《たほう》来が浮き彫りされている。基壇上部には、十六羅漢像《じゅうろくらかんぞう》の浮き彫りもあり、このやぐらが「羅漢洞《らかんどう》」といわれるゆえんである。関東管領で明月院開基の上《うえ》杉憲方《すぎのりかた》の墓所と伝えられ、中央に宝篋印塔が祀《まつ》られている。一帯は、国指定史跡明月院境内とされた。

多宝寺址《たほうじあと》やぐら群

扇ヶ谷《おうぎがやつ》、浄光明寺《じょうこうみょうじ》の背後の丘陵東側、谷奥にあるやぐら群。名前は、この谷に開かれた多宝寺に由来し、長老覚賢の大五輪塔の前面に分布する。鎌倉時代から室町時代中期にかけてのやぐらが十六穴ある。五輪塔や常滑《とこなめ》の壺、かわらけなど貴重な出土品が多い。国指定史跡浄光明寺境内、冷泉為相《れいぜいためすけ》墓の一角にあり、現在は非公開である。

瓜ヶ谷《うりがやつ》やぐら群

葛原岡《くずはらおか》神社の北側の谷にある五穴からなる鎌倉時代のやぐら群で、内部に丸彫りの地蔵菩薩像があるものは「地蔵やぐら」ともいわれる。鳥居形、五輪塔など壁面彫刻が多いことでも知られる。一帯は、国指定史跡仮粧坂《けわいざか》とされた。

瓜ヶ谷やぐら群（鎌倉市教育委員会提供）

腹切《はらき》りやぐら

宝戒寺《ほうかいじ》後方の屏風山《びょうぶやま》と小富士山《こふじやま》に囲まれた葛西ヶ谷《かさいがやつ》の奥、東勝寺《とうしょうじ》跡内にあるやぐら。新田義貞《にったよしさだ》の鎌倉攻めで自刃した北条高時《ほうじょうたかとき》はじめ、北条一族の屍《しかばね》を葬ったとされるが、実際の埋葬地は釈迦堂ヶ谷奥やぐら群と推定されている。高時の墓と伝えられる石を積んだ塔も建っている。この腹切りやぐらを含む葛西ヶ谷の北条一門滅亡の地として知られる東勝寺跡は、国指定史跡東勝寺跡となっている。

横穴墓《おうけつぼ》

横穴とは、自然の山腹や丘陵地帯の谷などの横腹を掘り込んで造った埋葬用の墓穴のこと。石を組んだ横穴式の古墳とは区別される。また年代的に中世に造られたやぐらとは区別される。砂岩や凝灰岩などの軟らかい岩山やローム層の台地に掘られるため、ほぼ全国で認められる。谷の奥に群集して造られていることが多い。形は、地方により少々異なる。一般的に広くて天井の高いドーム型の玄室（奥の部屋）と、その前面に狭くて低いトンネル状の羨道（入口）を造り、玄室の平面は方形、矩《く》形で、棺や棺座が置かれる。後には、それらの区別がなくなっていく。

　鎌倉の横穴墓は、発掘調査の結果、副葬品の形などから、古墳時代だけではなく奈良時代に至るまで造られていたようである。その後、中世になって、やぐらとして転用された例がわずかにある。近年では第二次世界大戦中の防空壕や倉庫などに使用されたりした。鎌倉とその周辺の横穴群は、百七十カ所ほどあったようだが、近年の宅地造成などの開発により破壊が進んでいる。

洗馬谷戸《せんばやと》横穴群

　大船《おおふな》・関谷《せきや》の玉縄《たまなわ》城址近くにある洗馬谷戸横穴群は四穴からなり、八世紀末のものといわれる。横穴の壁に線刻画があることでも知られている。古代日本の成人男性の髪型である「みずら」を結った人物が舟に乗り、楯を持って弓を射合っている姿やアシの茂った様子を表したと思われる縦線など、大船周辺部がまだ広い沼地であったころの領土争いなのか、水上での舟の戦いが描かれている。この横穴墓に葬られた死者の功績を称えたものらしい。壁面の線刻画は珍しい。市指定史跡。

千葉ヶ谷《ちばがやつ》横穴群

　鎌倉市役所前の新道から北へ入った小さな谷戸は、千葉ヶ谷といわれ、源頼朝の重臣だった武将千葉常胤《ちばつねたね》の子孫が代々居住していた千葉屋敷があったといわれる。この谷の尾根は源氏山に続いている。その尾根に近い山腹に横穴が三穴ある。その中の一つはアーチ型の天井で内部も広く造られている。この横穴群は八世紀ころに造られたとみられる。現在は個人の敷地内である。市指定史跡。

　このほかに、消滅したものを含めて、笛田《ふえだ》横穴群（八穴）、雪ノ下大蔵《おおくら》山《やま》横穴群（五穴）、寺分狐坂《てらぶんきつねざか》横穴群（三穴）、山崎《やまざき》横穴群（四十九穴）、上町屋《かみまちや》横穴群（三穴）、笹目谷《ささめがやつ》横穴群（四穴）、長谷《はせ》光則寺《こうそくじ》谷横穴（一穴）、稲村ヶ崎《いなむらがさき》姥ヶ谷《うばがやつ》横穴群（二十九穴）などがある。

城址《じょうし》

　三方を山に、南は海が開ける鎌倉を城郭都市とする見方もある。室町時代では杉本城《すぎもとじょう》が、その後、戦国時代になって住吉《すみよし》城や玉縄城といった山城が築かれた。山城は、険しい斜面や尾根など山や谷の自然地形を利用、改変して築かれた要塞で、人工的な堀切など防御設備を整えた。

　三浦半島の基部にあたる鎌倉付近は戦国時代、三浦半島を拠点とし、かつては鎌倉幕府で重責を担った三浦氏を継承した三浦道寸（義同《よしあつ》・扇谷上杉高《たか》救《ひら》の子）と相模に勢力を得た伊勢宗瑞《そうずい》（早雲《そううん》とも）率いる後北条氏との対決の舞台となった。現在、鎌倉にはこの時期の三つの山城、住吉城、玉縄城、天神山《てんじんやま》城の城跡が残っている。

住吉城址

材木座海岸と逗子市小坪《こつぼ》の境の山にある。伊勢宗瑞（北条早雲）が古要害をとり立てて新たに城郭とした。その後、三浦道寸（義同《よしあつ》）が占領したが、一五一二年（永正九）、住吉合戦でこの城を宗瑞に落とされ、道寸は三崎《みさき》の新井《あらい》城に退いた。

一九七九年（昭和五十四）から翌年（昭和五十五）の発掘調査で、尾根を切り割り、山そのものを防御システムに組み込んだものとされた。また、二〇〇五年（平成十七）、逗子マリーナ北側山頂部から土塁が発見された。現在は城址主要部分にマンションが建ち、遺構を見ることはできない。

玉縄城址

一五一二年（永正九）に、北条早雲が築いた玉縄城の城址は大船駅の西北の丘陵地帯にある。現在、その中心部に清泉《せいせん》女学院中学高等学校が建っている。尾根を活用した多数の曲輪《くるわ》、土塁、堀を造成、中央に「本丸」がある。複雑な構造で、きわめて堅固な城郭だった。相模最大の後北条氏の拠点でもあり、一五九〇年（天正十八）に豊臣秀吉《とよとみひでよし》に無血開城されるまで落城したことはなかった。宅地造成で多くの遺構が失われたが、多数の切岸や堀の跡が発掘により確認された。跡地からは十六世紀の中国製陶磁器、建物跡、金属製品、漆製品など生活用具も多数出土した。なお、最近の調査では、通称「七曲《ななまがり》」付近の谷には大規模な空堀や切岸などが残り、さらに周辺の山稜部にも遺構が確認されている。

一九五八年（昭和三十三）当時の玉縄城址（清泉女学院中学高等学校所蔵）

天神山城址

文献に記載はない。山崎《やまざき》にあり、位置的に見て玉縄城の出城と考えられる。凸型の遺構と北野神社背後の土塁などが残る中世の山城である。

杉本城址

杉本城は平安時代末に築かれたと伝えられるが、明確な遺構はない。尾根を堀切で分断し、直線状の連郭とする、典型的な中世の山城で、朝比奈方面の守りの拠点と考えられる。南北朝時代の一三三七年（建武四・延元二）に南朝方の北畠《きたばたけ》顕家《あきいえ》らにより落城した。公卿《くぎょう》でありながらも顕家は武将としても力があり、鎌倉を攻めている。

歴史・旧跡

町の旧跡

鎌倉幕府が開かれ、中世武家社会の中心地として繁栄した鎌倉は、過去の歴史を物語る遺物や遺構の上に市民が暮らし、生活している町である。いわば町そのものが貴重な遺跡といえる。

幕府跡

大倉《おおくら》幕府跡

鎌倉幕府はまず鶴岡八幡宮《つるがおかはちまんぐう》の東側、大倉の地に置かれ、のちに大倉幕府と呼ばれた。源頼朝《みなもとのよりとも》は、はじめ亀ケ谷《かめがやつ》にあった父義朝《よしとも》の旧跡に邸宅を構えようとしたが、土地が狭いことなどから大倉の地を選んだともいう。東西南北に門が設けられていたようで、現在でも残る地名、西御門《にしみかど》、東御門《ひがしみかど》などは、かつて門が設けられていたと考えられる。大倉幕府は一一八〇年（治承四）から、三代執権の北条泰時《ほうじょうやすとき》が若宮大路《わかみやおおじ》の宇津宮辻子《うつのみやずし》に新たな御所を建立し、移転する一二二五年（嘉禄元）までの四十五年間この地にあった。頼朝、頼家《よりいえ》、実朝《さねとも》の源氏三代、そして尼《あま》将軍とも呼ばれた頼朝の妻北条政子《まさこ》の時代にあたる。

宇津宮辻子幕府跡

二の鳥居から鶴岡八幡宮に向かって百メートルほど行った右側、雪ノ下カトリック教会の付近一帯と推定され、現在は、宇都宮稲荷が祀《まつ》られている。鎌倉時代には、町屋のほかに有力御家人が屋敷を構えていたと考えられている。「宇津宮辻子」は、かつては若宮大路と東側の小町《こまち》大路を結ぶ小路のことと考えられていたが、近年は、若宮大路の東側に南北に通る小路とみなされている。北条泰時は、大倉からこの地に幕府を移し、四代将軍藤原頼経《よりつね》を擁して、一二二五年（嘉禄元）から一

宇津宮辻子幕府跡

二三六年（嘉禎二）までの約十一年間、執権として政務にあたった。

若宮大路《わかみやおおじ》幕府跡

一二三六年（嘉禎二）から一三三三年（元弘三）の幕府滅亡まで、九十七年間の将軍御所。若宮大路幕府は、宇津宮辻子幕府の北側に位置した。

廃寺跡

勝長寿院《しょうちょうじゅいん》跡

雪ノ下の大御堂にあった。源頼朝は、一一八五年（文治元）、父義朝の供養のため勝長寿院を創建。奈良から仏師成朝《せいちょう》を招いて、黄金の阿弥陀像を造らせて安置し、盛大な儀式を行ったと伝えられる。その後、頼朝の妻北条政子も居住したようで、その死去に伴い、遺骸はここで荼毘《だび》にふされている。室町時代にも鎌倉公方《くぼう》によって尊崇されたが、その後、廃寺となった。

勝長寿院跡

太平寺《たいへいじ》跡（高松寺《こうしょうじ》跡）

西御門にあった太平寺は、一二八二年（弘安五）ころ、相模《さがみ》出身の女・妙《みょう》法尼《ほうに》が釈迦如来像を祀り、八代執権北条時宗《ときむね》の招きにより宋から来朝した大《だい》休正念《きゅうしょうねん》を導師として仏殿供養を行ったのが始まりという。室町時代初期に、足利基氏《あしかがもとうじ》の未亡人、清渓尼《せいけいに》が中興し、鎌倉尼五山《あまござん》第一位となった。しかし、安房《あわ》の戦国大名里見義弘《さとみよしひろ》が一五五六年（弘治二）、鎌倉に攻め込んだ際、足利義明《よしあき》の娘で住職であった青岳尼《しょうがくに（せいがくに）》が義弘とともに安房に渡ったため、その後、北条氏により廃寺とさせられた。北鎌倉・円覚寺《えんがくじ》の国宝舎利殿《しゃりでん》は、太平寺の仏殿を移したもの。

その後、一六四二年（寛永十九）、日隆《にちりゅう》を開山とする日蓮宗の尼寺、高松寺がこの辺りに建てられたが、高松寺も移転となった。

東勝寺《とうしょうじ》跡

開山は栄西《ようさい（えいさい）》の弟子、退耕行勇《たいこうぎょうゆう》とされ、開基は北条泰時といわれるが、創建の時期など詳細は不明。一三三三年（元弘三）新田義貞《にったよしさだ》の鎌倉攻めで北条一門がここに火を放ち、十四代執権北条高時《たかとき》以下、一族ら二百八十三人、総勢、約八百七十人余が自害したという。その後、東勝寺は再建されて復興した。廃寺となった時期は一四八六年（文明十八）以降とされる。手前に流れる滑川《なめりかわ》はおそらく濠の代わりとなり、城郭として転用されたと思われる。国指定史跡。

法華堂《ほっけどう》跡（源頼朝墓・北条義時《よしとき》墓）

大倉幕府跡の裏山、源頼朝の墓辺りが法華堂跡とされる。始まりは頼朝の持仏堂《じぶつどう》で、一一八九年（文治五）に聖《しょう》観音《かんのん》を本尊として建てられた。頼朝はここに葬られ、一二〇〇年（正治二）の一周忌に持仏堂は法華堂と称されている。また墳墓堂ともいわれた。一二四七年（宝治元）の宝治合戦《ほうじかっせん》で、幕府の重臣だった三浦泰村《みうらやすむら》一門は北条時頼《ときより》に敗れ、三百人あまりがここで自害した。明治新政府が発した神仏分離に関する布告でこの法華堂は廃され、一八七二年（明治五）、白旗神社となった。

現在の石塔は、一七七九年（安永八）に頼朝の子孫と称した薩摩藩主島《しま》津重豪《づしげひで》が新たに建てたものを一九九〇年（平成二）に補修している。近年、二代執権北条義時の墳墓堂跡とされる遺構も東隣の山の中腹に発見された。国指定史跡。

法華堂跡の碑

永福寺《ようふくじ》跡

一一八九年（文治五）、源頼朝は奥《おう》州《しゅう》合戦で平泉《ひらいずみ》の藤原泰衡《ふじわらのやすひら》を討って、奥州を支配下に置いた。この際に目にした平泉の中尊寺《ちゅうそんじ》の二階大堂《にかいだいどう》（大長《だいちょう》寿院《じゅいん》）を模して頼朝が創建したのが現在の二階堂（鎌倉宮裏手）にあった永福寺である。建立の目的は、藤原泰衡や源義経《よしつね》をはじめとする、内乱での戦死者の鎮魂と慰霊にあった。一一九一年（建久二）着工、翌年にはほぼ完成。本堂の二階堂や阿弥陀堂、薬師堂を中心に、池を配した浄土庭園を備えた壮大な寺院であったことが文献資料や発掘調査からうかがえる。火災などたび重なる災害で、室町時代の後半に廃寺となったといわれる。国指定史跡。

永福寺・薬師堂跡（鎌倉市教育委員会提供）

コラム

「廃寺の勝長寿院・永福寺」

勝長寿院は源頼朝が父義朝のために建てた寺である。僧文覚《もんがく》が京都から義朝と従者鎌田正清の二つの首を持参し、頼朝はそれを埋葬している。当時から大御堂ともいわれ、雪ノ下に字大御堂の地名が残る。今はそこに碑が建てられている。寺には惣門、本堂、弥勒堂、五仏堂、三重塔などがあり、頼朝や北条政子、実朝などが年末に参詣している。その後、彼らもその寺に葬られた。数度の火災に遭っており、北条氏は再建工事をしている。鎌倉公方《くぼう》足利氏も参詣したことが分かっているので、室町時代の後期ころまでは所在していた。

永福寺は二階堂にあり、一一八九年（文治五）、頼朝が建てた寺である。一一九二年（建久三）、中心になる二階堂ができ、二年後までに両脇の阿弥陀堂、薬師堂が建立されている。これら三つの堂の周りには、惣門、南門、釣殿、多宝塔、鐘楼、僧坊などがあり、池の中には築島もあった。紀行文『海道記』によれば二階堂の櫓《やぐら》の屋根には「玉の瓦」や「金《こがね》の盤《ばん》・雁灯《かりのとう》」など、豪華な飾りが施されていたことが記されている。

頼朝の死後には歴代の将軍家が境内で蹴鞠や花・雪見や歌会などを行うなど、寺でありながらも遊びも行う場所であった。鎌倉時代には、修理がなされたが、数回の火事に遭っている。一四〇五年（応永十二）の火災で主な建物が焼け、その後は再建されなかった。

これまでの発掘調査で、建物の配置も明らかになり、庭園や池、建物の礎石、基段跡などが復元されている。

CGによる永福寺の復元図（湘南工科大学長沢可也教授提供）

墓碑など

大江広元《おおえのひろもと》の墓

大江広元（一一四八年〈久安四〉～一二二五年〈嘉禄元〉）は源頼朝の招きで鎌倉に下向、公文所《くもんじょ》や政所の別当となり、守護《しゅご》、地頭《じとう》の設置を献策するなど頼朝の右腕となった。頼朝の死後も幕府政治を支えた。広元の墓は西御門にある頼朝の墓の東側、山の中腹と伝えられる。三つあるやぐらの中央がその墓で、左は広元の子毛利季光《もうりすえみつ》、右は頼朝の子といわれる島津忠久《ただひさ》の墓だとされる。十二所《じゅうにそ》の明王院《みょうおういん》裏山にも、広元の墓と伝えられる層塔がある。

梶原景時《かじわらかげとき》の墓

深沢《ふかさわ》小学校裏手のやぐらに、梶原景時（?～一二〇〇年〈正治二〉）と、その一族の墓とされる四基の五輪塔が並ぶ。供養塔であるともいわれている。景時ははじめは平氏に属していたが、石橋山《いしばしやま》の合戦で頼朝を見逃して救ったのち、彼に仕え信頼を得た。しかし、頼朝の死後、御家人の反感を買い、一二〇〇年〈正治二〉、京都に落ち延びる途中、駿河国《するがのくに》（静岡県）で一族もろとも滅ぼされた。

木曽義高《きそよしたか》の墓

木曽義高（一一七三年〈承安三〉～一一八四年〈元暦元〉）は木曽義仲《よしなか》の嫡男。一一八三年〈寿永二〉、人質として鎌倉に送られ、頼朝の娘大姫《おおひめ》の許婚《いいなずけ》となった。義仲が討たれると、義高は密かに鎌倉から逃げ出したが、武蔵《むさし》（埼玉県）の入間川《いるまがわ》で斬首された。首はのちに常楽寺《じょうらくじ》の裏山の塚に葬られ、土地の人は、この塚を木曽塚、辺りを木曽免《きそめん》と呼んだ。これが現在の義高の墓で、墓石と碑が建っている。

伝上杉憲方《うえすぎのりかた》墓

上杉憲方（一三三五年〈建武二〉～一三九四年〈応永元〉）は山内《やまのうち》上杉氏の祖。室町時代に鎌倉公方足利氏満《うじみつ》のもとで関東管領となった。極楽寺《ごくらくじ》坂にある石塔群のうち、七層塔が憲方の墓で、五輪塔は妻の墓とされる。墓の向かいの西方寺《さいほうじ》跡には、妻が建てたとされる憲方の逆修塔《ぎゃくしゅとう》（生前に建てる供養塔）がある。憲方は晩年、出家し道合《どうごう》と呼ばれ、山ノ内の明月院《めいげついん》を開いたので、明月院やぐらにある墓も憲方のものといわれている。国指定史跡。

日野俊基《ひのとしもと》墓

後醍醐《ごだいご》天皇の命で鎌倉幕府打倒を企てた公家《くげ》の日野俊基（?～一三三二年〈元弘二〉）は、京都で捕らえられ許された。しかし、再び倒幕を企て鎌倉に護送されて、葛原ケ岡《くずはらがおか》で斬首された。葛原岡《くずはらおか》神社境内の宝篋印塔《ほうきょういんとう》は俊基の墓といわれ、国指定史跡。「秋をまたで葛原岡に消ゆる身の露のうらみや世に残るらん」と辞世を残す。

護良《もりよし》親王の墓

護良親王（一三〇八年〔延慶元〕～一三三五年〔建武二〕）は後醍醐天皇の皇子で、鎌倉幕府倒幕の中心人物として一三三三年（元弘三）に征夷大将軍《せいいたいしょうぐん》になった。しかし、足利尊氏《たかうじ》と対立し、鎌倉二階堂の東光寺《とうこうじ》に幽閉《ゆうへい》されたといい、のちに尊氏の弟直義《ただよし》に殺害された。首は藪に捨てられたが、理智光寺《りちこうじ》の住職によって埋葬された。東光寺は明治時代に廃寺となり、その跡には墓塔が建っている。

十一人塚

一三三三年（元弘三）の鎌倉攻めの際、新田義貞軍の浜手の大将大舘宗氏《おおだちむねうじ》は極楽寺切通へ攻め入った。しかし、鎌倉側に反撃され、稲瀬川《いなせがわ》で宗氏以下、十一人が討死した。葬られた場所に十一面観音像が建てられ、霊を弔ったので十一人塚と呼ばれ、その地には石碑や塔婆《とうば》が建てられた。市指定史跡。

十一人塚

泣塔《なきとう》

一三三三年（元弘三）の鎌倉攻めの際、新田軍と赤橋守時《あかはしもりとき》率いる北条勢との間で激戦が繰り広げられた洲崎《すさき》古戦場の碑の近く、深沢多目的スポーツ広場（旧国鉄工場跡地）に建つ宝篋印塔。付近のやぐらの被葬者に対する供養塔という。昔、一時、手広《てびろ》の青蓮寺《しょうれんじ》に移されたが、毎晩、元の場所を恋しがるようにすすり泣く声がするため戻された。その後、泣き声は止まったという。塔の銘には「文和五年（一三五六年）」とある。保存状態がよく、年代が明らかで形が美しいことから、一九三三年（昭和八）に、国の重要美術品に、また、一九七一年（昭和四十六）には市指定有形文化財に指定された。

屋敷跡など

阿仏尼《あぶつに》邸跡

江ノ電極楽寺駅を海の方へ向かった右手奥にある。阿仏尼は藤原定家《ふじわらのさだいえ（ていか）》の子である為家《ためいえ》の側室。為家の死後、実子為相《ためすけ》とその兄との間に所領相続問題が生じ、北条時宗に正当性を訴えるため、一二七七年（建治三）、京から鎌倉に下った。『十六夜《いざよい》日記』はその旅の日記であり、鎌倉滞在記。四年間、月《つき》影ヶ谷《かげがやつ》に住んだといわれる。帰京し没したという説もあるが、碑にはこの地で没すとある。

旧御用邸門

一八九九年（明治三十二）に明治天皇の皇女のために造られた鎌倉御用邸の門。大正関東地震で倒壊して御用邸が廃止された後、一九三三年（昭和八）、跡地に御成《おなり》小学校が建てられ、その正門として受け継がれている。もとは木製だったが、一九五五年（昭和三十）、鉄筋コンクリートに建て替えられた。門標の校名の文字は、俳人で鎌倉に住

御成小学校正門

コラム

「鶴岡八幡宮は鶴岡八幡宮寺・だった」

今では日本を代表する神社の一つとして、知らない人はいない鶴岡八幡宮。その鶴岡八幡宮は、江戸時代の末まで、寺だったことはあまり知られていない。

もともと神道は中世には民間信仰をもとにした神仏習合が一般的だった。「本地垂迹説《ほんじすいじゃくせつ》」では、八百万《やおよろず》の神は、仏が姿を変えて、人々を救いに来るときの一時的な姿（化身）だと考えられていた。

そのため、寺の中に神社がある、また神社の中に寺があるのは、一般的な光景だった。

それが明治政府の神仏分離政策によって、寺と神社の間に一気に線が引かれた。現在鶴岡八幡宮の裏手には「二十五坊旧蹟」という碑が建っており、そこは、僧侶が住む僧房があったことを示している。

鶴岡八幡宮裏手にある二十五坊旧蹟の碑

んだ高浜虚子《たかはまきょし》が筆をとった。

二十五坊《ぼう》跡

鶴岡八幡宮の西北、小袋坂の曲がり角辺りの一帯は、古くは御谷《おやつ》と呼ばれ、幕末まで鶴岡八幡宮寺を管理する供僧が住し、供僧坊（後世十二坊となる）があった。一一九一年（建久《く》二）に、供僧二十五口の制が定められ、それぞれの住坊がこの地に建てられた。室町時代には数を減じて一時は七坊までになったが、江戸期には十二坊まで復興した。一九六四年（昭和三十九）、この地域で大規模な宅地造成が行われようとしたとき、貴重な史跡や緑地を守る市民運動が繰り広げられ「御谷騒動」と呼ばれた。この「騒動」は国を動かし、古都保存法《ことほぞんほう》制定のきっかけとなった。

北条《ほうじょう》氏《し》常盤亭《ときわてい》跡

大仏切通の北に位置する常盤一帯は鎌倉防衛の要衝だった。そのため、七代執権北条政村《まさむら》をはじめ、北条一族が別邸を構えた。一九七七年（昭和五十二）に発掘され、建物跡から硯《すずり》・瓦《かわら》などが見つかった。国指定史跡の範囲は、約十一万平方メートルで、門柱跡、法華堂跡、やぐらなどが存在する。鎌倉時代の歴史書で幕府の編んだ『吾妻鏡《あずまかがみ》』からもそのたたずまいをうかがうことができる。鎌倉時代を代表する武家屋敷跡として国指定史跡となった。

文覚上人《もんがくしょうにん》屋敷跡

大御堂《おおみどう》橋の西側に文覚が住んだといわれる文覚屋敷跡がある。文覚は、遠藤盛遠《えんどうもりとお》という武士だったが、渡辺《わたなべ》（源《みなもとの》）渡《わたる》の妻の袈裟御前《けさごぜん》に懸想《けそう》し、誤って殺してしまった。その後、供養のために出家して僧侶になったといわれる。熊野山《くまのさん》で修行を積むなどし、神護寺《じんごじ》（京都）の再興のために後白河《ごしらかわ》法皇に勧進《かんじん》を強制して乱暴したため、怒りを買い伊豆《いず》に流された。そのころ源頼朝も伊豆に流されていて、二人は親交を深めた。文覚は頼朝に平氏討伐の挙兵を勧め、頼朝は石橋山の戦いに臨んだといわれる。大御堂橋の下を流れる滑川のことを、古くはこの文覚にちなんで坐《ざ》禅川《ぜんがわ》といったと伝える。

信仰

貝吹《かいふき》地蔵

瑞泉寺《ずいせんじ》裏山にある地蔵。一三三三年（元弘三）、新田義貞の鎌倉攻めの際、自害した北条高時の首を新田勢に渡すまいと、高時の家来が持って逃げたが、埋める場所に窮した。その時、地蔵が貝を吹いて、夢窓疎石《むそうそせき》（国師）の建てた偏界《へんかい》一覧亭から天園に向かう谷間に導いてくれ、無事に首を埋められたという伝説がある。また一説には、新田勢が攻めてきたときに、ほら貝で知らせた地蔵であるともいう。

月影地蔵

稲村《いなむら》ヶ崎《がさき》小学校から西ヶ谷方面へ向かう山道にあるお堂に安置された地蔵。かつては江ノ電極楽寺駅の先の月影ヶ谷にあったことから月影地蔵と呼ばれる。現在の本尊は江戸時代の木造地蔵菩薩立像であるが、子どもたちの健やかな成長を願う地蔵として、近隣の人々に守り継がれてきた。

六地蔵

六地蔵《ろくじぞう》

由比《ゆい》ヶ浜《がはま》通りと今小路《いまこうじ》の交差地点に並ぶ六体の地蔵。鎌倉時代、この北側には刑場があったといい、そのため「飢渇畠《けかちばたけ》」と呼ばれる荒れ地だったという。罪人の供養のために、生死をくり返す六つの迷いの世界（六道《ろくどう》）から救うといわれる六体の地蔵が祀られた。江戸時代、俳人の松尾《まつお》百遊《ひゃくゆう》が芭《ば》蕉《しょう》をしのんでここに句碑を建てた。

日蓮《にちれん》袈裟《けさ》掛松《かけのまつ》

鎌倉十橋《じっきょう》の針磨橋《はりすり》から稲村ヶ崎に向かう途中にある松。一二七一年（文永八）、『立正安国論《りっしょうあんこくろん》』を著して幕府に捕えられた日蓮は、龍ノ口《たつのくち》刑場へ連れられて行く途中、袈裟を血で汚すのはおそれ多いと松の下枝に掛けたという。当時の松は枯れ、何度も植え替えられた。「南無妙法蓮華経《なむみょうほうれんげきょう》」と記された石碑が建つ。

日蓮上人辻説法跡

日蓮上人辻説法《つじせっぽう》跡

日蓮が辻説法を行ったとされる場所。小町大路にあり、日蓮はここで法《ほ》華経《けきょう》の教えを熱心に説いたという。震災、干ばつ、疫病などの原因は他宗にあるとして、激しく批判した。跡地には石碑と腰掛石が立ち並ぶ。明治時代の日蓮宗学者の田中智学《たなかちがく》が、腰掛石を道の反対側から移し周囲を整備した。辻説法跡は本興寺《ほんこうじ》などにもある。

水

鎌倉十井《かまくらじっせい》

鎌倉は古来水に恵まれない土地であったため、質の良い水が湧き出す井戸は貴重な水源であった。十井とは、水質も良く美味で、伝説やいわれが残る代表的な十の井戸のこと。江戸時代に鎌倉遊覧が盛んになり、名所旧跡を名数《めいすう》を使って紹介したのがはじまりといわれる。

泉《いずみ》ノ井

扇ケ谷《おうぎがやつ》にある浄光明寺《じょうこうみょうじ》前の道の奥にあり、今でも清水が湧き出ている。徳川光圀《とくがわみつくに》の『鎌倉日記』には「泉井谷ノ辺ニ潔キ水涌出ル也」とある。

扇《おうぎ》ノ井

浄光明寺から薬王寺《やくおうじ》に向かう道の途中にある井戸で、形が扇形をしている。民家の敷地内にあるので、公開されていない。「扇ガ谷」という地名はこの井戸に由来するという説もある。

甘露ノ井

甘露《かんろ》ノ井

浄智寺《じょうちじ》の総門横の小さな石橋の脇にある。この井戸の水は蜜のように甘く、不老不死の効能があるといわれていたところから、この名が付いた。

鉄《くろがね》ノ井

小町通り北の端、鶴岡八幡宮に通じる道の角にある。水がどんなときでも涸《か》れたことがないといわれている。井戸を掘ったとき、鉄でできた観音像の頭部が出てきたことから鉄ノ井と呼ばれるようになった。江戸時代までは、向かい側に観音像の頭部を安置した鉄観音堂があって、明治の廃仏毀釈《はいぶつきしゃく》で取り壊されたという。観音像の頭部は東京・人形町《にんぎょうちょう》の大観音寺《だいかんのんじ》に移され、本尊となっている。

底脱《そこぬけ》ノ井

扇ヶ谷の海蔵寺《かいぞうじ》の門前にある。その名の由来は、室町時代、上杉家の女が、水を汲むと桶の底が抜け、その瞬間、悟りが開け、「賤《しず》の女《め》がいただく桶の底脱けてひた身にかかる有明の月」と詠んだからとも、鎌倉時代中期の武将で幕府の重臣だった安達泰盛《あだちやすもり》の娘（幼名千代能《ちよの》）が水を汲んで桶の底が抜け、「千代能がいただく桶の底抜けて水たまらねば月もやどらじ（ず）」と詠んだ歌によるともいわれる。

銚子《ちょうし》ノ井

長勝寺《ちょうしょうじ》門前近くの狭い路地を入ったところにある。その名の由来は、井戸の形がお酒を注ぐ銚子に似ていることにあるが、井戸の蓋や側面が石造りになっているので、「石ノ井」ともいわれる。

瓶《つるべ》ノ井

明月院《めいげついん》境内にあり、現在でも使用できる。別名、「甕《かめ》ノ井」ともいわれる。二個の瓶を並べて上下させながら水を汲む井戸の意味が由来。

星《ほし》ノ井

極楽寺切通の登り口にある。星月ノ井ともいわれる。辺りはその昔、山深くて昼なお暗かった。そのため、この井戸を覗くと水面には昼でも星が輝いて見えたという。鎌倉の歌枕「星月夜《ほしづくよ》」は、この辺りの谷の名である星月夜ケ《が》谷《やつ》からきているといわれる。

星ノ井

棟立《むなたて》ノ井

覚園寺《かくおんじ》の薬師堂の背後の山際にあり、弘法大師《こうぼうだいし》がこの地に滞在したときに井戸を掘り、ここから閼伽水《あかすい》（仏に奉納する水）を汲んだという言い伝えがある。

六角《ろっかく》ノ井

材木座から小坪《こつぼ》に抜ける海際の道沿いにある。別名「矢の根ノ井」。弓矢の名人であった平安時代後期の武将、源為朝《ためとも》は、一一五六年（保元元）、京で起こった保元《ほうげん》の乱で敗れ、弓を引けないよう腕の筋を切られて伊豆の大島に流された。しかし、為朝は自分の弓の力をためしたくて、大島から鎌倉の光《こう》明寺《みょうじ》の裏山にある天照山めがけて矢を放ったところ、この井戸に落ちたという伝説がある。

井戸は八角だが鎌倉側に六角、小坪側に二角あるので六角ノ井といわれているようだ。

鎌倉五名水

水に恵まれていない鎌倉だが、なかでも質の良い清水が湧き出る泉を五名水とし、観光名所とした。『新編鎌倉志《しんぺんかまくらし》』には、「鎌倉に五名水あり」として、以下の五つの記載があるが、金龍水のように、すでに埋められてしまったものもある。

梶原太刀洗水《かじわらたちあらいみず》

朝夷奈《あさいな》切通の太刀洗川に沿った岩肌から湧き出る。梶原景時《かじわらかげとき》は一一八三年（寿永二）、源頼朝が幕府を開くにあたり、大きな功績のあった上総介広常《かずさのすけひろつね》を頼朝の命令で討ったあと、この水で太刀の血のりを洗い流したといわれる。

金龍水《きんりゅうすい》

建長寺《けんちょうじ》門前にあったが、道路拡張工事の際に埋められた。現在、歩道の敷石にその位置が示されている。徳川光圀の『鎌倉日記』に「門前ノ池ハ金龍水ト云名水也」とあり、一七〇九年（宝永六）の「建長寺境内絵図」に、その泉は描かれている。

銭洗水《ぜにあらいみず》

佐助《さすけ》の銭洗《ぜにあらい》弁財天《べんざいてん》宇賀福《うがふく》神社の岩窟に湧き出る清水。源頼朝が夢のお告げで発見した泉といわれる。その後、北条時頼がこの水で金銭を清めると不浄塵垢《じんこう》が消え、清浄の福銭になると人々に勧めたということから、この水でお金を洗うと何倍にもなって戻ってくるといわれる。特に巳《み》の日は、ザルにお金を入れて柄杓《ひしゃく》で清水を汲み、お金を洗って商売繁盛などの福徳を願う参詣者が多く訪れる。

日蓮乞水《にちれんこいみず》

長勝寺前から旧名越《なごえ》切通に通じる道の途中にある。一二五三年（建長五）、日蓮が安房から名越切通を越えて鎌倉に入ったとき、辺りで水を求め、杖を地面に突き刺すと、清水が突然湧き出し、干ばつでも涸れることがなかったという。

日蓮乞水

不老水《ふろうすい》

建長寺境内で鎌倉学園の運動場バックネット附近に跡があったが、埋められた。辺りに住んでいた仙人がこの泉の水を飲んでいたため、いつまでも若く年を取らなかったことから、別名、仙水、仙人水ともいわれている。

橋

鎌倉十橋《かまくらじっきょう》

鎌倉を流れる滑川、逆川《さかさがわ》、山ノ内川などに架かる橋のなかで、古くから伝説が残る十の橋のことをいう。十井などと同じく、江戸時代になって鎌倉名数の一つとして観光用にいわれるようになった。

歌ノ橋《うたのはし》

二階堂川が滑川に流入する辺りに架かる。一二一三年（建保元）、謀反《むほん》の罪で捕らえられた渋川《しぶかわ》刑部《ぎょうぶ》六郎《ろくろう》兼《かね》守《もり》は、無実の罪を晴らすため十首の和歌を詠み荏柄《えがら》天神社に奉納した。将軍源実朝《さねとも》は、その和歌を見て感心し、罪を許し釈放したので兼守は死刑を免《まぬが》れた。そのお礼にと荏柄天神社の参道近くにこの橋を架けたので、歌ノ橋と呼ばれるようになったと伝えられる。

夷堂橋《えびすどうばし》

本覚寺《ほんがくじ》門前を流れる滑川に架かる橋で、その名は本覚寺の鎮守社の夷堂が近くにあったことに由来する。この辺りの滑川は、夷堂川とも呼ばれる。

夷堂橋

勝ノ橋《かつのはし》

英勝寺《えいしょうじ》を開基した英勝院尼（お勝《かつ》の方《かた》）が架けたので、勝ノ橋と呼ばれていた。壽福寺《じゅふくじ》の門前にあり、明治の末ごろまでは立派な橋が架かっていたという。今は庚申塔《こうしんとう》の横に石碑と敷石があるだけである。

裁許橋《さいきょばし》

御成《おなり》小学校近く、今小路を横断して流れる佐助川に架かる橋。橋の名は、訴訟を裁許（判決）する問注所《もんちゅうじょ》が近くにあったことに由来するという。また、僧侶であり歌人でもあった西行が鎌倉に来たとき、この橋の上で源頼朝に名前を問いただされたとか、西行がこの橋の近くをよく通っていたということから、別名「西行橋」ともいわれている。

逆川橋《さかがわばし》

「さかさがわばし」ともいわれる。逆川は、名越《なごえ》から流れる川筋が屈曲して北上し、川の流れが逆行しているように見えるので逆川というが、ちょうど逆行する辺りに架けられているのでこのように呼ばれる。

十王堂橋《じゅうおうどうばし》

北鎌倉駅前から鎌倉街道を大船方面に百五十メートルほど行ったところにある。昔、この橋のそばに閻魔《えんま》など十王を祀った十王堂があったため、このように呼ばれている。

筋違橋《すじかえばし》

宝戒寺《ほうかいじ》近くにあり、金沢街道（六浦道）に対して「く」の字に架かっていたため、筋違橋といわれるようになったとされる。現在では暗渠《あんきょ》となり、石碑のみが往時を語る。

針磨橋《はりすりばし》

別名、我入道橋《がにゅうどうばし》ともいう。その名の由来は、昔、極楽寺《ごくらくじ》川《がわ》に架かる橋で、その辺りに針金を磨いて針を作る老婆が住んでいたことにあるとも、近くに我入道という僧侶がいたからともいう。

琵琶橋《びわばし》

佐助川に架かる橋で、下馬《げば》四ツ角の南側にある。一九五五年（昭和三十）ころまでは、朱塗りの橋があったが、その後、コンクリートの橋として舗装、一九九二年（平成四）に御影石《みかげいし》の新しい橋が再建された。橋の名前は、若宮大路のこの辺りを琵琶小路といったことからつく。

乱橋《みだればし》

材木座の水道路交差点から海の方へ少し行ったところに架かる。濫橋とも書く。新田義貞の軍勢が鎌倉に攻め入ったとき、北条幕府軍の防衛線がくずれはじめたのがこの橋辺りだったことから、乱橋と呼ばれるようになったといわれる。

歴史・旧跡

発掘調査

武家の都として栄えた鎌倉には、地下に都市遺跡が多く残っている。各所の発掘調査から、中世都市鎌倉の姿と機能が明らかにされつつあり、かつての鎌倉の都市空間がどのようなものだったのかイメージを描くことができるようになってきた。

鎌倉市は埋蔵文化財の存在が確認できている地域を「周知の埋蔵文化財包《ほう》蔵《ぞう》地《ち》」と呼び、その保全に努めている。「包蔵地」は市域の六十パーセント以上にのぼっている。

鎌倉の遺跡発掘調査が本格的に始まったのは、昭和四十年代後半以降のこと。主な対象は「やぐら」だった。四十年代前半には、多宝寺《たほうじ》や銭洗弁財天《ぜにあらいべんざいてん》宇賀福《うがふく》神社などのやぐらが調査された。

昭和四十年代後半から五十年代には、東勝寺《とうしょうじ》跡、極楽寺《ごくらくじ》や鶴岡八幡宮《つるがおかはちまんぐう》の境内などの発掘調査が行われた。一九七三年（昭和四十八）度から本格的に調査が行われた永福寺《ようふくじ》跡からは本堂（二階堂）、薬師堂、阿弥陀《あみだ》堂を備えた寺院跡が姿を現し、一九七四年（昭和四十九）度実施の東勝寺跡からは北条氏の家紋（北条鱗《ほうじょううろこ》）入りの瓦などが発見された。

市街地での発掘調査は、一九七五年（昭和五十）の鎌倉郵便局の改築にともなう調査が皮切りになった。一九八一年（昭和五十六）には鎌倉駅西側、今小路付近の調査により、御成小学校の校庭から古代の鎌倉郡衙《ぐんが》の跡などが見つかった。また、一九八六年（昭和六十一）には、鎌倉幕府二代執権《しっけん》北条義時《よしとき》の弟で、執権政治の基盤を固めた北条時房《ときふさ》ら一門の屋敷の一部の発掘調査が実施された。

山城や城郭の調査も行われてきた。一九七八年（昭和五十三）ごろには玉《たま》縄《なわ》城の本丸が、また、二〇〇〇年（平成十二）には鎌倉を取り巻く山稜部の全域で史跡の分布の確認調査が実施され、要害遺構も数多く確認された。

「鎌倉の埋蔵文化財十三　平成二十年度大町釈迦堂口遺跡《おおまちしゃかどうぐちいせき》発掘調査の概要」（鎌倉市教育委員会）によると、古くから初代執権北条時政《ときまさ》の屋敷跡ではないかといわれてきた谷戸内で、二〇〇八年（平成二十）七月末から十二月初旬にかけて鎌倉市教育委員会による発掘調査（調査面積約三百平方メートル）が実施された。

調査の結果、建物跡をはじめ石垣や玉石敷といった十三世紀後半から十五世紀にかけての遺構群が発掘された。

大町釈迦堂口遺跡から発掘された火葬跡（鎌倉市教育委員会提供）

ここで特筆するべきなのはこれらに加えて火葬跡が発見されたことである。さらに調査地を取り囲む背後の山稜にはやぐら群が展開しており、火葬跡とともにこの谷戸が宗教色の強い場所であることを示している。

法華堂《ほっけどう》跡（源頼朝《みなもとのよりとも》墓・北条義時墓）

二〇〇五年（平成十七）、「源頼朝墓」の東隣の山の中腹から、鎌倉幕府二代執権北条義時の墓所とされる礎石《そせき》建物跡が新たに発掘された。

『吾妻鏡《あずまかがみ》』の「前奥州禅門《おうしゅうぜんもん》（北条義時）葬送す。故右大将《うだいしょう》家（源頼朝）法華堂の東の山上をもって墳墓となす」という記述と一致する地点の建物跡であることから、北条義時の法華堂であった可能性が極めて高いと判断された。発掘された建物は、基壇、縁の礎石の一部などから、一辺が八・四メートルの正方形の三間堂《さんげんどう》であると推測されている。出土遺物のかわらけや青磁碗などから、建物は十三世紀末〜十四世紀初頭に廃絶されたと思われる。

北条高時《たかとき》邸跡

鎌倉幕府十四代執権北条高時の屋敷跡。二〇〇四年（平成十六）、鶴岡八幡宮の東南、宝戒寺《ほうかいじ》境内の南東奥から発掘された。同寺の土地には、二代執権北条義時が小町《こまち》邸を造って以来、北条氏得宗《とくそう》の執権代々の屋敷があった。この発掘で、幅四メートル以上と推測される溝などが発見された。

若宮大路《わかみやおおじ》周辺遺跡群

若宮大路を中心に南北約一キロメートル、東西約五百メートルの範囲の遺跡。小町大路沿いの妙隆寺《みょうりゅうじ》付近からは武家屋敷と思われる跡が発掘された。直径六十センチほどの柱穴《ちゅうけつ》跡から、大規模な建物が想像される。中国製磁器、国産陶器、漆器も出土している。

鎌倉時代には都市の中心部としてにぎわった地区で、有力な御家人の屋敷跡の可能性もある。

今小路西遺跡群

今小路の西側、南北約一キロ、東西約三百メートルの地域から発掘された中世の武家屋敷などと思われる遺跡群。

多数の中国製磁器や木製傀儡《くぐつ》人形の「カシラ（頭のこと）」などが出土した。

また、調査区最下面からは、奈良・平安時代の遺構も見つかった。隣接する御成小学校敷地からも、同時代の鎌倉郡役所跡（郡衙《ぐんが》跡）が発見されていることから、その関連施設の遺跡ではないかと推測されている。

　加えて近年の調査では、有力御家人安達泰盛《あだちやすもり》の屋敷跡の可能性を持つ、大規模な建築遺構群が現れ、さらに屋敷の警護にあたる家人の当番を記した文永二年（一二六五）と記された木簡《もっかん》が土坑（当時のごみ捨て場）から発見された。この木簡に記された内容は、当時の武家の主人と家臣の関係を探る上で大変貴重な資料である。

長谷《はせ》小路周辺遺跡

　下馬《げば》から長谷寺門前に至る長谷小路周辺の遺跡。そのうち、調査されたのは、江ノ電和田塚駅付近の調査では、方形竪穴《たてあな》建築址という半地下式の建物跡などが発見された。馬や牛など解体痕のある獣の骨、サイコロや装飾品など骨製品、釘などの金属製品も出土し、この地域が物づくりの場であったことが推測される。

　二〇一六年（平成二十八）には、古墳時代の石棺墓が発掘され、地域の有力者の墓と考えられている。

　なお二〇一七年（平成二十九）に開館した鎌倉歴史文化交流館では、保存処理された出土品を見ることができる。

コラム

「災難除けを語る墨書」

　鎌倉市内の地下を掘れば、まず何か出る。前近代は筆と墨の時代なので、文字や絵らしきものが書かれたカワラケ（土器）・板や木片、さらに花押《かおう》や祈祷の言葉のあるものなど、たくさんある。

　若宮大路東側、北条義時《よしとき》・泰《やす》時《とき》邸跡からは「蘇民将来子孫宅なり、急急如律令」とかろうじて読める木片が出た。魔除け、災難除けのお札である。墨色はほとんどなかったが、墨が防腐剤がわりとなって字を保護してくれたのである。北条氏当主も頼れるものなら何でもということだったのだろう。

　極めつきを紹介する。窟堂《いわやどう》（雪ノ下のいわや不動のこと）南側で発見の木札には「もろもろのなをのそくふた」（諸々の難を除く札）とあった。字面はすり減ってもなく、墨がよく残っていた。上部には釘がささったままなので、字面を内側にして家の柱などに打ちつけてあったのであろう。中世鎌倉人も現代人同様、「お札」に頼っていたのである。

歴史・旧跡

道

鎌倉往還《おうかん》

鎌倉往還とは、鎌倉を起点として放射状に延びる中世の幹線道路のこと。特に「いざ鎌倉」に代表されるように、「鎌倉へ向かう」道として整備されたといわれる。『吾妻鏡《あずまかがみ》』には「鎌倉往還」とあり、「鎌倉街道」と称されるようになったのは江戸時代になってからといわれている。

源頼朝《みなもとのよりとも》は、鎌倉と京都の間に、新しい駅制「駅路《えきろ》の法」を制定したという。宿駅《しゅくえき》に馬を常駐させ、宿から宿へ騎馬《きば》飛脚《ひきゃく》や飛脚を走らせる制度であり、東海道の宿駅を整備した。宿駅とは旅宿業者を中心とした交通集落で、人馬により宿駅間の物資輸送を行うための要所であり、二〜三里の間隔で置かれていた。

地方から半年に一度あるいは一年に一度、鎌倉大番役《おおばんやく》（御所など幕府の警護）を務める東国の御家人《ごけにん》や、領地争いの訴訟を抱えた地方武士などがさかんに往来したかもしれない。『新編相模国風土記稿《しんぺんさがみのくにふどきこう》』には、鎌倉郡には小往還が七つあり、そのうち五つを鎌倉道と呼び、鶴岡八幡宮《つるがおかはちまんぐう》に参詣する道であったと記されている。

一般には、南北朝時代の『太平記《たいへいき》』『梅松論《ばいしょうろん》』にある上《かみ》の道《みち》、中《なか》の道《みち》、下《しも》の道《みち》の三つが、後世、鎌倉街道と呼ばれる主要路となった。

それぞれの道の経路については諸説あるが、一般的には、「上の道」とは、鎌倉・仮粧坂《けわいざか》—洲崎《すさき》—渡内《わたうち》（藤沢《ふじさわ》）—柄沢《からさわ》—飯田《いいだ》（横浜《よこはま》）—瀬谷《せや》—鶴間《つるま》（町田《まちだ》）—多摩川《たまがわ》—分陪《ぶばい》—府中《ふちゅう》—国分寺《こくぶんじ》—狭山《さやま》—小川《おがわ》—碓井《うすい》峠で、信濃路・上州路・武蔵路に分かれる道のことをいう。一一九三年（建久四）に源頼朝が行った入間野《いるまの》・那須野《なすの》の狩りはこのルートを使った可能性もある。また、一三三三年（元弘三）の新田義貞《にったよしさだ》の鎌倉攻めはこのルートによった。

「中の道」は、鎌倉—大船《おおふな》—二子—板橋—宇都宮から奥州へ行くルートとされる。

「下の道」は鎌倉—帷子《かたびら》（横浜）—鶴見（同）—浅草のルートとされ、房総半島の木更津方面や茨城の石岡方面に通じていたといわれている。

なお鎌倉時代の一三二一年（元亨元）に金沢称名寺に寄進された土地証文に「鎌倉大道」とみえる（金沢文庫文書）。これは「奥大道」（『吾妻鏡』）にあたり「中の道」も鎌倉への道であったことがわかる。

鎌倉往還は、鎌倉幕府が滅びた後も、室町幕府が鎌倉に鎌倉府を置いて、政治的拠点と位置付けていたため、重要なルートであった。その後、鎌倉公方《くぼう》が鎌倉から離れ、後北条《ごほうじょう》氏が興って政治・経済の中心が小田原に移るなど、鎌倉の地位は次第に衰微した。江戸時代になって江戸を中心とした街道が整備されるようになると、鎌倉街道の三つの道も衰退に向かっていったようである。

鎌倉七口《ななくち》

鎌倉への出入り口は「鎌倉七口」と呼ばれて七つあり、出入り口として整備された。

室町時代中期の記録に見える「京都七口」を模した鎌倉名数《めいすう》のひとつとされ、鎌倉七切通《ななきりどおし》ともいう。三方を山で囲まれ要害の地だった鎌倉は、外の地域との行き来には、険しい峠を越えなければならなかった。「切通」とは文字通り、山や丘陵を切り開いて通した道のこと。交通の要路であると同時に、外敵の侵攻から鎌倉を守るための防御拠点ともなった。

防衛拠点としての切通には、「切岸《きりぎし》」「平場《ひらば》」などさまざまな人工的な仕掛けが施され、馬がやっと通れるほどに道幅を狭め、わざと見通しのきかない道にした。往来する旅人には通りにくい道である。「切岸」は山の斜面を垂直に削り取って、人工的な崖にしたもの。「平場」は山頂や山腹に造られた平らな場所のこと。非常時には、ここから眼下を通る人馬を監視して、必要とあれば上から矢を射ったり、投石したりして攻撃したと考えられる。

名越《なごえ》切通

名越切通は、鎌倉から三浦方面に通じる要路。現在の名越トンネルの上を通っている。道が険しく難路であったために「難越《なごし》」から「なごえ」という名が付いたといわれる。「大切岸」「平場」など、岩を削った跡が残されている。お猿畠《さるばたけ》とも呼ばれる日蓮《にちれん》ゆかりの法性寺《ほっしょうじ》のある山腹には、段状に岩が削り取られた三百メートルにわたる大切岸がある。国指定史跡。

名越切通（鎌倉市教育委員会提供）

朝夷奈《あさいな》切通

鎌倉と金沢《かなざわ》（横浜市）を結ぶ切通。六浦《むつら》口とも呼ばれ、鎌倉の東側の守備と考えられ、七口のなかで当時の姿を最も今に伝えている。一二四〇年（仁治元）、幕府は鎌倉と六浦（横浜市金沢区）の間に道を開くことを決めた。三代執権北条泰時《やすとき》が指揮を執り、率先して工事に当たったことが『吾妻鏡』に記されているが、鎌倉幕府の侍所《さむらいどころ》の初代別当《べっとう》（長官）となった和田義盛《わだよしもり》の三男で豪傑だった、朝比奈三郎義秀《あさひなさぶろうよしひで》が一夜にして切り開いたとの伝承が存在し、朝夷奈切通の名の起こりとなっている。国指定史跡。

朝夷奈切通

巨福呂坂《こぶくろざか》

鶴岡八幡宮の裏手から北鎌倉へ抜ける現在の小袋坂《こぶくろざか》は、明治になって開かれた。旧道は北条泰時が造ったといわれ、鶴岡八幡宮寺脇から西側の尾根を越えて圓應寺《えんのうじ》の前から建長寺《けんちょうじ》へ出る道だった。現在は途中で寸断されている。国指定史跡。

亀ヶ谷坂《かめがやつざか》

扇ヶ谷《おうぎがやつ》と山ノ内《やまのうち》地区を結ぶ道の、岩船地蔵堂から北へ登る坂が亀ヶ谷坂で、ここを越えると長壽寺《ちょうじゅじ》の脇で巨福呂坂に出る。その名の由来には、亀もひっくり返るほどの急勾配《こうばい》の坂だったから、などの説が伝えられる。現在でも生活道路として使用されている。国指定史跡。

仮粧坂《けわいざか》

その名の由来にはいくつも説がある。たとえば、平家の大将の首をこの坂で化粧して首実検《くびじっけん》したから、辺りに娼家があって化粧した女性たちがいたから、また、辺りの樹木が勢いよく生い繁っていたので、木生《きは》え、気勢《きはえ》といわれていたから――など。『吾妻鏡』建長三年（一二五一）十二月三日条に「気《け》和飛《わひ》坂」という記載がある。藤沢を経て武蔵方面に通じる、戦略上きわめて重要な拠点だったことは、一三三三年（元弘三）、新田義貞が鎌倉攻めの際に、この仮粧坂に軍の主力を向け、激戦地となったことからも推測される。それ以降も仮粧坂は、さまざまな戦いの舞台となった。史跡は源氏山西北麓、扇ガ谷四丁目と佐助二丁目の境界付近。国指定史跡。

大仏《だいぶつ》切通

現在の大仏坂トンネルの上を通り常盤《ときわ》のバス停「火の見下」辺りまでで、梶原《かじわら》、山崎《やまざき》を経て藤沢方面につながる道だった。険しい山道で、江戸時代から明治時代にかけて何度か整備されてきた。国指定史跡。

極楽寺《ごくらくじ》切通

坂ノ下《さかのした》から極楽寺の門前まで続く坂道で、七里ヶ浜《しちりがはま》、腰越《こしごえ》、片瀬《かたせ》を経て東海道へと通じる鎌倉・京都往還の出発点であった。極楽寺の開山忍性《にんしょう》によって切り開かれたと伝えられる。当時の道は、坂の途中にある成就院《じょうじゅいん》の山門前の少し下方を通っていたようで、今よりもはるかに急傾斜の狭い峠道であった。新田義貞の鎌倉攻めのとき、この近くの霊山《りょうぜん》で激戦が行われた。

そのほかに釈迦堂《しゃかどう》切通がある。釈迦《しゃか》堂ヶ谷《どうがやつ》と大町《おおまち》、名越を結ぶ。鎌倉内にある切通のため、七口には数えられていない。掘削された時期は不明。近世の地誌にも記されておらず、近世の掘削の可能性もある。辺りには、一二二四年（元仁元）、三代執権の北条泰時が父義時《よしとき》を弔うために建てた釈迦堂があったといわれることからこの名が付いた。現在は土砂崩れの危険があるため、通行禁止になっている。

釈迦堂切通

鎌倉の路

鎌倉には、京の朱雀大路《すざくおおじ》を模して造られた基幹道路である若宮大路《わかみやおおじ》を中心に、大小さまざまな通りがある。幅の広い大通りを大路、幅の狭い道を小路《こうじ》、さらに大路や小路を結ぶ小道を辻子《ずし》と呼び、その道が交差する角を辻《つじ》といった。

若宮大路《わかみやおおじ》

鶴岡八幡宮からまっすぐに由比ヶ浜《ゆいがはま》まで約一・八キロメートルにわたって延びる参道。鶴岡八幡宮を内裏に見立て、京の朱雀大路を模して造られたと考えられている。中央の段葛《だんかずら》（置石《おきいし》）も一緒に造られたと推定され、鎌倉幕府による中世都市鎌倉の町づくりの中心線としての役割を果たした。遠近法が用いられ、八幡宮に向かうにつれて道幅が狭くなっている。もっとも近年、このように若宮大路を京の朱雀大路になぞらえた都市計画が行われたとする見方に疑問も出されている。

なお発掘調査によれば、若宮大路の道幅は約三十三メートルで、東側には御家人の家や庶民の家が建てられていたという。また若宮大路には由比ヶ浜から八幡宮へ向かって、一の鳥居、二の鳥居、三の鳥居と三つの鳥居があり、かつては両側に松並木があったが、今はその面影をほとんど失っている。

「日本の道百選」にも選ばれている。国指定史跡。

段葛

若宮大路の中央に造られた参詣道。段葛と呼ばれるようになったのは、江戸時代以降のことである。『吾妻鏡』などによれば、一一八二年（寿永元）三月、妻政子《まさこ》の安産を祈願して、源頼朝が北条時政《ときまさ》ら武将に命じ、若宮大路とともに造営したと推定される。当初の様子は定かではないが、のちになって「かつら石」を置いて若宮大路の通りよりも高いところに造ったことから、置路《おきみち》・置石・作道《つくりみち》と呼ばれ、今でも置石の地名が残る。

江戸時代末には現在の下馬《げば》四ツ角までとなり、さらに明治期になって横須《よこす》賀《か》線の開通で姿を変え、現在は二の鳥居から鶴岡八幡宮前の三の鳥居までの約五百メートルほどである。大正時代に両側にサクラを植えて、桜並木の参

段葛

道に整えられた。このような置路が残っているのは全国でも鎌倉だけで、貴重な遺構である。二〇一四年（平成二十六）十一月～二〇一六年（平成二十八）三月の間、平成の大改修が行われ新しく整備された。県指定史跡。

横大路

鎌倉時代の初期は大倉幕府の前面の通りだったと考えられ、六浦津《むつらのつ》（横浜市）と鎌倉とを結ぶ六浦道（金沢道）の一部の名称と推定される。また、近世では、鶴岡八幡宮の三の鳥居の前から宝戒寺《ほうかいじ》の前までの道といわれる。

小町大路

鶴岡八幡宮東側の「筋違橋《すじかえばし》」から宝戒寺、本覚寺《ほんがくじ》前を通り、材木座《ざいもくざ》までの道筋が鎌倉時代の小町大路と考えられ「町小路」とも称された。いつのころからか、本覚寺門前にある鎌倉十橋《じっきょう》のひとつ、夷堂《えびすどう》橋が大町と小町の境とされたため、北の部分を小町大路と呼ぶようになったとも考えられる。現在も小町大路と呼ばれているが、明治時代には、小町小路、小町公路、小町広路の記述もみられる。

大町大路

下馬四ツ角から大町、名越切通までの道。鎌倉の東西を結ぶ重要な道であった。下馬四ツ角から小町大路と交わる辺りは鎌倉時代の繁華街と考えら

二階堂大路

れ室町時代の一四九七年（明応六）の資料には、当時大町にあった善法寺《ぜんぽうじ》の土地を借りていた商人たちの名前がみえる。

二階堂大路《にかいどうおおじ》

六浦道の岐《わか》れ路《みち》の先、左手の関取場《せきとりば》跡付近から、鎌倉宮参道と並行する二階堂川沿いの道をたどり、永福寺《ようふくじ》跡から瑞《ずい》泉寺《せんじ》方面へ通じる道のことといわれる。

西大路

現在の横浜国大附属鎌倉小・中学校の東側、西御門《にしみかど》の谷戸《やと》に向かう道で、大倉幕府の西門に面した通りであったと推定される。

長谷《はせ》小路

長谷寺前から六地蔵《ろくじぞう》辺りまでをいう。また、下馬橋付近まで含むとする説などもある。長谷の地名は、室町後期以降とされているので、小路名もそれ以後に付いたと思われる。現在の由比ヶ浜通りのもととなった。

今小路

壽福寺《じゅふくじ》前の勝ノ橋《かつのはし》から巽《たつみ》神社前までとされるが、『吾妻鏡』などの古い記録には見られない。現在では一般に六地蔵に至る道を今小路と呼んでいる。

馬場《ばんば》小路

鶴岡八幡宮の西側を南北に通じる道で、小袋坂下から鉄ノ井《くろがねのい》の前までをいうらしい。「ばばこうじ」ともいう。

塔ノ辻《とうのつじ》

由比ヶ浜通りの笹目《ささめ》バス停近くの十字路。江戸時代の古絵図から推定すると、鎌倉に七カ所あったといわれる塔ノ辻の遺跡のひとつで、建長寺前、円《えん》覚寺《がくじ》前、浄智寺《じょうちじ》前、鉄ノ井付近、下馬、小町《こまち》、宝戒寺の南辺りにも塔ノ辻があったという。地名としては本来、二本以上の道が交わった場所（辻）に石塔が置かれたことを意味し、現在では、笹目町《ささめまち》の塔ノ辻だけに残っている。今も花が供えられ保存されている。

田楽辻子《でんがくずし》

報国寺《ほうこくじ》前の宅間谷《たくまがやつ》と犬懸ヶ谷《いぬかけがやつ》を結ぶ小道のこと。田楽とは、平安時代からあった民間芸能で、この辺りに田楽法師の家があったことからこの名がついたといわれる。田楽辻子の名は『吾妻鏡』にも見える。

歴史・旧跡

地名

「鎌倉」の由来

鎌倉は奈良から平安期に見える郷の名で、相模《さがみ》国鎌倉郡鎌倉郷《ごう》であった。「鎌倉」の名が文書に登場するのは、古く七一二年（和銅五）に完成した『古事記《こじき》』の景行《けいこう》天皇のなかで、日本《やまと》武尊《たけるのみこと》の子、足鏡別王《あしかがみわけのみこ》を「鎌倉之別《のわけ》の祖《おや》……」と記しているのが最初である。神奈川県綾瀬《あやせ》市の宮久保《みやくぼ》遺跡からは、「鎌倉郷鎌倉里」と墨書された「天平五年」（七三三年）銘の木簡《もっかん》が出土、七三五年（天平七）に作成された『正倉院文書』のなかの『相模国封戸租交《さがみのくにふこそこう》易帳《えきちょう》』には、鎌倉郡沼浜《ぬまはま》郷三十戸、田百三十五町百九歩という文字が記されていること、また正倉院御物《ぎょぶつ》の古裂《こぎれ》に、鎌倉郡方瀬《かたせ》郷という文字が書かれていることなどから、奈良時代ごろには「鎌倉」という名称が使われていたことが推定される。

鎌倉の地名は歌にも詠まれ、『万葉《まんよう》集』には「可麻久良《かまくら》」と記される。

鎌倉という名前の由来には、地形的なもの、伝説的なものなど諸説あるようだ。

地形的な由来としては、鎌倉の「かま」は、もともと「かまど」を意味し、「くら」は「谷」のことだという説がある。鎌倉の地形は、東・西・北の三方を山で囲まれ、南側が海に面して開けており、ちょうど竈《かまど》のような形で、「倉」のように一方が開いているので、「鎌倉」となったという。

伝説的なものには次のような言い伝えがある。中臣鎌足《なかとみのかまたり》が鹿島《かしま》神宮への参拝の途中、由井里《ゆいのさと》（今の由比《ゆい》ヶ浜《がはま》）に泊まった夜に不思議な夢を見たので、護身用に持参していた鎌（鎌槍）を、大《おお》倉《くら》の松ヶ岡《まつがおか》に埋めた。その鎌の名をとって「かまくら」になったともいわれる。

そのほか、鎌倉の海岸近くには蘆《あし》や蒲《がま》がたくさん生えていたから、「かまくら」になったという説や比叡山《ひえいざん》にも鎌倉という地名があり、それは「神倉《かみくら》」とか「神庫《かみくら》」がなまったものといわれており、同様に鎌倉にも「神庫」があったので、それが同様に「かまくら」になり鎌倉の字を当てたという説もある。いずれにしても由来を明らかにした資料はなく、詳しいことは分からない。

稲村《いなむら》ヶ《が》崎《さき》

鎌倉の海岸線を由比ヶ浜と七里《しちり》ヶ《が》浜《はま》に分ける岬の地形が、まるで稲束を積み上げたように見えることから、地名の由来になったといわれる。

稲村ヶ崎

今泉《いまいずみ》

伝説では、昔、今泉の奥を金仙山《こんせんざん》といい、仙人が住んでいたといわれる。諸国を遍歴していた空海《くうかい》（弘法大師《こうぼうだいし》）は紫雲《しうん》に導かれてこの地にたどり着いた。すると仙人が現れ「村人が水に困っている。水が出るよう不動明王《ふどうみょうおう》の像にお願いしなさい」というので、村人とともにお祈りをすると、大師が岩肌に掘った二つの穴から水が湧き出したので、金仙山を今泉山《こんせんざん》と記すようになり、「いまいずみ」が土地の名前となったとされる。

扇ヶ谷《おうぎがやつ》

「扇ノ井《おうぎのい》」があるから、または谷戸《やと》が扇のように広がっていることに由来するといわれる。鎌倉駅の北西一帯は、かつては「亀谷《かめがやつ》」と呼ばれており、「扇谷《おうぎがやつ》」は英勝寺《えいしょうじ》の裏の狭い地域の名であったらしい。室町時代に、この辺りに住んだ関東管領《かんれい》の一族上杉定正《うえすぎさだまさ》が「扇谷《おうぎがやつ》殿《どの》」と呼ばれるようになり、「亀谷」の名よりも「扇谷」が地名として一般的に使われるようになったともいわれる。

大船《おおふな》

古くは、「粟船」「青船」と記されている。大船の地名は、辺りが入り江であったころ、粟を積んだ船が繋がれていたことによると伝えられる。

大町《おおまち》

鎌倉期以降、下馬《げば》橋辺りから名越《なごえ》までの広い地域を大町と呼んだ。大町大路と小町大路が交差する辺りが鎌倉時代の商業地と考えられている。「大町」は小町に比べて町の規模が大きかったためといわれる。

御成町《おなりまち》

現在の御成小学校から市役所のある場所に、明治時代、御用邸が建てられ、皇族方が御成りになったことから町の名前になった。ただし、もとは小町と大町の一部で、一九六五年（昭和四十）に住居表記の実施で生まれた新しい町名である。

下馬《げば》

若宮大路《わかみやおおじ》には上《かみ》ノ下馬橋、中《なか》ノ下馬橋、下《しも》ノ下馬橋と各下馬橋に馬を留める場所があったという。鎌倉時代、八幡宮に参拝するときは、貴人が神仏に敬意をはらってここで馬を下りることになっていたため、「下馬」が地名になったと伝えられる。一般的に「下馬」は下乗、下馬渡しともいわれ、寺社や高貴な人の館の前を通るときには、敬意を表して馬を下りることをいう。滑川《なめりかわ》に架かる橋に下馬橋の名が残る。

極楽寺《ごくらくじ》

一二五九年（正元元）、二代執権北《ほう》条《じょう》義時《よしとき》の子、重時《しげとき》が創建。さらに重時の子長時《ながとき》、業時《なりとき》の兄弟が当時多宝寺《たほうじ》に入山していた忍性《にんしょう》を招いて開山とした。同寺は最盛期には七堂伽藍《しちどうがらん》のほか四十九の支院があったといい、広大な境内と寺領を有していたとされる。現在では寺の名が地名になっている。

腰越《こしごえ》

鎌倉市の西南端。北の山に住んでいた人が南の海際の肥えた土地を求めて、山の腰を越えるように移り住んできたことから、この地名が付いたといわれている。また一説には、深沢《ふかさわ》という湖に五つの頭を持つ龍が住んでいて、里村に来ては子どもを食べるので、人々はこの土地を離れた。それで「子死越」というようになり、いつか「腰越」になったともいう。

小町《こまち》

小町大路の夷堂《えびすどう》橋以北を小町、以南を大町と称したので、大町に対する地名になったという。『吾妻鏡《あずまかがみ》』にも記された商業地域で、若宮大路に並行して宝《ほう》戒寺《かいじ》前から材木座《ざいもくざ》に至る小町大路は、物資輸送の道としても重要であった。

材木座

現在、逗子《ずし》市小坪《こつぼ》と境を接する滑川の河口左岸地域を示す。鎌倉時代、この地域に集住した、材木を扱う商工業者によって組合（座）が結成され、それが地名の由来となったと伝わる。一二三二年（貞永元）、和賀江嶋《わかえのしま（わがえじま）》が造られた。

坂ノ下《さかのした》

鎌倉七口《ななくち》の一つである極楽寺切通《きりどおし》の下にある地域なので、坂ノ下と呼ばれるようになったとされる。

佐助《さすけ》

銭洗《ぜにあらい》弁財天《べんざいてん》宇賀福《うがふく》神社や佐助稲荷神社などのある谷戸で鎌倉時代からの地名。初代執権時政《ときまさ》の孫であり、佐介氏の祖となった北条時盛《ときもり》が邸を構えたことに由来する説や、伊豆配流中に病に伏した源《みなもとの》頼朝《よりとも》（佐殿《すけどの》）を現在の佐助稲荷神社の位置に立つ祠から現れた神霊が助けたという伝説から「佐助」になったともいわれる（▼「伝説」の項目に詳述）。

七里ヶ浜《しちりがはま》

稲村ケ崎から小動岬《こゆるぎみさき》までの約二・九キロメートルの海岸。「七里」には、長い道のりという意味があり、長く続く海辺であったため名付けられたのであろう。

十二所《じゅうにそ》

光触寺《こうそくじ》境内にあった熊野《くまの》十二所権現

社（現十二所神社）に由来するともいわれる。十二郷ヶ谷《ごうがやつ》ともいわれ、十二戸の村であったからとも。

浄明寺《じょうみょうじ》

鎌倉五山の一つ、浄妙寺があることから、寺の名前にちなんで名付けられ、寺の名前と同じく浄妙寺村としていたが、格式の高い寺院の名前を地名に使うことをはばかってか、浄明寺となったらしい。

玉縄《たまなわ》

平安時代の一一四四年（天養元）、大庭御厨《おおばのみくりや》の東側俣野川（境川）を境にして「玉輪御庄」があったのが地名の初見である（『天養記』）。

辺りからきれいな飾り玉が出土したことに由来するともいわれ、玉輪とも記した。一九六九年（昭和四十四）の住居表記の変更で、玉縄の名をうけ継いで新しい地区が誕生した。

手広《てびろ》

地形が人の手を広げたような形で広がっていることから名付けられたといわれる。また、昔、戦場となったときに、ある大将が敵に片手を切り落とされ、それを見た家臣が、「大将の手を、敵方に拾われたら恥になる」と、その手を拾いこの土地の寺に納めたことから、「手拾い」が転じて手広になったとも伝わる。

二階堂《にかいどう》

一一八九年（文治五）、奥州合戦に勝利した源頼朝が、平泉《ひらいずみ》・中尊寺《ちゅうそんじ》の二階大堂（大長寿院）を模して建立した永福寺《ようふくじ》の本堂を二階堂といったことから、地名となったといわれる。

西御門《にしみかど》

源頼朝は、最初、祖先ゆかりの地であった大倉に御所を構えた。四方にそれぞれ門を造り、西側の門を西御門として、その名が地名として残ったという。

長谷《はせ》

大和（奈良県）の長谷寺《はせでら》にならって、十一面観音を祀った長谷寺がこの地にあることから、地名となったという。

由比ヶ浜《ゆいがはま》

稲村ヶ崎から飯島岬《いいじまみさき》までの海岸の総称で、古くは「由井」「湯井」などとも書かれ、鎌倉時代には「前浜」とも呼ばれた。名前の由来は、由比郷内にあったからとも、「結《ゆい》」という相互に助け合う組合のような組織の名からきているともいわれる。

雪ノ下《ゆきのした》

源頼朝が夏の炎暑をしのぐため、雪を貯蔵しておく雪屋《ゆきおく》（氷室《ひむろ》）を鶴岡八幡宮《つるがおかはちまんぐう》の北側に設けさせたからとも、「ユキノシタ」という植物が多く生えていた場所だからともいわれる。

自然景観

地勢――84
町並み――87
動植物――88
花の名所――91
ハイキングコース――103

自然・景観

地勢

地形

鎌倉市は、神奈川県の南東、三浦半島の基部に位置する。東は逗子《ずし》市、横浜市（金沢区）、北は横浜市（戸塚区、栄区）、西は藤沢市に接し、南には相模《さがみ》湾が開けている。

市域は東西八・七五キロ、南北五・二キロと東西に長い。烏帽子《えぼし》をかぶった白拍子《しらびょうし》がひざまずいたような形をしており、面積は三十九・五三平方キロメートル、神奈川県全体の約六十分の一の広さを占める。

鎌倉は大きく次の五つの地域に分けられる。若宮大路《わかみやおおじ》を中心に広がる市街地区である鎌倉地域、漁業を中心に栄え、現在は住宅地となっている腰越《こしごえ》地域、田園地帯から住宅地そして工場の立ち並ぶ深沢《ふかさわ》地域、住宅地であり商工業の活発な大船《おおふな》地域、住宅地と農地が多く残る玉縄《たまなわ》地域である。

鎌倉の地形は、北を背にし、東と西の三方を山々で囲まれ、南側が海に面して開けており、ちょうど「かまど」のような形をしている。低い山が連なり、最も高いものでも標高百六十メートルほどだ。鶴岡八幡宮《つるがおかはちまんぐう》を中心にして鎌倉市街の西側ほぼ中央に源氏山（九十二・六メートル）、その尾根が南西に延びて海岸近くで稲村ヶ崎《いなむらがさき》となる。北には六国見山《ろっこくけんざん》（百四十七・四メートル）、東に延びて鷲峰山《じゅぶせん》（百二十七・九メートル）、大平山《おおひらやま》（百五十九・二メートル）、天台山《てんだいさん》（百四十一・四メートル）などがある。また南東には衣張《きぬばり》山《やま》（百二十・二メートル）、浅間山《せんげんやま》（約百二十メートル）、名越山《なごえやま》（約九十メートル）などがあり、飯島《いいじま》の岬、飯島ヶ崎となっている。

地形の特色として、山々の間に谷戸《やと》（谷《やつ》）と呼ばれる谷間が多いことが挙げられる。谷戸は、泥岩《でいがん》や砂岩《さがん》、凝灰《ぎょうかい》岩《がん》（これらを地元では「鎌倉石」と呼んでいる）からなる丘陵で、地震などによる地形の変化、海水や河川の浸食などで徐々に削られてできた。

大船、玉縄、深沢、腰越地域も山や谷戸の多い地形で、今泉《いまいずみ》は十二所《じゅうにそ》、二《に》階堂《かいどう》といった丘陵の北側に位置している。岩瀬《いわせ》、大船は砂押川《すなおしがわ》、柏尾川《かしおがわ》の河川周辺に広がった鎌倉で最も広い平地となっている。大船から柏尾川の東側には台《だい》、山崎《やまざき》、上町屋《かみまちや》などの台地が続き、柏尾川の西側は岡本、城廻《しろめぐり》、関谷《せきや》といった台地と谷戸のある地形だ。深沢の常《とき》盤《わ》、寺分《てらぶん》、笛田《ふえだ》、手広《てびろ》は大船についで広い平地。極楽寺《ごくらくじ》、七里ヶ浜《しちりがはま》に続く腰越は、南北に神戸川《ごうどがわ》が流れ、台地や平地がある地域で海岸に繋がっている。

　鎌倉のおもな川は、柏尾川（二十・九キロ）と滑川《なめりかわ》（五・六キロ）。鎌倉で最も大きく長い川である柏尾川は、横浜市港南区野庭《のば》付近を水源として戸塚から大船の低地帯を流れ、藤沢市村岡をへて境川《さかいがわ》と合流し相模湾にそそいでいる。蛇行して流れる柏尾川は、以前は氾濫など水害が多かったが、改修工事が行われてから水害は少なくなった。滑川は、朝比奈峠付近を水源として、十二所、浄明寺《じょうみょうじ》、二階堂、雪《ゆき》ノ下《のした》、小町《こまち》、大町《おおまち》、材木座《ざいもくざ》と市街を流れて由比ヶ浜《ゆいがはま》にそそいでいる。多くの支流を持ち場所によって呼び名が変わる。上流から太刀洗川《たちあらいがわ》、胡桃《くるみ》川、滑川、坐禅川《ざぜんがわ》、夷堂川《えびすどうがわ》、炭《すみ》（墨）売川《うりがわ》、閻魔川《えんまがわ》と名を変えて海にそそぐ。鎌倉時代には、船で石や木材を鶴岡八幡宮寺付近まで運ぶのに利用されていたようだ。

上空から撮影した鎌倉市（鎌倉市提供）

　また、滑川西側の極楽寺付近を流れる稲瀬《いなせ》川、七里ヶ浜付近を流れる行合《ゆきあい》川、腰越付近を流れる神戸川、内陸の今泉から大船へと流れる砂押川などがある。

　海岸は、相模湾に面して南に開け、湾内は波も穏やか。坂ノ下から材木座海岸の飯島の岬の間の弓形の海岸を由比ヶ浜と呼び、稲村ヶ崎から腰越の小動岬《こゆるぎみさき》までを七里ヶ浜と呼んでいる。

気候

　鎌倉の気候は、三方を山に囲まれ、南側が海に面しているという地形の影響を強く受けている。冬の冷たい北東風は丘陵にさえぎられ、夏の涼しい南西風は海から吹いてくるため、冬は暖かく、夏は涼しく過ごしやすい。また、海水温の年較差も約十一度（八月の海水温二十五度、二月の海水温十四度）と小さいため、たとえば、厚木や相模原など県内の内陸地方と比べ、年間の気温較差が小さく、温暖な気候に恵まれた地域といえる。風向は、季節風の影響もあって、夏は南西風、冬は北東風が吹くことが多い。これは年間を通じての傾向ともいえ、昼は海風、夜は陸風が吹く。特に夏はこの傾向が強い。

地質

鎌倉の地質は、大きく五つに分けられる。

一つ目は「逗子シルト岩層」（逗子層）と呼ばれる地質で、鎌倉駅付近や、長《は》谷《せ》・極楽寺一帯、鶴岡八幡宮の裏山から二階堂付近、そして南の海岸沿いに広がり、さらに逗子や横須賀まで広く分布している。

二つ目は、「池子《いけご》火砕岩層《かさいがんそう》」（池子層）と呼ばれ、西の小動岬や腰越の丘陵、市中央の銭洗《ぜにあらい》弁財天《べんざいてん》宇賀《うが》福神社《ふくじんじゃ》付近から、東の天台山の南、そして衣張山付近へと広がっている。

三つ目は「深沢《ふかさわ》凝灰質《ぎょうかいしつ》粗粒《そりゅう》砂岩層《さがんそう》」（深沢層・一般的には浦郷《うらごう》層といわれる）で、笛田から梶原付近の山稜部から大平山、天園の尾根一帯、そして十二所の鎌倉霊園付近、逗子、横須賀市の北側まで帯状に広く分布している。

そのほかは「野島《のじま》凝灰質《ぎょうかいしつ》砂岩《さがん》シルト岩層」「大船シルト岩層」である。

「逗子層」とは、主に粗い泥の粒が固まった岩（シルト）でできた地層で、灰白色の厚い層と茶色や黄みを帯びた薄い層から成り立ち、穏やかな深い海の底に堆積した層が隆起してできたと考えられる。極楽寺切通付近や、七里ガ浜の鎌倉高校の入口などに見られる。

「池子層」は、主に粒の粗い砂に小さな軽石や火山れきが混じった岩石からできた地層である。少し暗い灰色をしている。この地層から採れる石は「鎌倉石」と呼ばれ、多孔質で保水性があり、また加工しやすいため、石垣や石段、宝《ほう》篋印塔《きょういんとう》、五輪塔などにも使われた。壽《じゅ》福寺《ふくじ》の入口や、名越切通《なごえきりどおし》などにその地層が見える。

「深沢層」は、前出の「池子層」を覆うように重なって見られるのが特徴である。茶色の層が多く、一部に、黒っぽい灰色の層が混じって見える。大部分が軽石を多く含み、あまり固まっていない砂の層からできているが、天台山から半《はん》僧坊大権現《そうぼうだいごんげん》への尾根一帯ではかなり硬い岩石となっているという。この地層は北鎌倉の鎌倉学園のグラウンドや朝夷奈《あさいな》切通《きりどおし》付近で見ることができる。

鎌倉には切通や切岸《きりぎし》、岩壁など岩肌がむき出しになっている場所が多く、古代からの大地のダイナミックな動きを目のあたりにできる。

朝夷奈切通付近の地層

自然・景観

町並み

鎌倉の町の特徴として挙げられるのは、三方が山、一方が海に開けた地勢をうまく生かした、という点である。源氏の守護社である鶴岡八幡宮《つるがおかはちまんぐう》から由《ゆ》比ヶ浜《いがはま》までまっすぐに延びる若宮大路《わかみやおおじ》は、今も町の「顔」といえる中心的街路である。その市街地を囲むように寺社境内を中心とした緑豊かな住宅地や緑地が広がっている。

昭和に入り、横須賀《よこすか》線で東京に通勤、通学する人が増えると、電車で一時間圏内の文化都市とあって人気を呼び、宅地開発が盛んに行われた。

一九六〇年（昭和三十五）ごろからは、七里ガ浜や今泉《いまいずみ》などの大規模な宅地造成によって多くの緑が失われた。宅地化の影響は貴重な旧跡にも及び、昭和三十年代後半には鶴岡八幡宮の裏山、御谷《おやつ》を開発する企《くわだ》てが持ち上がると、作家大佛《おさらぎ》次郎ら文化人も加わった市民による旧跡、緑地の保全運動が起きた。現在、鎌倉市の緑地は市の面積の約四割である。

また鎌倉の価値を証明する一例として、国が指定した史跡の数と面積の大きさを挙げることができる。名の知られた寺社の境内はみな国指定史跡とされている。指定範囲には裏山も含まれているため、市内の史跡エリアの全体を合算すると百八十二ヘクタールに達し、市全域の四・六パーセントになる。

鎌倉市では、後世に守り伝えるべき町並みをより明確に示し、二〇〇八年（平成二〇）三月には、鎌倉市都市計画景観地区を定め、若宮大路を中心とした市街地の建築物の高さ（十五メートル）や色に制限を設けた。また、まちづくりの基盤を整えることを目的に二〇一五年（平成二十七）に鎌倉市歴史的風致維持向上計画を策定し、歴史的遺産と共生するまちづくりに取り組んでいる。

鎌倉市街地（鎌倉市提供）

自然・景観

動植物

鎌倉の自然環境

南が海に面し、市街地を囲む鎌倉の緑地は東京の高尾山付近から三浦半島の南端までつながる「緑の回廊」の一部となっている。また海岸性の温暖な気候や変化に富んだ地形によって水源の森から川、海に至る自然のつながりが残されている。

丘陵にひだのように刻まれた谷間の空間である「谷戸《やと》（谷《やつ》とも）」は鎌倉の特徴的な地形で狭い面積の中にも多様な環境を持ち、多くの動植物の生息場所となっている。ただ高度経済成長期の宅地化によって緑地が急速に減少したため、現在もまとまった面積で残るのは広町《ひろまち》（四十八・一ヘクタール）、台峯《だいみね》（二十八・七ヘクタール）、常盤山《ときわやま》（十八ヘクタール）など数えるほどである。

森林・植物

海に面する鎌倉の緑地は人が住み始める前はシイ・タブ林帯、すなわち常緑の照葉樹林帯に属していた。それが中世に武家政権の都となると、林が切り払われ、クロマツが植えられた「松の都」となる。室町時代以降は建築材や炭の原料を得るための暮らしを支える雑木林となった。その後現在までにほぼ全域に人の手が入った森林となり、次第に林の手入れも放棄され木々の生い茂る荒れた山林も増えてきている。

現在の植生の調査では、スダジイ、タブノキ、ヤブツバキ（以上常緑樹）や、イヌシデ、コナラ、ヤマザクラ（以上落葉樹）などの植生が確認されており、わずかながらハンノキの群生も公園の一部で確認されている。また植林であるスギ、ヒノキも広範に確認されている。松林は、昭和三十年代の松枯れによってほとんど見えなくなった。

ヤマザクラの花

そのほかにも海辺から低木林、水田跡地などの草原地帯で暖かい地域であることを特徴づけるヒカゲワラビ、タコノアシ、エビネ、キンランなど貴重種を含む六〇〇種近い植物が確認されている。

川・水源・湿地

朝夷奈切通《あさいなきりどおし》付近の太刀洗川《たちあらいがわ》、紅葉の名所として知られる獅子舞《ししまい》のふもとの二階堂川などの源流域は自然がよく残されている。

また市内で湧き水が確認された場所は、二〇〇三年（平成十五）の市による最新の調査で十カ所だった。湧き水はその湧き出し方で分類され、鎌倉では「しぼり水」といわれる丘陵地の斜面や、谷底の際から滲みでてくる湧き出し方がほとんどである。地下への雨水の浸透量が少なくなってきていることも原因と考えられている。

湧水のある地域では現在もため池が確認されている。

そのわずかな水源の近くは、豊かな生態系が保たれ、生物の生息基盤として貴重な役割を果たしていることが確認できる。

動物・昆虫

鳥類

市域全体でツバメ、ヒヨドリ、シジュウカラなど、コジュケイ、キジバト、アオゲラ、コゲラ、トビなども各地域で確認されている。

カワセミ（鎌倉市自然環境調査資料より）

ため池が存在する城廻《しろめぐり》、鎌倉中央公園、手広《てびろ》などではサギやカモ類などの水鳥が観測されている。また猛禽類のオオタカ、ノスリ、チョウゲンボウのほか、十月には貴重種のサシバの飛翔も確認されている。同じく猛禽類のフクロウも一部の地域で繁殖している可能性が伝えられている。そのほかには貴重種のカワセミの生息も確認されている。

哺乳類

岩瀬《いわせ》、六国見山《ろっこくけんざん》、鎌倉中央公園、手広、広町など比較的面積が大きい緑地で、タヌキやノウサギ、そして神奈川県のレッドデータブックで指定されているカヤネズミも確認された。

最近では外来種のタイワンリス、アライグマ、ハクビシンが多数目撃されれており、在来種を脅かす存在としてその繁殖が問題となっている。

は虫類・両生類

その生息地域が限定されているが、シマヘビ、ニホンヒキガエルなど貴重種が観測されている。

昆虫

アオスジアゲハ、クロアゲハ、アカタテハ、モンキアゲハなどチョウ類のほか、オニヤンマ、アキアカネなどのトンボ類、そして貴重種としてヘイケボタルやゲンジボタルの生息も確認されている。なお、黒いアゲハは武士の化身に見立てて「かまくらちょう」と呼ばれることがある。

モンキアゲハ

魚類

コイのほかオオクチバス（帰化種）や、ギンブナ、神奈川県のレッドデータブックに指定されたホトケドジョウも確認された。在来のメダカは絶滅したが、昔、佐助《さすけ》で捕獲されたメダカが増殖され、現在市役所のビオトープで「鎌倉メダカ」として保護されている。

海・海岸

鎌倉の遠浅の砂浜は、県内でも貴重なサクラガイが住む環境となっている。干潮時に現れる磯には、ホンヤドカリやイソスジエビ、バフンウニなどが見られる。

海岸では、四月にハマダイコン、七月にオレンジ色の花を咲かせるスカシユリ、十一月に咲くイソギクやツワブキが見られる。七里ヶ浜付近で見られたハマヒルガオの群生は二〇〇九年（平成二十一）の台風による壊滅的な被害などにより、植生域が大きく減少してしまった。

サクラガイの貝殻

自然・景観

花の名所

鎌倉の寺社境内に咲く花というと、まず明月院《めいげついん》のアジサイを思い浮かべる人が多い。ところが、近年の鎌倉では境内整備の一環として花を植栽している寺社が多いためか、四季を通じて意外に思うほどさまざまな花を見ることができる。

首都圏では近年の住環境の変化から、庭のない住宅が増えているのに加えて、自然志向や約一時間という交通の利便性も相まって、鎌倉では歴史散歩や文学散歩などとともに、近年は花散策を目的とした来訪者が非常に多くなってきている。

比較的コンパクトにまとまった地域のなかで、四季を通じて自然に親しめる観光地として、鎌倉は関東地区では他に類を見ない魅力を秘めた、花散策の最適地である。

一月

スイセン（十二月下旬〜一月上旬）

花の少ない年末から咲き始め、新年に楚々《そそ》とした姿で目を楽しませてくれる。瑞泉寺《ずいせんじ》では、夢窓疎石《むそうそせき》（国師）作の禅宗様式の庭園から本堂前庭まで、ここかしこに咲いている。

スイセン（瑞泉寺）

ロウバイ（十二月中旬〜二月上旬）

半透明の臘《ろう》をかけたようなつややかな黄色の花が甘い香りを漂わせる。浄《じょう》智《ち》寺《じ》には、比較的大きな木が二カ所にあり、曇華殿《どんげでん》や藁葺《わらぶ》きの小堂に映える。また、明月院でも本堂前や開山堂《かいさんどう》周辺、参道の脇などに植えられている。

正月ボタン（十二月下旬〜二月上旬）

鶴岡八幡宮《つるがおかはちまんぐう》の神苑ぼたん庭園では、吹きすさぶ寒風を避けるように、藁囲いに包まれて正月ボタンが妖艶《ようえん》な花を咲かせている。時節柄、初詣に訪れた参拝者の目を楽しませてくれるが、時ならぬ雪が降ると、冬を象徴する花風景とばかりに特に多くの参拝者が集まってくる。

二月

ウメ（二月上旬〜三月中旬）

　祭神がウメを愛好した菅原道真《すがわらみちざね》なので、荏柄《えがら》天神社には百本以上植えられている。社殿に向かって右側にある「寒紅梅《かんこうばい》」は早咲きの特異種で、左側の「古代青軸《こだいあおじく》」と紅白一対になっている。また、長谷寺《はせでら》にも早咲きの特異種「冬至梅《とうじばい》」が植えられていて、ひと足早い春の花風景が楽しめる。瑞泉寺も、市内有数のウメの名所で、二月下旬ころ、本堂前で市天然記念物のオウバイが、楚々とした淡黄色の花をつける。その花名は『原色牧野日本植物図鑑』で知られる牧野富太郎博士が発見して命名した。境内のウメは種類が多いので、二月から三月まで長い期間花姿を楽しめる。

　数百本のウメが斜面を覆うように咲く市内最大の梅林は、十二所《じゅうにそ》果樹園。植木の貞宗寺《ていそうじ》も、見頃には紅白のウメで埋め尽くされる。

ウメ（荏柄天神社）

　ハクバイよりも遅れて咲くコウバイは、宝戒寺《ほうかいじ》と安国論寺《あんこくろんじ》に植えられていて、どちらも鎌倉有数の鮮やかな色の花弁をつける。

ツバキ（二月上旬〜三月上旬）

　鎌倉周辺は照葉樹林が多いことで知られる。シイやタブに混じって花が咲く代表的な照葉樹がツバキ。旧市街を取り巻く丘陵地にも多数自生している。名花として知られるのは、覚園寺《かくおんじ》の「太郎庵」と英勝寺《えいしょうじ》の「侘助《わびすけ》」。いずれも市天然記念物。鎌倉駅に近い大巧寺《だいぎょうじ》には、五十本以上の園芸種が植えられている。また宝戒寺にも多く咲く。

三月

ミツマタ（三月中旬〜下旬）

　和紙の原料として知られるこの花は、枝が三つに分枝することから花名がある。浄智寺では客殿と曇華殿を結ぶ回廊沿いに、海蔵寺《かいぞうじ》の参道脇や光則寺《こうそくじ》の庭にも数株ずつ植えられている。この花は黄花が一般的だが、大巧寺と長谷寺にはオレンジ色の花を咲かせる木がある。

カワズザクラ（三月中旬〜下旬）

　鎌倉では長谷寺や鶴岡八幡宮、鎌倉

カワズサクラ（長谷寺）

宮で三月中旬に開花する。また、近年、市民ボランティアが普及に力を注いでいるので、北鎌倉地区をはじめ、市内各所にかなりの本数の若木が植樹されている。

ボケ（三月下旬〜四月上旬）

鎌倉では珍しい新田義貞《にったよしさだ》ゆかりの寺、九品寺《くほんじ》が鎌倉では代表的。まずサラサボケが数株開花し、少し遅れてヒボケも満開になる。明月院や長谷寺にも大きな株がある。

ハクモクレン（三月下旬〜四月上旬）

円覚寺《えんがくじ》の塔頭《たっちゅう》・佛日庵《ぶつにちあん》境内に咲くハクモクレンは、『阿Q正伝』で知られる中国の作家・魯迅《ろじん》から贈られた株。大佛《おさらぎ》次郎の『帰郷』に描かれている。

東慶寺《とうけいじ》の客殿脇、宝戒寺の本堂前、長谷寺の池泉庭園に大木が植えられていて、サクラが満開になる直前に、春本番の到来を告げてくれる。

ハナモモ（三月下旬〜四月上旬）

安国論寺では、本堂前に紅白咲き分けのシダレモモ「源平枝垂《しだ》れ」がある。また、光則寺では門前のアメリカスモモがシダレザクラが満開になる直前に開花し、年によってはソメイヨシノと競い合う光景を見せてくれる。

ショカツサイ（十二所果樹園）

ショカツサイ（三月下旬〜四月中旬）

「ハナダイコン」や「ムラサキダイコン」の愛称で呼ばれることが多い花。瑞泉寺の拝観受付背後や長壽寺《ちょうじゅじ》の竹林周辺など寺社境内でも咲くが、十二所果樹園の梅林の足元に咲く群落が、鎌倉随一の規模で壮観。

ユキヤナギ（三月下旬〜四月中旬）

温暖な地域ほど枝が長く成長するこ

の花は鎌倉の気候にもぴったり。海蔵寺の脇門から鐘楼にかけて並び咲く。北鎌倉の光照寺《こうしょうじ》の山門脇ではレンギョウと咲き競って、目を見張るほどの華やかさを見せる。

四月

サクラ（**四月上旬**）

若宮大路《わかみやおおじ》の二の鳥居から三の鳥居まで、約五百メートルの段葛《だんかずら》は桜並木で、夜桜も楽しめる。鶴岡八幡宮の源平池のほとりには約三百五十本が植えられ、池面の花筏《はないかだ》も美しい。

建長寺《けんちょうじ》参道のサクラも鎌倉の春を代表する風景の一つ。半僧坊大権現《はんそうぼうだいごんげん》参道にも桜並木があり、周囲の丘陵にはヤマザクラがある。長勝寺や光明寺《こうみょうじ》の境内もサクラの名所の一つで、光明寺ではこの季節山門の楼上が一般公開されるので、境内のサクラを一望することができる。比企《ひき》一族ゆかりの妙本《みょうほん》

コラム

「京都に咲く『鎌倉桜』」

南北朝時代の一三五七年（延文二・正平十二）、鎌倉から京都の御所へ一本のサクラが運ばれ、植えられた記録が残っている（『園太暦《えんたいりゃく》』〈洞院《どういん》公賢《きんかた》の日記〉）。

そのサクラは大島桜の一種の「普《ふ》賢象《げんぞう》桜」（普賢菩薩が名の由来）で、鎌倉の材木座が発祥の地だとされる。実朝《さねとも》が歌に詠んだ永福《ようふく》寺《じ》や勝長寿院《しょうちょうじゅいん》などに植えられていたサクラと同種ではないかといわれている。

また、江戸時代に後水尾《ごみずのお》天皇が、サクラの木の下を御車で通り過ぎたところ、車を返し、その花容を確かめたといわれる桐ヶ谷《きりがや》桜がある。同じ枝に八重と一重を同時に咲かせるのが特徴で、別名「御車《みくるま》返《がえ》し」ともいう。

桐ヶ谷というのも、鎌倉の材木座付近に広がる谷戸の地名が由来で、こちらも鎌倉発祥のサクラとされる。

「鎌倉桜」という品種でこそないが、サクラがつなぐ二都の歴史をとどめようと「かまくら桜の会」などが、現在植樹活動を行っている。

大船「県立フラワーセンター」に咲く桐ヶ谷桜（写真：県立フラワーセンター提供）

寺《じ》には、本堂前に見事なシダレザクラがあり、祖師堂周辺にはソメイヨシノやサトザクラも見られる。

関東でシダレザクラといえば身延山のシダレザクラを思い浮かべる人も多いが、東身延と呼ばれる本覚寺《ほんがくじ》にも見事なシダレザクラがあり、本堂脇には大きなサトザクラもあるので、四月下旬まで桜風景が楽しめる。ほかに安国論寺や光則寺、明月院などでもシダレザクラを楽しめる。

サクラ（光明寺）

寺社以外では鎌倉山と鎌倉逗子ハイランドのバス通りが名所。源氏山公園もソメイヨシノからサトザクラまで楽しめ、名所として市民にも人気が高い。

カイドウ（四月上旬～中旬）

鎌倉ではサクラに負けず劣らず人気のある花。「カイドウの寺」として有名な光則寺は、境内に七本のカイドウが植えられている。本堂前の木は樹齢二百年余り、市の天然記念物、神奈川県の「名木百選」にも選ばれている。妙本寺には、一九三七年（昭和十二）中原中也とともに見上げたと、小林秀雄が『中原中也の思ひ出』に描いたカイドウがあったが、現在は三代目になっている。安国論寺の木とともに、かつてこれらは鎌倉三大カイドウともよばれていたが、残念ながら安国論寺のカイドウは古木になり枯れてしまった。

一方、海蔵寺のカイドウはまだ若木だが枝振りがよく、勢いのある見事な花を枝いっぱいにつける。

カイドウ（海蔵寺）

ヤマブキ（四月中旬～下旬）

太《おお》田《た》道灌《どうかん》の旧居跡に建てられた英勝寺・本堂の脇には、道灌の伝説にちなんで植えられている。

妙本寺や海蔵寺、稱名寺（今泉）にも。

ボタン（四月中旬～五月上旬）

建長寺では、創建七百五十年を記念した境内整備の一環で、仏殿前庭や西《せい》来庵《らいあん》参道に多数のボタンが新たに植えられ、新しい花名所になっている。円覚寺松嶺院《しょうれいいん》は日ごろ非公開の塔頭だが、境内に多くこの花が植えられ、盛りに特別公開されている。

また、新年早々に正月ボタンを楽しませてくれた神苑ぼたん庭園では、春の陽射しを避けるように日傘が立てられ、ほかとは違った情趣を添えている。

シャガ（四月下旬～五月上旬）

かつては非公開寺院だったが近年境内の花が美しいシーズンの週末だけ開門するようになった長壽寺の、山際の竹林脇に鎌倉一の群生がある。すり減った鎌倉石の階段が、いかにも古都鎌倉らしいたたずまいの浄智寺参道では、両脇にこの花が群生する。

また、鎌倉の「コケ寺」として有名な妙法寺《みょうほうじ》（大町）も、コケ石段の両脇を埋めるこの花に古都ならではの風情がある。

フジ（四月下旬～五月上旬）

藤棚は光触寺《こうそくじ》、安国論寺、英勝寺、長谷寺などにある。鶴岡八幡宮では旗《はた》上弁財天社《あげべんざいてんしゃ》の社殿前に花房の短いシロカピタンが、源平池のほとりにはノダフジが咲く。立木仕立ては別願寺、大《だい》寶寺《ほうじ》などで。

寺社背後の岩崖などに野生のフジが咲くのも鎌倉ならでは。円覚寺や浄智寺境内、海蔵寺の駐車場、広町緑地などが見事。

ツツジ（四月下旬～五月上旬）

「ツツジ寺」の別名がある安養院《あんよういん》では花期になると境内一面に約五十株のオオムラサキが咲き誇る。笛田公園に近い仏行寺《ぶつぎょうじ》でも本堂背後の斜面一面に、色とりどりのキリシマツツジやオオムラサキが咲く。

ツツジ（安養院）

五月

バラ（五月中旬～六月下旬）

この花は洋花の代名詞ともいえるだけに、洋館のたたずまいにとても似合

バラ（鎌倉文学館）

う。神奈川県下随一の規模を誇る洋館・鎌倉文学館にはバラ園があり、春にはバラまつりが開催され、十月中旬から秋バラも楽しめる。ほぼ同じ季節に、九品寺では野生味あふれるナニワイバラが一重の白い花弁を開く。

ハマヒルガオ（五月下旬～六月上旬）

海浜植物が多数生育するのも、海辺の古都鎌倉の特徴の一つ。代表格がこの花で、七里ヶ浜《しちりがはま》や稲村ヶ崎《いなむらがさき》周辺の砂浜に自生し、ヒルガオに似たピンクの花をつける。鎌倉では代表的な海浜植物。近年マリンスポーツや台風、砂浜の後退などの影響で、除々に植生域が減少している。

サツキ（五月下旬～六月上旬）

陰暦の五月、皐月《さつき》に盛りを迎えるこの花は、建長寺半僧坊大権現直下の斜面に多く植えられている。光明寺本堂脇の三尊五祖の庭も鎌倉のサツキの名所の一つ。海蔵寺では石仏を囲むように咲く姿が個性的。

ユキノシタ（五月下旬～六月上旬）

日陰の岩上に咲く花で、コケむした鎌倉石の階段や石積みの多い鎌倉の寺社に似合う。規模では浄智寺境内の岩崖が一番だが、上杉憲方逆修塔《うえすぎのりかたぎゃくしゅとう》の石塔に咲く花も風情がある。

ユキノシタ（浄智寺）

六月

ハナショウブ（六月上旬～中旬）

東慶寺の参道正面、露座の釈迦牟尼《しゃかむに》仏《ぶつ》の背後には鎌倉有数規模のハナショウブ田がある。明月院の本堂裏にも一千株ほどのハナショウブが植えられて、花の季節に特別公開される。

長谷寺では放生池《ほうじょういけ》に浮かぶ筏《いかだ》に植

えられた花が風に流されて、規模感とは別の風情がある。株数は少ないが、海蔵寺庫裏《くり》脇でもマツバギク、キョウカノコの濃いピンクに挟まれて、梅雨のひとときを彩っている。

ケイワタバコ（六月上旬〜中旬）

寺院背後に岩崖が迫っているのは鎌倉の特徴の一つ。日の当たらない湿った岩壁に、這うように紫色の星型の小花をつける、いかにも鎌倉らしい花。東慶寺、浄智寺の墓地入口付近に群生しているが、朝夷奈切通《あさいなきりどおし》や仮粧坂《けわいざか》に自生している姿も可憐。

アジサイ（六月中旬〜下旬）

「アジサイ寺」として全国的に有名な明月院。境内全体がほぼヒメアジサイの青一色に統一されていて、「明月院ブルー」と呼ばれている。長谷寺では経蔵《きょうぞう》裏の斜面に二千五百株以上が植えられ、こちらは色とりどりのアジサイを縫うように眺望散策路を巡ることができる。

アジサイ（明月院）

円覚寺や建長寺のような巨刹から、御霊神社（坂ノ下）や葛原岡神社のようなひっそりとした神社にいたるまで、梅雨の季節にこの花が見られる花名所は数多い。

ハンゲショウ（六月下旬〜七月上旬）

季節になると緑色の葉がまるで化粧でもしたように、日を追って白くなり、茎頂部に淡黄色の小さな花穂を垂れる。鎌倉中央公園が量感では随一だが、広町緑地にも自生している。

キキョウ（六月下旬〜八月上旬）

秋の七草なので季節感を誤りがちだが、夏に盛りを迎える。瑞泉寺の鶴亀の庭、海蔵寺や長谷寺などで群生する。

一般公開はされていないが、円覚寺の塔頭・帰源院には、夏目漱石の「佛性は白き桔梗にこそあらめ」にちなんで白いキキョウが植えられている。

七月

タチアオイ（七月上旬〜下旬）

鎌倉最大規模を誇る光明寺山門のすぐ脇で、赤やピンク、白など色とりどりの花を咲かせる。モミジアオイやトロロアオイは實相寺《じっそうじ》などで咲く。

ノウゼンカズラ（七月上旬～八月上旬）

緑に映えるオレンジ色で漏斗状の花弁はいかにも真夏の花。妙本寺の二天門背後では、棚とウメの古木に巻きついた左右一対が鮮やかな花をつける。

シュロの木に蔓《つる》を巻きつける海蔵寺と双璧。

ハス（七月中旬～八月上旬）

鎌倉の夏を代表する花の一つ。鶴岡八幡宮の源平池では、かつて源氏池に源氏の旗色にちなんだシロバスを、平家池には平家の旗色にちなんだ赤いハスを植えていたが、近年は紅白が並び咲く。夜明け前から開き始める花姿を求めて、早朝から多くの拝観者が集まってくる。

光明寺は、江戸時代の茶人・造園家として活躍した小堀遠州《こぼりえんしゅう》の流れをくむ人物の作庭といわれる記主《きしゅ》庭園のハス池が見事。八重のベニバスは大賀一郎博士が発芽させた古代ハスだといわれる。

ハス（鶴岡八幡宮源平池）

ハスは仏教ゆかりの花だけに、建長寺や浄智寺、大巧寺、本覚寺、英勝寺、長谷寺など多くの寺院に鉢植えがある。

サルスベリ（七月下旬～九月上旬）

炎暑に縮緬《ちりめん》状の小花を枝いっぱいに咲かせる。宝戒寺や本覚寺、本興寺に大木があり、浄智寺、英勝寺、極楽寺、稱名寺（今泉）などでも真夏の光に負けじと咲く。浄妙寺や本覚寺、海蔵寺には、白花も。

八月

フヨウ（八月中旬～九月上旬）

盛夏から初秋にかけての花。鎌倉でこの花といえばまず妙隆寺《みょうりゅうじ》が思い浮かぶが、瑞泉寺の本堂前にも、参道を覆うように多数の白花が咲く。また、極楽寺では茅葺きの山門前に数株植えられていて、山門との取り合わせが鎌倉らしい風景。腰越《こしごえ》の浄泉寺《じょうせんじ》にも多数植えられている。

九月

ヒメツルソバ（九月上旬～十月下旬）

茎が横に這うように広がり群生するので、開花期にはピンクの絨毯のように華やか。建長寺半僧坊大権現への登り口に鎌倉随一の群生があるほか、円覚寺の仏殿背後、東慶寺の太平殿前にも植えられている。

ハギ（九月上旬〜下旬）

宝戒寺は「ハギの寺」としても有名で、中秋になると二百株あまりのシロハギが境内を埋めつくす。一方、海蔵寺では石段を挟むように、紅白のハギが長い花房を垂れている。建長寺塔頭の妙高院や長谷寺のハギも見事。

ヒガンバナ（九月中旬）

彼岸のころ、火がついたようにボッと咲き、一週間ほどで枯れてしまう。英勝寺の鐘楼の周りの群生や、鶴岡八幡宮の神苑ぼたん庭園の裏手、路地沿いを赤く染める群生は、特に見事。

ヒガンバナ（英勝寺）

キンモクセイ（九月下旬〜十月上旬）

境内に漂う香りで花の咲く位置が分かる。この花の代表格は圓應寺《えんのうじ》のもので、本堂前に左右一対植えられている。また、東慶寺の門前ではウスギモクセイと一対になって植栽されている。浄智寺や海蔵寺にも植えられていて、満開直後の落花にも風情がある。

十月

シュウメイギク（十月上旬〜下旬）

京都の貴船川流域に自生することから、関西ではキブネギクの名が一般的。浄智寺では客殿背後の中庭に赤紫の八重咲きが、庫裏前には白花の一重がある。瑞泉寺では本堂前や背後の庭園に淡い紅色の一重が、山門周辺には白花が植えられている。

シオン（十月上旬〜下旬）

人の背丈よりも高く、茎が細いので風に弱い植物だが、海蔵寺では一本一本に園芸用の添え木をして育てている。寺社境内の花を楽しめるのも、目に見えないところで丹精しているおかげと気づかされる。ほかに浄智寺や東慶寺、英勝寺にも植えられている。

リンドウ（十月上旬〜十一月下旬）

源氏がササリンドウを家紋にしていたゆかりで、鎌倉市の市章に。マンホールの蓋などにもデザインされている。東慶寺や海蔵寺の境内で、コケに覆われた地面にひっそりと咲く。

リンドウ（海蔵寺）

イソギク（十月中旬〜十一月上旬）

海岸の崖などに多く咲く海浜性の植物。三十センチほどの茎に黄色の小頭花を咲かせる。稲村ヶ崎や小動神社の岩崖、浄泉寺境内などで見られる。

サザンカ（十月下旬〜十二月下旬）

安国論寺境内では秋から冬にかけて一重、八重、白、ピンクなどさまざまな花が楽しめる。本堂前の古木は白花で関東では珍しい原種に近い株。樹齢四百年以上、幹回り一メートル以上の名木で、市指定天然記念物。

センダンの実（十月下旬〜十二月中旬）

花の少ない秋から冬にかけての季節には実ものが寺社境内を彩ってくれる。この木は中世には不浄とみなされ、『平家物語』では武将の首をさらす木となっている。五〜六月に薄紫色の小花をつけ、秋になると黄色い果実をつける。本覚寺に大木があり夷堂《えびすどう》の屋根と青空に映える。高徳院の大仏背後にも植えられている。「栴檀《せんだん》は双葉より芳し」のセンダンは白檀のことで、この木とは別種。若宮大路沿いの一の鳥居付近でも見られる。

十一月

センリョウの実（十一月上旬〜十二月下旬）

浄智寺の曇華殿の背後、建長寺塔頭の天源院参道、瑞泉寺の仏殿前庭、安国論寺や成就院《じょうじゅいん》の境内などで、花の少ない寺庭を彩ってくれる。

イチョウ黄葉（十一月下旬〜十二月上旬）

鶴岡八幡宮の樹齢千年以上とされた「隠れイチョウ」は二〇一〇年（平成二十二）三月に倒伏し、現在そのひこばえなどから、次世代のイチョウを育成している。代わって鎌倉一の巨木になったのが、荏柄天神社の御神木。樹齢九百年といわれ、幹の周囲は十メートル、高さは二十五メートル。

現在では街路樹として見る機会が多いが、中国から日本に伝えられた当初は寺院境内に植えられたため、妙本寺や長勝寺などに巨木がある。

寺社境内以外では、瑞泉寺のある紅葉ヶ谷の西側の谷にある獅子舞《ししまい》が一面の落葉で壮観。

十二月

カエデ紅葉（十二月上旬～一月上旬）

紅葉前線が鎌倉まで下ってくるのは意外に遅く十一月下旬になってから。年によっては新年まで見られることから「冬紅葉《ふゆもみじ》」とも呼ばれている。

円覚寺や建長寺、明月院など、北鎌倉の寺は海から山一つ隔てられているため潮風の影響が少なく、毎年比較的美しい紅葉が見られる。

瑞泉寺は境内のある地域が紅葉ヶ谷と呼ばれるだけに紅葉の名所で、比較的長い期間紅葉狩りが楽しめる。また、妙本寺、鎌倉宮、覚園寺、英勝寺、海蔵寺、長谷寺なども美しい。

寺社境内以外では獅子舞や朝夷奈切通、仮粧坂《けわいざか》などが名所。

コラム 「大船《おおふな》生まれの玉縄桜《たまなわざくら》」

一九六九年（昭和四十四）、大船にある県立フラワーセンター大船植物園でソメイヨシノの種をまいた中から、早咲きで、花期（花をつける期間）が長い株が発見された。その後、同フラワーセンターの職員の手によって、特性調査が行われ、株数を増やし、固有種として生育させることに成功した。一九九〇年（平成二）には、「玉縄桜」の名前で正式に新種として登録されている。

開花時期は毎年二月の中旬で、花期は一カ月を超えるため一足早い花見をじっくりと堪能することができる。これまで、発見されてから五十年、また地元の固有種にもかかわらず、さほど知名度が高くなかった。しかし近年「玉縄桜をひろめる会」が積極的に苗木を市内各所に植樹し、小中学校、公園をはじめ、市域以外の県内各所も含め、現在では五百本以上の「玉縄桜」が植えられている。

大船「県立フラワーセンター」内の玉縄桜（写真：県立フラワーセンター提供）

自然・景観

ハイキングコース

天園《てんえん》ハイキングコース

鎌倉の北東を取り囲む山々、鎌倉アルプスの尾根《おね》は、かつては修験道《しゅげんどう》のための道。今も深山の雰囲気をたたえている。建長寺《けんちょうじ》から最高峰の大平山《おおひらやま》をへて瑞泉寺《ずいせんじ》に至る約四キロ、三時間ほどのコースで、相模《さがみ》湾や富士山を望む風景、数々の旧跡に出合うことができる。起点は建長寺境内の最奥にある半《はん》僧坊大権現《そうぼうだいごんげん》（建長寺の鎮守）。すぐ上の勝上嶽《しょうじょうけん》展望台からは鎌倉市街と海を一望できる。閻魔《えんま》大王など三体が彫られた十王岩《じゅうおういわ》をへると、本道と覚園寺《かくおんじ》道に分かれる。覚園寺道には鎌倉随一のやぐら群「百八《ひゃくはち》やぐら」がある。本道に戻り、上り下りの険しい坂をへて、標高百五十九・二メートルの大平山へ。天園とはこの一帯をさし、休憩所の上方にある崖からは、ほぼ三百六十度のパノラマが楽しめる。天園は安房《あわ》、上《かず》総《さ》、下総《しもうさ》、武蔵《むさし》、相模、伊豆《いず》の六国を望むことができたため、六国《ろっこく》峠ともいわれてきた。休憩所から貝吹《かいふき》地蔵、奥津城《おくつき》やぐらをへて約三十分でコースの到着点である瑞泉寺に至る。瑞泉寺からは、さらに大江広元《おおえのひろもと》の墓、弁天社、明王院《みょうおういん》をへて金沢街道へ至るルートがある。

十王岩

葛原ケ岡《くずはらがおか》・大仏ハイキングコース

北鎌倉の浄智寺《じょうちじ》から長谷《はせ》の高徳院《こうとくいん》の鎌倉大仏まで、鎌倉の北西を囲む里山を歩くコース。約三キロ、一時間半ほど。鎌倉の名跡と自然を存分に楽しめる。起点は浄智寺脇の道をしばらく進んだ山裾にある石段。山道に入り天柱峰《てんちゅうほう》碑まで登ると鎌倉市街を見渡せる。険しい山道を行くと葛原岡《くずはらおか》神社に至る。周辺には藤原仲能《ふじわらのなかよし》の墓、日野俊基《ひのとしもと》の墓、瓜ケ谷《うりがやつ》やぐら群などの旧跡が点在する。源頼朝《みなもとのよりとも》像がある源氏山公園からは二手に分かれ、左下の急坂は銭洗弁財《ぜにあらいべんざい》天《てん》宇賀福《うがふく》神社と佐助《さすけ》稲荷神社をへて市

天柱峰碑

役所通りに至り、右上の道が鎌倉大仏へと至るコースで、五分ほど行くと鎌倉の町並みと海を一望できる。舗装道が途絶え、山道に至り、大仏ハイキングコースの標識に沿って進むと、アップダウンのある尾根道が続く。緑に包まれ、木の根が階段状になった急坂を下るなど、深山の自然を満喫できる。長谷トンネルの上を越えると、やがて大仏切通《きりどおし》。ここからは五分ほどで鎌倉大仏に対面できる。

祇園山《ぎおんやま》ハイキングコース

鎌倉市街東の祇園山をたどる約一キロ、三十分ほどの手軽なコース。起点は北条高時《ほうじょうたかとき》一族が最期を迎えた東勝《とうしょう》寺《じ》跡。向かって左奥には腹切《はらき》りやぐらがある。そこから山道を三十分ほど行くと、祇園山展望台に至る。山頂から崖に沿って険しい石段を下ると、鎌倉最古の厄除《やくよ》け神社として知られる八雲《やくも》神社（大町）の境内に至る。

八雲神社（大町）

コラム 「鎌倉の七つの公園」

ハイキングコースと並んで、鎌倉の豊かな自然を楽しむことができるのが以下の大規模な七つの公園である。

鎌倉海浜公園（由比ヶ浜・坂ノ下・稲村ヶ崎地区）、鎌倉中央公園（山崎）、源氏山公園（扇ヶ谷）、散在ガ池森林公園（今泉台）、六国見山森林公園（高野）、夫婦池公園（鎌倉山）、笛田公園（笛田）。

いずれも財団法人鎌倉市公園協会により管理されている。

寺院
神社

寺院——106
神社——136

寺院・神社

寺院

鎌倉には百十あまりの寺院が点在する。それらが属する宗派のなかで三分の一を占めるのが「臨済宗《りんざいしゅう》」である。栄西《ようさい(えいさい)》は、宋《そう》に渡って禅宗《ぜんしゅう》を学び、坐禅によって自力で悟りを開くことを重んじた。一二〇〇年（正治二）には、北《ほう》条《じょう》政子《まさこ》によって壽福寺《じゅふくじ》に迎えられ住持となった。新興都市・鎌倉の武士たちは、栄西が伝えた宋の禅宗に新鮮な魅力を感じた。臨済宗は幕府の保護を受け、栄西没後も門下の高弟らによって発展した。さらに、宋から来日した蘭渓道隆《らんけいどうりゅう》（大覚《だいがく》禅師）は宋風の本格的な臨済宗を広めた。五代執権《しっけん》北条時頼《ときより》の招きによって一二五三年（建長五）に建長寺《けんちょうじ》の開山になると、幕府と禅宗は強く結び付いていく。蘭渓道隆の没後は、八代執権北条時宗《ときむね》に招かれた無学祖元《むがくそげん》（仏光《ぶっこう》国師）が円覚寺《えんがくじ》を開き、臨済宗はさらに鎌倉の地に根付いていく。そして、禅のもたらした文化は、日本の文化そのものに大きな影響を与えることになる。

また鎌倉時代には、貴族に支持されてきた旧来の仏教を発展させ、より民衆の救いとなる新しい仏教が登場した。さきがけとなったのは法然《ほうねん》の「浄土宗」だ。平安時代の浄土教を平易にし、念仏を唱えれば誰もが極楽浄土に往生できると説いた。法然の弟子、親《しん》鸞《らん》は「浄土真宗（一向宗《いっこうしゅう》）」を開き、浄土宗の一派に属した一遍は「時宗《じしゅう》」を開いて、踊念仏《おどりねんぶつ》を広めた。「日蓮宗《にちれんしゅう》」を開いた日蓮は法華経《ほけきょう》こそが真の教えと主張し、その過激さゆえ弾圧を受けたが、そのたくましさが武士や商工業者に支持されていった。

日本の仏教史上に大きな影響を与えた鎌倉の仏教は、八百年経った現在でも受け継がれ息づいている。

ここでは各寺院をエリアごとに分けて紹介する。各エリアごとに、例えば北鎌倉エリアには禅宗寺院が集中し、小《こ》町《まち》大路付近や腰越《こしごえ》エリアには日蓮宗寺院が多く所在するなど特徴がある。

北鎌倉エリア

円覚寺《えんがくじ》（山ノ内《やまのうち》）

臨済宗円覚寺派大本山。山号は瑞鹿《ずいろく》山《さん》。鎌倉五山《ござん》第二位。約六万平方メートルの寺域は国の史跡に指定されている。文永・弘安の役の二度にわたる中国・元《げん》との戦いで死んだ兵の菩提を弔うため、一二八二年（弘安五）、宋の禅僧、無学祖元を開山に招いて八代執権北条時宗が建立した。
　寺名の由来は、起工の際、地中から「円覚経」を納めた石櫃《いしびつ》が掘り出されたことによる。創建初期の伽藍《がらん》は仏堂、僧堂、庫裡《くり》があるだけだったが、鎌倉幕府の祈願所に定められてからは、土地や建物の寄進を受け、次第に大きな寺へと発展していった。

円覚寺山門

　一三三三年（元弘三）、鎌倉幕府が滅びた後、夢窓疎石《むそうそせき》（国師《こくし》）が住職についた。後醍醐《ごだいご》天皇の力もあって、寺は繁栄し、塔頭《たっちゅう》が四十二院を数えた。
　山門、仏殿、方丈《ほうじょう》などが一直線上に並ぶ宋の禅宗様式がみられるが、ほとんどの建物は室町から江戸時代にかけて再建されている。山門には伏見上皇勅筆の「円覚興聖禅寺」の額がかかっている。塔頭の一つ、佛日庵《ぶつにちあん》は北条時宗の廟所、正続院《しょうぞくいん》には国宝の舎利殿《しゃりでん》が建ち、正法眼堂《しょうぼうげんどう》（禅堂）では現在も厳しい雲水《うんすい》の修行が行われている。在家のための坐禅道場居士林《こじりん》は柳生流の剣道場を移築した建物。鐘楼《しょうろう》には一三〇一年（正安三）に九代執権北条貞時《さだとき》が寄進した洪鐘《おおがね》があり、建長寺、常楽寺《じょうらくじ》とともに鎌倉三名鐘の一つで国宝。
　一九六四年（昭和三十九）に再建された仏殿の天井絵は、日本画家の前田青邨《せいそん》監修、守屋多々志《もりやただし》揮毫《きごう》の白龍の図。

黄梅院《おうばいいん》　塔頭。山号は伝衣山《でんねさん》。五山文学の隆盛に貢献した夢窓疎石の塔所で、疎石を師とする夢窓派の関東における拠点となった。門弟の方外宏遠《ほうがいこうえん》が一三五四年（文和三・正平九）に開創した。のち、足利義詮《よしあきら》の遺骨が分骨され、足利氏の菩提寺の性格も帯びた。
帰源院《きげんいん》　塔頭。大慶寺《たいけいじ》や浄智寺《じょうちじ》などの住職も務めた三十八世傑翁是英《けつおうぜえい》の塔所。境内に夏目漱石《そうせき》の句碑「佛性は白き桔梗《ききょう》にこそあらめ」がある。漱石は一八九四年（明治二十七）の年末から翌年にかけて参禅、この体験をもとに小説『門』を書いた。拝観には事前申し込みが必要。
桂昌庵《けいしょうあん》　塔頭。開山は承先道欽《しょうせんどうきん》。別名十王堂《じゅうおうどう》。一七一七年（享保二）ころに造られたと思われる十王像が安置されている。
済蔭庵《さいいんあん》　塔頭。夢窓疎石の直弟子の円覚寺五十六世曇芳周応《どんぽうしゅうおう》の塔所。現在は禅道場「居士林」となり、在家の人々の参禅も多く、定期的に坐禅会が開かれている。

正続院《しょうぞくいん》 塔頭。山号は万年山《まんねんざん》。九代執権北条貞時が一二八五年（弘安八）、仏舎利を納めるために建立した祥勝院という堂宇だった。境内には日本最古の唐様建築で国宝の舎利殿、開山堂、正法眼堂（禅堂）がある。ここは円覚寺派専門道場で雲水の修行の場でもある。開山堂に祀《まつ》られる木造仏光国師（無学祖元）坐像は国の重要文化財。非公開。

松嶺院《しょうれいいん》 塔頭。山号は圓通山《えんつうざん》。一五三五年（天文四）に示寂《じじゃく》した円覚寺百五十世、叔悦禅懌《しゅくえつぜんえき》の塔所。もとは不《ふ》閑軒《かんけん》と称した。木造大拙祖能《だいせつそのう》坐像などを伝える。大拙祖能は円覚寺四十世。一～三・七・八・十二月は非公開。

佛日庵《ぶつにちあん》 塔頭。一二八四年（弘安七）に没した北条時宗の廟所として創建され、子の九代執権貞時、孫の十四代執権高時《たかとき》も合葬されている。『佛日庵公物目録』は中国から日本への文化の流入を知るうえで貴重。境内には、茶室の烟足軒《えんそくけん》がある。作家川端康成《かわばたやすなり》の『千羽鶴』に登場する。

龍隠庵《りゅういんあん》 塔頭。一四一九年（応永二十六）ころ、円覚寺百三十七世芳隠《ほういん》省菊《しょうぎく》が開創した。同寺百二世の大雅《たいが》省音《しょういん》の塔所。本尊《ほんぞん》は聖観世音菩薩。

光照寺《こうしょうじ》（山ノ内）

時宗《じしゅう》。藤沢山清浄光寺《とうたくさんしょうじょうこうじ》（遊行寺《ゆぎょうじ》）末《まつ》。山号は西台山《せいだいさん》。一二八二年（弘安五）、鎌倉入りした一遍の法難霊場でもある。山門の欄間にクルス紋（キリスト教の十字の紋）が掲げてあり珍しい。寺には、江戸幕府からの「かくれキリシタン」に対する文書の記録も残っているという。山門脇に子育て地蔵、その向かいに、お年寄りや子どもの咳が止まるという御利益のある、咳の神様「おしゃぶき」の石の祠《ほこら》がある。一三二五年（正中二）銘の安山岩の板碑は市指定文化財。

東慶寺《とうけいじ》（山ノ内）

臨済宗円覚寺派。山号は松岡山《しょうこうざん》。「縁切り寺」「駆け込み寺」の名で広く知られた。かつては尼寺として栄え、一八七一年（明治四）に「縁切寺法《えんきりじほう》」（三年の修行で離縁を実現できる）が廃止されるまでの約六百年間、多くの女性を救った。開山の覚山尼《かくさんに》は北条時宗の

東慶寺本堂

妻。法名は無学祖元から受けたという。後醍醐天皇の皇女だった五世用堂尼《ようどうに》以来栄え、高い寺格を誇った。二十世天《てん》秀尼《しゅうに》は豊臣秀頼《とよとみひでより》の娘で、徳川家康《とくがわいえやす》の孫娘千姫《せんひめ》の養女でもあったため、江戸時代には徳川家の厚い庇護《ひご》を受けた。

境内の松ヶ岡宝蔵で、木造聖観音菩薩立像（国重文）、室町時代の香炉初《はっ》音蒔絵《ねまきえ》火取母《ひとりも》（国重文）、キリシタン遺物である葡萄蒔絵螺鈿聖餅箱《ぶどうまきえらでんせいへいばこ》（国重文）などが展示されている。墓地には西田幾多郎《きたろう》、鈴木大拙《だいせつ》、岩波茂雄、和辻哲郎《てつろう》、高見順《たかみじゅん》ら多くの作家、学者などが眠っている。

浄智寺《じょうちじ》（山ノ内）

臨済宗円覚寺派。山号は金宝山《きんぽうざん》。鎌倉五山第四位。五代執権北条時頼の三男宗政《むねまさ》の菩提を弔うため一二八一年（弘安四）、宗政の子で十代執権の師時《もろとき》らが創建。開山に招かれたのは南洲《なんしゅう》宏海《こうかい》だったが、師の大休 正念《だいきゅうしょうねん》と兀庵《ごったん》普寧《ふねい》に譲ったことで、開山には三人の名が連ねられている。一三五六年（延文元・正平十一）の火災により、当初の伽藍は焼失したが、室町時代には方丈、書院、法堂など主要な建物や多くの塔頭があった。二階に花頭窓《かとうまど》のある唐様《からよう》の鐘楼門は鎌倉唯一。

浄智寺曇華殿（仏殿）

仏殿に安置される、阿弥陀、釈迦、弥勒、三如来の木造三世仏坐像（室町時代）は県重文。境内には鎌倉一の大きさを誇るコウヤマキやハクウンボク、市指定天然記念物のビャクシンとタチヒガンがある。総門近くの「甘露《かんろ》ノ井」は鎌倉十井《じっせい》の一つで、鎌倉七福神の布袋尊がある。境内は国指定史跡。

明月院《めいげついん》（山ノ内）

臨済宗建長寺派。山号は福源山《ふくげんざん》。平《へい》治《じ》の乱で戦死した首藤刑部大輔俊通《すどうぎょうぶたいゆうとしみち》の菩提を弔うため、一一六〇年（永暦元）に俊通の子、山ノ内經俊《つねとし》が明月庵を創建。一二五六年（康元元）、五代執権北条時頼が最明寺を創建したが廃寺となりその後、北条時宗が蘭渓道隆を開山として禅興寺《ぜんこうじ》を創建した。一三八〇年（康暦二・天授六）、鎌倉公方足利氏満《うじみつ》から禅興寺中興の命を受けた上杉憲方《うえすぎのりかた》は、寺域を拡大、塔頭も増えて、のちには関東十刹《じっさつ》の一位となった。一八六八年(明治元)、廃寺となり、筆頭の支院だった明月院だけが残った。

仏殿のそばに鎌倉十井の一つ「瓶ノ井《つるべ》」がある。開山堂横のやぐらの中には上杉憲方の墓といわれるものがあり、市内で現存するやぐらでは最大。木造上杉重房《しげふさ》坐像は国の重要文化財、境内は国指定史跡。参道から境内に至るアジサイは見事で、「アジサイ寺」として親しまれている。

建長寺《けんちょうじ》（山ノ内）

臨済宗建長寺派大本山。鎌倉五山第一位。山号は巨福山《こふくさん》。五代執権の北条時頼が、宋の蘭渓道隆を開山に招き開いた。日本で最初の禅専門道場の禅寺。山号は、寺の前を通る巨福呂《こぶくろ》坂に、寺名は一二五三年（建長五）創建時の元号（建長）に由来する。地獄谷《じごくだに》と呼ばれた刑場の跡地に建てられた。

道隆は宋の厳格な禅風により、千人を超える修行僧を指導した。そのとき使われた自筆の指導書『法語規則《ほうごきそく》』が国宝として残っている。道隆は、六十六歳で示寂、後宇多天皇から大覚禅師という日本初の禅師号を与えられた。禅師死後も建長寺は、北条氏、足利氏に保護され、隆盛を誇った。

建長寺仏殿

境内は国指定史跡。総門を入ると楼上に五百羅漢《らかん》などを安置した三解脱門《げだつもん》（三門〈国重文〉）があり、その先に本尊地蔵菩薩を祀った仏殿（国重文）、儀式法要を行う法堂《はっとう》（国重文）、唐門《からもん》（国重文）、方丈が並んでいる。鎌倉時代末期には三門、仏殿、庫裡、僧堂、衆寮《しゅりょう》などが回廊によって結ばれ、庫裡と僧堂、浴室と西浄《せいちん》（便所）が左右対称に並び、中国風の配置になっていた。この建長寺の建築法が日本の禅寺のもととなっているが、震災や大火で焼失し、現存する建物は江戸時代に沢庵《たくあん》和尚の進言などによって移築再建、復興されたもの。道隆が宋から種を持ってきたと伝えられる七本のビャクシンの巨木が往時をしのばせる。

三門右手の鐘楼には時頼の寄進でできた梵鐘《ぼんしょう》（国宝）があり、道隆による銘文が浮き彫りにされている。唐門の奥には方丈があり、道隆作の背後の庭園は国指定名勝で、日本の禅宗庭園の源でもある。裏山の中腹には鎮守の半《はん》僧坊《そうぼう》大権現が祀られており、毎月十七日に祭礼が行われている。

道隆が、野菜の皮やヘタを無駄にしないように発案したと伝えられる「けんちん汁」は、「建長汁」が転訛《てんか》し、そう呼ばれるようになったといわれている。

西来庵《せいらいあん》　塔頭。建長寺開山の蘭渓道隆の塔所。昭堂《しょうどう》（国重文）、開山堂、食堂《じきどう》、坐禅堂からなり、開山堂の背後の山に道隆の墓（国重文）、円覚寺開山無学祖元の墓がある。没後すぐに造られた頂相《ちんぞう》大覚禅師坐像のほか、乙護童子像・聖徳太子立像などが安置されている。また西来庵は建長寺派の専門道場であり、全国から集まる雲水が日夜坐禅、作務《さむ》と厳しい禅の修行に取り組んでいる。非公開。

長壽寺《ちょうじゅじ》（建長寺境外塔頭　山ノ内）

臨済宗建長寺派。山号は宝亀山《ほうきさん》長壽寺。開山は古先印元《こせんいんげん》禅師。創建の年代には諸説あるが、一三三三年（元亨三）から一三三六年（建武三・延元元）のころに建てられたといわれている。寺の開基は足利尊氏《あしかがたかうじ》であり、その後息子である鎌倉公方《くぼう》足利基氏《もとうじ》が尊氏の菩提を弔うため大規模な七堂伽藍を建立したといわれている。境内奥には尊氏の遺髪を埋めたと伝えられる変形の五輪塔がある。現在は季節限定で雨天以外の週末に限り公開されている。

圓應寺《えんのうじ》（建長寺境外塔頭　山ノ内）

臨済宗建長寺派。山号は新居山《あらいざん》。開山は智覚《ちがく》禅師。創建は一二五〇年（建長二）とされる。もともとは由比ヶ浜《ゆいがはま》方面にあった新居（荒居）閻魔《えんま》堂が一七〇三年（元禄十六）の大地震の後、移されたという説もある。死後に出会う十王を祀っているため、十王堂とも呼ばれる。本尊の木造閻魔大王坐像は、鎌倉時代の仏師運慶《うんけい》の作といわれ、国の重要文化財。瀕死の運慶が九死に一生を得て笑いながら彫ったので、像も笑っているように見えるとの伝説から、「笑い閻魔」として親しまれてきた。

圓應寺本堂

扇ガ谷エリア

壽福寺《じゅふくじ》（扇ガ谷《おうぎがやつ》）

臨済宗建長寺派。亀谷山壽福金剛禅《きこくさんじゅふくこんごうぜん》寺《じ》。鎌倉五山第三位。一二〇〇年（正治二）、北条政子が栄西を招いて開山した。この地一帯は、源頼朝《みなもとのよりとも》の父義《よし》朝《とも》の屋敷跡とされる。栄西は、日本に初めて臨済禅を伝えた。宋からの帰国の折に茶の種（苗とする説も）を持ち帰ったことでも知られる。茶の効用を記し、三代将軍実朝《さねとも》に献上した著書『喫茶養生記《きっさようじょうき》』（国重文）は、禅宗と並び、喫茶の儀礼が広まっていく契機となった。本尊宝冠釈迦如来《しゃかにょらい》像は未公開。寺宝の『喫茶養生記』、木造地蔵菩薩立像（国重文）は、いずれも鎌倉国宝館《こくほうかん》に寄託されている。境内は国指定史跡。

墓地には、高浜虚子《たかはまきょし》、大佛《おさらぎ》次郎の墓、源実朝《みなもとのさねとも》、北条政子の墓と伝わる五輪塔などがある。

中門までは拝観可。それより先は非公開。

英勝寺《えいしょうじ》（扇ガ谷）

浄土宗。山号は東光山《とうこうざん》。開山は水戸家初代徳川頼房《よりふさ》の息女、玉峯清因《ぎょくほうせいいん》。現存する鎌倉唯一の尼寺。開基の英勝院尼は、太田道灌《おおたどうかん》の子孫康資《やすすけ》の娘で、頼房の猶母。徳川家康に仕えたのち出家、一六三六年（寛永十三）、三代将軍家《いえ》光《みつ》から譲り受けた太田道灌の土地に、英勝寺を建立。没後は水戸家の姫君が代々住職を務め、水戸御殿と呼ばれた。大正関東地震によって一部倒壊したが、運慶作と伝えられる阿弥陀三尊の安置された仏殿や鐘楼、祠堂、唐門（すべて国重文）などは、江戸初期の名建築を今に伝える。二〇一一年（平成二十三）、山門が復興された（国重文）。通用門を出たかつての境内に、冷泉為相《れいぜいためすけ》の母で『十六夜《いざよい》日記』の著者、阿仏《あぶつ》尼《に》の墓といわれる供養塔がある。

英勝寺仏殿

浄光明寺《じょうこうみょうじ》（扇ガ谷）

真言宗泉涌寺《せんにゅうじ》派。山号は泉谷山《せんこくざん》。一二五一年（建長三）、六代執権の北条長時《ながとき》が、開山に真阿《しんあ》（真聖《しんしょう》国師）を招いて創建。一三三三年（元弘三）には後醍醐天皇の皇子である成良《なりよし》親王の祈願所となる一方、浄土（諸行本願義）、華厳、真言、律の四つの勧学院《かんがくいん》が建てられ、学問道場としての基礎が築かれた。足利尊氏、直義《ただよし》兄弟の帰依《きえ》は厚く、寺領や仏舎利の寄進を受けたと古文書にある。宋朝様式の影響が見られる本尊の阿弥陀三尊像は国の重要

コラム 「絵図にみる鎌倉時代北条氏と御家人の屋敷地」

鎌倉時代の「鎌倉」地区を示す唯一の絵図が「浄光明寺《じょうこうみょうじ》敷地絵図」(国重文)である。この絵図は、鎌倉幕府滅亡の後に寺の関係者が寺領を保護してもらうため、足利直義の執事《しつじ》上杉重能《しげよし》に差し出し、その許可を得たものだ。図には赤線が丸く寺の周りに引かれ、その線上七カ所に重能の花押《かおう》(サイン)が書かれている。

今の建物の様子とは異なるが、鎌倉時代には一〜三段に分けられた平場に建造物があったことが分かる。一段目には、仏殿、左に僧堂、右に庫院(台所)があるのが見える。方丈や客殿、さらに延寿堂(寺内の療養施設)などもあり、長老や僧侶たちの日常生活の場だった。

二段目には塔頭慈光院《じこういん》があり、そこはかつて開山塔があったところ。

三段目には、地蔵院があった。今はそこのやぐら内に鎌倉時代の石造地蔵があるので、こうした仏が安置されていたのであろう。

絵図には北条(赤橋)守時の屋敷区画があり、彼は開基北条長時の曽孫にあたる。寺はこの土地を足利氏に所望して認められている。すぐ東側には「御中《みうち(おんなか)》跡」とあり、北条高時の屋敷だった。

西側には、今も使う道路に沿って「高坂《たかさか》地類」「高坂」(埼玉県の武士高坂氏)、「刑部《ぎょうぶ》跡」(幕府役人の摂津親鑑《せっつちかかね》)、「土《ど》州《しゅう》跡」(親鑑の弟摂津親如)と四軒の敷地がある。「地蔵堂道」と記された道も見える。寺の地蔵堂へあがる岩場の道(現存)に続いている。

そのほか、寺の入口前には東林寺という寺があり、その近くに若宮小路殿(足利尊氏か)や尾張の武士英比氏などが住んでいた。

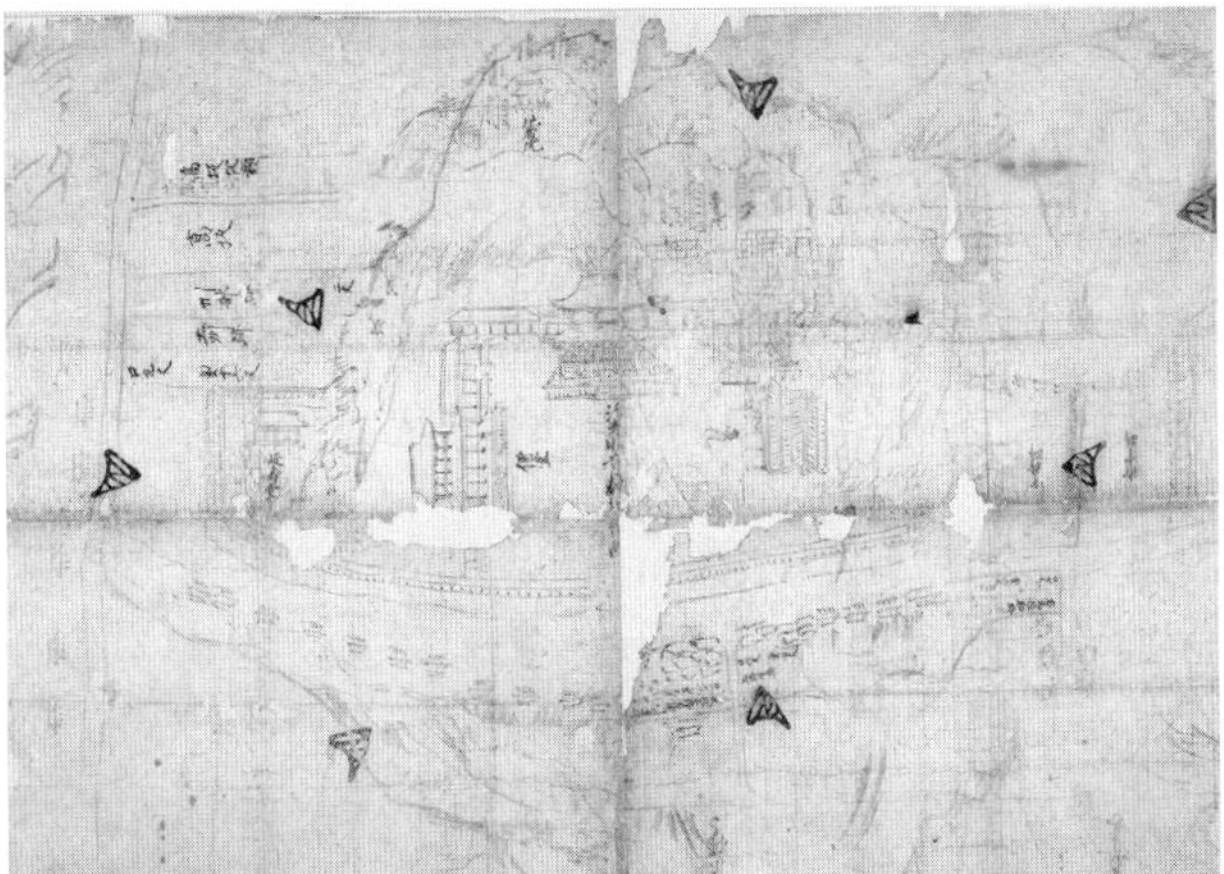
浄光明寺敷地絵図

文化財。県重文の地蔵菩薩立像は矢《や》拾《ひろい》地蔵と呼ばれ、直義の守り本尊であった。裏山には、『十六夜日記』の作者阿仏尼の息子で和歌の名門、冷泉家の祖である冷泉為相《ためすけ》の墓と伝えられる宝篋印塔《ほうきょういんとう》がある。ほかにも国重文の敷地絵図や五輪塔などを所蔵する。境内は国指定史跡。

薬王寺《やくおうじ》（扇ガ谷）

日蓮宗。山号は大乗山《だいじょうざん》。開山は日《にち》像《ぞう》。もともとは真言宗に属し梅嶺山《ばいれいざん》夜《や》光寺《こうじ》と称した。一二九三年（永仁元）、日像がこの寺に逗留した際、住職と数日にわたり論争、日蓮宗に改宗し、薬王寺となった。江戸時代には徳川家・蒲生《がもう》家と縁が深く、町人の埋葬は許されない格式の高さを誇ったが、明治時代に荒廃、無住の時代が五十年以上続いた。

一七二七年（享保十二）建立の本堂は、一部をのぞき二〇〇三年（平成十五）に改修されており、一八三四年（天保五）に造られた日蓮像が祀られている。裸像上半身に本物の法衣袈裟《けさ》をまとっているため、毎年衣替えの時期に更衣式を行っている。

薬王寺本堂

海蔵寺《かいぞうじ》（扇ガ谷）

臨済宗建長寺派。山号は扇谷山《せんこくさん》。創建は一三九四年（応永元）。開山は謡曲「殺生石」で知られる心昭空外《しんしょうくうがい》（源翁《げんのう》禅師）。鎌倉公方足利氏満の命により創建された。開基は上杉氏定《うじさだ》。

本尊の薬師如来《やくしにょらい》像は、坐像の胴体部分に、もう一つの薬師の顔を納めた珍しい仏像。別名啼《なき》薬師、児護《こもり》薬師と呼ばれている。江戸時代建立の茅葺きの庫裡は、鎌倉の寺院を代表する庫裡建築。門前には鎌倉十井の一つ「底脱ノ井《そこぬけ》」があり、境内左手のやぐらの中に十六の穴の掘られた「十六ノ井」がある。

境内には季節の花が多種咲き、鎌倉有数の花の寺としても知られる。

小町エリア

本覚寺《ほんがくじ》（小町）

日蓮宗。山号は妙厳山《みょうごんざん》。鎌倉・江の島七福神の一つで、縁結びや商売繁盛の神様「恵比寿神《えびすしん》」を祀る。一四三六年（永享八）、日出《にっしゅつ》によって創建。もともとは天台宗系の夷堂《えびす》があったが、日出は日蓮宗に改め、本覚寺とした。二代目住持日朝《にっちょう》は、のちに身延山久遠《みのぶさんくおん》寺《じ》の住持になった折に、本山に参拝できない人びとのために、日蓮の遺骨を本覚寺に分骨、同寺が「東身延」と呼ばれるゆえんとなった。寺には将軍徳川吉宗《よしむね》の孫で「寛政の改革」を実施した松平定信筆の「東身延」の額も伝わっている。

本覚寺本堂

目の病気を治してくれるとされる「日朝さま」の愛称で親しまれている。

大巧寺《だいぎょうじ》（小町）

日蓮宗系単立。山号は長慶山《ちょうけいざん》。開山は日澄《にっちょう》。「おんめさま」の名で親しまれ、安産祈願で有名な寺。一五三二年（天文元）、第五世の日棟《にっとう》が、難産で死んだ秋山勘解由《かげゆ》の妻の霊魂を鎮めるため、産女《うぶめ》霊神として奉ったことによる。もともとは十二所《じゅうにそ》にあって、大行寺という真言宗系の寺院だったが、源頼朝がこの寺で軍議の後、大勝を収めたことにちなみ、大巧寺と改名したと伝えられる。若宮大路《わかみやおおじ》沿いに「頼朝戦評《いくさひょう》定所《じょうしょ》」の石碑があるのはこのためである。また時の住持が妙本寺《みょうほんじ》にいた日蓮に帰依したため、日蓮宗に改宗したともいう。檀家を持たず、安産祈願の寺として存在する、全国でも珍しい寺院である。

大巧寺本堂

妙隆寺《みょうりゅうじ》（小町）

日蓮宗。山号は叡昌山《えいしょうざん》。開山は日《にち》英《えい》。本尊は日蓮。小町大路沿いの「日蓮上人辻説法跡」の近くにある。有力御家人《ごけにん》の千葉常胤《ちばつねたね》の子孫胤貞《たねさだ》の別邸跡に創建されたため、千葉屋敷とも呼ばれる。一三八五年（至徳二・元中二）、胤貞が、下総の中山（現千葉県市川市）法華経寺の日英を迎え、七堂伽藍を建立したと伝えられる。寺は鎌倉における中山門流の中心となった。第二世日親《にっしん》は室町幕府の拷問《ごうもん》に耐えたことで「鍋かむり日親」とも呼ばれた。広島で被爆死した「新劇の團十郎」こと丸山定夫の石碑がある。鎌倉・江の島七福神の寿老人を安置。

宝戒寺《ほうかいじ》（小町）

天台宗。山号は金龍山《きんりゅうざん》。開山は円《えん》観《かん》慧《え》鎮《ちん》慈威。一三三五年（建武二）、後醍醐天皇が北条一族の霊を弔うため足利尊氏に命じて北条氏の執権屋敷跡に建立させた。創建にあたっては、国宝的人材の育成と修行の場となるよう、円頓大戒（金剛宝戒）と天台密教の道場として戒壇院《かいだんいん》が置かれた。本尊《ほんぞん》は子育経読地蔵大菩薩。京の仏師、三条法印憲円《けんえん》の作で国の重要文化財。初秋のシロハギが見事で「ハギの寺」として親しまれている。五月には徳崇権《とくそうごん》現会《げんえ》でにぎわう。

来迎寺《らいこうじ》（西御門《にしみかど》）

時宗。藤沢山清浄光寺（遊行寺）末。山号は満光山《まんこうざん》。一二九三年（永仁元）の創建で、開山は一向。本堂には本尊阿弥陀如来像と、宅間浄宏《たくまじょうこう》作と伝えられる地蔵菩薩像（県重文）がある。本尊脇の如意輪《にょいりん》観音像は、鎌倉地方特有の仏像装飾の一技法である土紋《どもん》を施した像で、もとは頼朝の持仏堂《じぶつどう》だった法華堂《ほっけどう》にあったものを移したといわれる。厄除《やくよ》けと安産の守護尊として御利益があるとされている。

金沢街道・二階堂・十二所エリア

覚園寺《かくおんじ》（二階堂《にかいどう》）

真言宗泉涌寺派。山号は鷲峰山《じゅぶせん》。開山は智海心慧《ちかいしんえ》。二代執権北条義時《よしとき》が建立した大倉薬師堂を前身に、一二九六年（永仁四）、九代執権北条貞時が元《げん》軍《ぐん》襲来の再び起こらぬことを祈り、寺に改めた。奥深い境内は静寂としていて古都鎌倉の面影をよく残している。

覚園寺地蔵堂

鎌倉最大の茅葺きの薬師堂には足利尊《たか》氏《うじ》が書いた棟札がある。本尊の木造薬師三尊坐像（木造薬師如来及〈日光菩薩／月光菩薩〉坐像・国重文）、木造十二神将立像（国重文）など仏像彫刻の多彩さは鎌倉有数。また黒地蔵尊として親しまれる木造地蔵菩薩立像（国重文）の「黒地蔵縁日」（八月十日、午前零時より）は鎌倉の夏を代表する宗教行事で、多くの参拝者が訪れる。

境内は国指定史跡。

瑞泉寺《ずいせんじ》（二階堂）

　臨済宗円覚寺派。山号は錦屏山《きんぺいざん》。創建は一三二七年（嘉暦二）、開山は夢窓疎石（国師）。疎石は、背後の山が錦の屏風のように迫る地形が禅院にふさわしいとして、この地を選んだ。足利基氏をはじめ、代々の鎌倉公方の菩提寺として、塔頭も十を超え、関東十刹第一位の格式を誇った。

瑞泉寺本堂

　後醍醐天皇や足利尊氏が帰依した疎石は、瑞泉寺の作庭にも力を注いだ。岩盤を削り出した岩の庭は、本堂裏に発掘復元され、国の名勝に指定されている。この庭は、書院庭園の起源ともなった。本堂には徳川光圀《みつくに》寄進の千手観音像（市文）、木造夢窓国師坐像（国重文）などが祀られている。また裏山には「お塔やぐら」「瑞泉寺やぐら群」があり、境内は国の史跡に指定されている。

　境内には吉野秀雄《よしのひでお》の歌碑、大宅壮一《おおやそういち》の評論碑、久保田万太郎《まんたろう》の句碑、山崎方代《ほうだい》の歌碑がある。

杉本寺《すぎもとでら》（二階堂）

　天台宗。山号は大蔵山《だいぞうざん》。開山は行基《ぎょうき》。鎌倉幕府が開かれる五百年近くも前に建てられた鎌倉最古の寺。杉木立の中、石段を登り、仁王門をくぐると茅葺きの本堂がある。八世紀、関東地方を歩いていた行基が、鎌倉の大蔵山《おおくらやま》から町を眺め、ここに観音像を置こうと決意、自ら彫刻した像を安置した。その後、観音様のお告げを受けたという光明皇后《こうみょうこうごう》が七三四年（天平六）に本堂を建立したといわれている。寺の前を馬に乗って通ると必ず落馬するというので「下馬《げば》観音」とも、また、建長寺の大覚禅師が祈願し、袈裟で観音

杉本寺本堂

を覆ったので「覆面《ふくめん》観音」ともいわれる。三体ある本尊のうち二体は国の重要文化財。坂東三十三観音霊場の第一番札所。

報国寺《ほうこくじ》（浄明寺《じょうみょうじ》）

臨済宗建長寺派。山号は功臣山《こうしんざん》。古くから境内の孟宗竹林《もうそうちくりん》が有名。「竹庭の寺」と呼ばれる。一三三四年（建武元）、天岸慧広《てんがんえこう》（仏乗《ぶつじょう》禅師）を開山、尊氏の祖父の足利家時《いえとき》を開基として開かれた。

本尊は釈迦如来坐像。仏乗禅師が中国・元に留学中から帰国後にわたって作った漢詩約二百篇を集めた『東帰《とうき》集《しゅう》』は、日本人によるまとまった偈頌《げじゅ》集として最初のもの（国重文）。

家時の墓、「白樺《しらかば》」同人の歌人、木《き》下利玄《したりげん》の歌碑がある。

浄妙寺《じょうみょうじ》（浄明寺）

臨済宗建長寺派。山号は稲荷山《とうかさん》。鎌倉五山第五位。頼朝の重臣、足利義兼《よしかね》が、一一八八年（文治四）、退耕行勇《たいこうぎょうゆう》を開山とし、極楽寺《ごくらくじ》という密教系の寺として建立した。のち、建長寺開山の蘭渓道隆の弟子、月峯了然《げっぽうりょうねん》が住職となり臨済宗に改められ、寺名も浄妙寺となった。

行勇は初め真言密教を学んだが、栄西の門下に入り、臨済宗を修めた。頼朝、政子、実朝も帰依した高僧である。

本堂背後には中興開基、足利貞氏の墓がある。境内は国指定史跡。

明王院《みょうおういん》（十二所）

真言宗御室《おむろ》派。山号は飯盛山《はんせいざん》。鎌倉幕府四代将軍藤原頼経《ふじわらのよりつね》が一二三五年（嘉禎元）、政所《まんどころ》から見て鬼門の方位にある十二所に建立した。幕府は、鬼門除け祈願寺として不動、降三世《ごうさんぜ》、軍荼《ぐんだ》利《り》、大威徳《だいいとく》、金剛夜叉《こんごうやしゃ》の五大明王を祀った。五大明王を祀るのは市内でも明王院だけ。鎌倉時代から現在まで祈願寺として重んじられ、元軍襲来の際には異国降伏祈禱が行われた。

光触寺《こうそくじ》（十二所）

時宗。藤沢山清浄光寺（遊行寺）末。山号は岩蔵山《がんぞうざん》。開山は作阿《さくあ》、開基は一遍で一二七九年（弘安二）の創建。開山の作阿は元真言宗の僧侶だったため、念仏道場として栄えた。寺宝は、平安中期の仏師、定朝《じょうちょう》作と伝わる木造聖観音菩薩立像や身代わりに左頰に焼き印を押された跡があるといわれる頰焼《ほほやけ》阿弥陀如来像、絵巻物「頰焼阿弥陀縁起」（国重文）など。本堂前に、お地蔵さんが塩をなめたという言い伝えのある塩嘗《しおなめ》地蔵がある。

大町・名越エリア

妙本寺《みょうほんじ》（大町《おおまち》）

日蓮宗。山号は長興山《ちょうこうさん》。創建は一二六〇年（文応元）、開山は日蓮。有力な御家人だったが北条時政《ときまさ》に滅ぼされた比企一族の邸宅跡で、開基は、比企能員《よしかず》の子、能本《よしもと》と伝えられる。日蓮に帰依した能本が邸を喜捨《きしゃ》、妙本寺が創建された。山号の長興は能本の父能員の法号、寺号の妙本は母の法号。日蓮が身延に隠遁すると、直弟子の日朗《にちろう》はここを拠点に布教を行った。境内には、能員の娘で鎌倉幕府二代将軍源頼家《よりいえ》に嫁した若狭局《わかさのつぼね》を祀る蛇苦止堂《じゃくしどう》、比企一族の供養塔、若狭局の子で六歳で落命した一幡《いちまん》を祀る袖塚などがある。寺宝として日蓮の臨終の際、枕元に掲げられた自筆本尊、存命中に刻ませたという日蓮聖人像、徳川慶喜《よしのぶ》による写経「撰法華経」など。

妙本寺祖師堂

常栄寺《じょうえいじ》（大町）

　日蓮宗。山号は慧雲山《えうんざん》。創建は一六〇六年（慶長十一）で、開山は日詔《にっしょう》。「ぼたもち寺」の呼び名で親しまれている。一二七一年（文永八）、捕らえられた日蓮が裸馬に乗せられ小路を引きまわされている途中、この地に住む桟敷《さじき》の媼《おうな》が日蓮にゴマの餅を捧げたという話が伝わる。日蓮は龍ノ口の法難で奇跡により処刑を免《まぬが》れたことから、「頸《くび》つぎのぼた餅」「御首継ぎにゴマの餅」といわれ、九月の御法難会には、今でもゴマをまぶした餅が供えられる。寺号は媼の法号である妙常日栄からとられた。

教恩寺《きょうおんじ》（大町）

　時宗。藤沢山清浄光寺（遊行寺）末《まつ》。山号は中座山《ちゅうざさん》。開山は知阿《ちあ》。以前この地には光明寺《こうみょうじ》の末寺善昌寺《ぜんしょうじ》があったが、廃寺となった。そこへ一六七八年（延宝六）、材木座の光明寺境内にあった教恩寺を移築。もともとの教恩寺は後北条氏の三代北条氏康《うじやす》が建立したとされる。本堂の本尊阿弥陀如来像は運慶作と伝わるが、近年の研究では快慶風といわれている。源平合戦で敗れた平清盛《たいらのきよもり》の子重衡《しげひら》が鎌倉に連れて来られたとき、源頼朝が一族の冥福を祈るよう、阿弥陀像を与え、重衡も篤く信仰したといわれている。

別願寺《べつがんじ》（大町）

　時宗。藤沢山清浄光寺（遊行寺）末。山号は稲荷山《とうかさん》。開山は覚阿公忍《かくあこうにん》。一二八二年（弘安五）、公忍が一遍に帰依し、真言宗から時宗に改宗し、能成《のうじょう》寺《じ》の寺号を、別願寺とした。鎌倉における時宗の中心となり、室町時代には足利一族が信仰し、鎌倉公方代々の菩提寺として栄えた。のちに徳川家康も寺領を寄進したが、江戸時代以降、衰退していった。境内に残された足利持《もち》氏《うじ》の供養塔といわれる大きな石の宝塔は、当時の栄華を物語る。大正期には作家広津和郎《ひろつかずお》が一時、下宿していた。

本興寺《ほんこうじ》（大町）

日蓮宗。山号は法華山《ほっけざん》。開基は天《てん》目《もく》、開山は日什《にちじゅう》。「日蓮辻説法の碑」が建てられている。ここに本興寺が建立されたのは、一三三六年（建武三・延元元）。徳川家康に寺領を寄進されたこともあるが、二十七世日徑《にっけい》が家康の怒りに触れ、処刑されたことなどから、廃寺となったが再興された。

上行寺《じょうぎょうじ》（大町）

日蓮宗。山号は法久山《ほうきゅうざん》。一三一三年（正和二）の創建で、開山は日範《にちばん》。もともと京都の本国寺末。名越《なごえ》の妙法寺の法華堂を移築したものといわれる本堂の軒の表欄間《らんま》には竜の彫り物、格《ごう》天井《てんじょう》には花鳥の絵が描かれている。病（癌《がん》）に特効のある瘡守《かさもり》稲荷を祀る稲荷堂と、鬼子母神を祀る薬師堂がある。

一八六〇年（万延元）、桜田門外で大老井伊直弼《いいなおすけ》を襲撃した水戸浪士の一人広木松之助《ひろきまつのすけ》は、ここにかくまわれていたが、切腹して果てたといわれ、境内に墓がある。

安養院《あんよういん》（大町）

浄土宗。祇園山《ぎおんざん》安養院田代寺《たしろじ》という。開山は願行《がんぎょう》。開基は北条政子。一二二五年（嘉禄元）、政子は源頼朝の菩提寺として笹目《ささめ》に長楽寺《ちょうらくじ》を建立、しかし、幕府滅亡のころに焼失。現在の地にあった浄土宗名越派善導寺《ぜんどうじ》も幕府滅亡の際、焼失したため、その跡に長楽寺を移し、二寺は併合された。安養院は政子の法名。一六八〇年（延宝八）、寺は再び全焼。頼朝に仕えた田代信綱《たしろのぶつな》が建立した田代観音の観音堂を移して再建されたので田代寺の名が残る。本堂裏手に二基の宝篋印塔があり、大きいほうは善導寺開山の尊観の墓といわれ、現存する最古の記銘石塔で国の重要文化財。小さな石塔は北条政子の供養塔である。

大寶寺《だいほうじ》（大町）

日蓮宗。山号は多福山《たふくざん》。本覚寺開山の日出が、一四四四年（文安元）、廃寺となっていた多福寺を号に残し、大寶寺に改め再興した。常陸《ひたち》の佐竹氏の祖、新羅三郎義光《しんらさぶろうよしみつ》は、信仰する守護の霊神の加護で、後三年合戦の際に大功を立てることができたとして、館のそばに神社を建てたと伝えられ、この神社がそのまま多福稲荷として大寶寺の守り神となった。

妙法寺《みょうほうじ》（大町）

日蓮宗。山号は楞厳山《りょうごんざん》。鎌倉での布教に乗り出した日蓮が草庵を結んだ地で、「松葉ケ谷《まつばがやつ》の法難」の舞台となった地の一つ。創建は一二五三年（建長五）。日叡《にちえい》が、亡き父、護良《もりよし》親王の菩提を弔い寺を再興した。境内には日叡とその母の墓があり、護良親王の墓からは市内を一望することができる。細川家寄進の本堂、水戸家寄進の法華堂などがあり、江戸時代には大名や江戸城大奥の女人の信仰を集めていた様子がうかがえる。境内には日叡が植えたというソテツがある。

安国論寺《あんこくろんじ》（大町）

日蓮宗。山号は妙法華経山《みょうほけきょうざん》。一二五三年（建長五）の創建で、開山は日蓮。安房《あわ》国から鎌倉に入った日蓮が初めて庵を結んだ場所として知られる。日蓮はおよそ二十年間をこの一帯で過ごし、その聖跡が寺となった。本堂の向かいに、鎌倉に入った当初、道場とした「御法窟《ごほうくつ》」または「日蓮岩屋」という岩窟《がんくつ》がある。『立正安国論《りっしょうあんこくろん》』は、ここで書かれた。直弟子日朗《にちろう》の御荼毘《だび》所がある。また熊王尊殿《くまおうそんでん》脇の石段を登ると日蓮が富士山に向かって法華経を唱えたという富士見台がある。

安国論寺本堂

日蓮の桜の杖が根付いたといわれる妙法桜《みょうほうざくら》（ヤマザクラ）やサザンカがあり、いずれも市の天然記念物になっている。

材木座エリア

延命寺《えんめいじ》（材木座《ざいもくざ》）

浄土宗。山号は帰命山《きみょうざん》。開山は、専蓮社昌誉能公《せんれんじゃしょうよのうこう》。五代執権北条時頼夫人が建てたと伝えられている。運慶作とされる地蔵菩薩像は別名「身代わり地蔵」といい、時頼夫人の守護仏で、裸像に本物の袈裟をまとっている。本尊の阿弥陀如来像は、圓應寺の閻魔大王坐像の余った木材で造られたことから「木あまりの像」、予定より早く完成したことから「日あまりの像」とも呼ばれる。堂内拝観は要事前申し込み。

長勝寺《ちょうしょうじ》（材木座）

日蓮宗。山号は石井山《せきせいざん》。日蓮に帰依

長勝寺帝釈堂

していた石井《いしい》藤五郎《とうごろう》長勝《ながかつ》が、流されていた伊豆《いず》から鎌倉に戻った日蓮のために結んだ庵が寺の起源。辻説法《つじせっぽう》姿の日蓮聖人像の背後に帝釈堂《たいしゃくどう》があり、帝釈天ゆかりの霊場となっている。千葉県にある法華経寺での百日間の荒行《あらぎょう》を終えた僧が、毎年二月十一日、冷水を頭から浴びる水行を行う大國禱会《だいこくとうえ》成《じょう》満祭《まんさい》は、鎌倉の冬の風物詩の一つ。

啓運寺《けいうんじ》（材木座）

日蓮宗。山号は松光山《しょうこうざん》。創建は一四八三年（文明十五）。開山の啓運日澄《にっちょう》上人は『啓運抄』という法華経の研究書を出しており、寺名はそこからとられている。日澄の死後、長勝寺の住職が住持を兼任していた。境内には江戸時代に造られたという日蓮上人像や海難を防ぐという舟守稲荷がある。長く無住の寺であったこともあり、明治には小学校の校舎としても利用された。洋画家の黒田清輝《くろだせいき》が一時この寺にアトリエを構えていた。

妙長寺《みょうちょうじ》（材木座）

日蓮宗。山号は海潮山《かいちょうざん》。創建は一二九九年（正安元）。開山の日実は、伊豆で日蓮の命を救った漁師舟守弥三郎の子（一説には本人）であり、のちに鎌倉を訪れ一堂を建立、これが妙長寺の始まりといわれている。境内には日蓮の伊豆法難を記念して建立された相輪塔、法難御用船の六分の一の模型などがある。明治時代には、鎌倉、逗《ず》子《し》、三崎の漁師や魚商たちの手による鱗《うろこ》供養塔が建てられた。明治時代に作家泉《いずみ》鏡花《きょうか》が一夏をこの寺で過ごしている。

妙長寺本堂

向福寺《こうふくじ》（材木座）

時宗。藤沢山清浄光寺（遊行寺）末。山号は円龍山《えんりゅうざん》。一二八二年（弘安五）の創建。開山の一向《いっこう》は各地を遊行し、踊り念仏によって教えを広めた。本尊は阿弥陀三尊像で南北朝時代の作。『丹下左膳《たんげさぜん》』で知られる作家林不忘《ふぼう》がここで生活を送ったといわれる。

来迎寺《らいこうじ》（材木座）

時宗。藤沢山清浄光寺（遊行寺）末。

来迎寺（材木座）本堂

山号は随我山《ずいがざん》。来迎寺にはもともと源頼朝が三浦大介義明《みうらおおすけよしあき》の菩提を弔うため、一一九四年（建久五）に建立した真言宗能蔵寺《のうぞうじ》があった。開山の音阿《おんあ》が時宗に帰依したため改宗、来迎寺となった。衣笠《きぬがさ》城主義明は、八十九歳で戦死したが、頼朝は十七回忌まで義明が生きたものとみなすよう伝えたため、「百六つ義明公」とも呼ばれた。境内には義明の木像と五輪塔墓、境内裏手には三浦一族の墓があり、百余基の五輪塔が並ぶ。本尊の阿弥陀三尊像は運慶作とされている。子育て観音もあり、庶民の寺として親しまれている。

實相寺《じっそうじ》（材木座）

日蓮宗。山号は弘延山《こうえんざん》。開山は日《にっ》昭《しょう》。曽我兄弟に父の仇《あだ》として討たれた武将、工藤祐経《くどうすけつね》の屋敷跡といわれる。日昭は、母親が祐経の娘といわれ、日蓮の直弟子の筆頭として、日蓮亡き後は一門の長老と仰がれた。一二八四年（弘安七）に濱の法華堂を寺として、法華寺と称したのが實相寺の前身である。墓地の奥、石段の上に日昭の御廟がある。

九品寺《くほんじ》（材木座）

浄土宗。山号は内裏山《だいりさん》。創建は一三三六年（建武三・延元元）で、新田義《にったよし》貞《さだ》が鎌倉に唯一建立した寺と伝えられる。尊敬していた風航順西《ふうこうじゅんさい》を京から招いて開山とし、北条方の戦死者を弔うため、鎌倉攻めの折の本陣跡に建立した。山門と本堂に掲げられた「内裏山」「九品寺」の額の字は、義貞の筆を写したもの。直筆の写しの額は本堂に保存されている。

補陀洛寺《ふだらくじ》（材木座）

真言宗大覚寺派。山号は南向山《なんこうさん》。一一八一年（養和元）、源頼朝の祈願所として創建された。開山と伝えられる文覚《もんがく》は、元武士であった。本尊の十一面観音菩薩像は平安時代後期の作、薬師如来像など影像物が多い。また頼朝の位牌や自刻像といわれる木像もある。珍しいのは平氏の赤旗。平氏滅亡の折に、平宗盛が最後まで持っていたものと伝えられる。江戸時代、たびたび竜巻に襲われたため、別名竜巻寺《たつまきでら》とも。

千手院《せんじゅいん》（材木座）

浄土宗。光明寺の山門左手にあり、もとは光明寺の僧坊だったと伝えられている。大正関東地震で文献を失い、開山、創建年は不明。以前は専修院と称し念仏の道場であったが千手観音が知られ、千手院と改称した。かつて光明寺が浄土宗の学問所であったとき、各地からやってきた学僧たちの修行道場でもあったが、江戸時代の中ごろからは学僧も減り、学頭と呼ばれた住職が近所の子どもたちに読み書き、そろばんを教えていた。明治になると桑楊《そうよう》小学校と呼ばれ材木座の子どもたちが通学していた。本尊は阿弥陀如来。

蓮乗院《れんじょういん》（材木座）

浄土宗。光明寺山門右手にあり、千手院とともに光明寺の僧坊だった。当初は蓮乗寺という真言宗の寺だったという。一二四三年（寛元元）、佐助《さすけ》にあった蓮華寺が移され光明寺になったため蓮乗院と改称。光明寺開山然《ねん》阿《な》良忠《りょうちゅう》（記主《きしゅ》禅師）が落慶までの間、蓮乗院に居住したことから、今でも光明寺に入山する新住職は蓮乗院に入ってから光明寺に向かう。源頼朝の鎌倉入りを進言した千葉常胤の守護仏と伝えられる本尊阿弥陀如来像（市文）は鎌倉時代の作とされる。

光明寺《こうみょうじ》（材木座）

浄土宗。山号は天照山。開山は然阿良忠（記主禅師）。創建は一二四三年（寛元元）と伝えられる。四代執権北条経《つね》時《とき》が開いた浄土宗の大本山。良忠は浄土宗の第三祖で、良忠が鎌倉に住んだことで浄土宗が関東以北へ広がったといわれている。歴代執権の帰依を受け、大寺院に発展、念仏道場の中心となっていった。江戸時代には関東十八檀《かんとうじゅうはちだん》林《りん》の筆頭寺院として各地から学僧が集

光明寺本堂

まり、修行の中心としても栄えた。朝廷との関係が深く、山門の「天照山」の扁額は後花園《ごはなぞの》天皇の直筆と伝えられ、後土御門《ごつちみかど》天皇からは関東総本山の称号を受け勅願所に定められた。また「十夜《じゅうや》法要」も勅許され、以来現在まで念仏法要が盛大に行われている。本堂左手の記主庭園は小堀遠州《こぼりえんしゅう》の流れをくむ庭で、夏の紅蓮が美しい。境内には光明寺の大檀家、磐城平《いわきたいら》藩主、のちに日向《ひゅうが》延岡藩主の内藤家歴代の墓がある。江戸時代の巨大な宝篋印塔数十基をはじめとする石造の墓塔群が二百基近く並ぶ。寺宝の「当麻曼荼羅《たいままんだら》縁《えん》起《ぎ》」二巻は、延岡藩主内藤義概《よしむね》の寄進による鎌倉時代の作品で、国宝に指定されている。

　戦後間もなく光明寺には、新しい時代の教育を目指す自由大学「鎌倉アカデミア」が開校された。

長谷・極楽寺エリア

高徳院《こうとくいん》（長谷《はせ》）

　浄土宗。正式には大異山《だいいざん》高徳院清《しょう》浄泉寺《じょうせんじ》。鎌倉大仏（銅造阿弥陀如来坐像〈国宝〉）で知られる高徳院は、開山、開基ともに不明。奈良の大仏が勅命で造られたのに対し、鎌倉大仏は民衆の浄財《じょうざい》を集め完成に至ったといわれる。一二三八年（暦仁元）着工した大仏は木造。一二四七年（宝治元）、大風で倒壊、一二五二年（建長四）に現在の青銅像が鋳造され、大仏殿に安置された。その後一四九五年（明応四〈一四九八年〔明応七〕とする説もあり〉）、津波で大仏殿が流されたとされていたが、近年の研究でそれ以前から露坐の大仏となっていたことがわかっている。総高約十三メートル、総重量百二十一トンの像は宋《そう》の影響を受け、当時としては最高の技術を駆使して造られた。

　近年、発掘調査により大仏殿の建物跡と鋳造過程を示す遺構が確認され鎌倉大仏殿跡として国指定史跡になった。境内奥に与謝野晶子《よさのあきこ》の「かまくらやみほとけなれど釈迦牟尼は美男におはす夏木立かな」の歌碑がある。

高徳院の鎌倉大仏

光則寺《こうそくじ》（長谷）

　日蓮宗。山号は行時山《ぎょうじさん》。一二七四年（文永十一）の創建で、開山は日蓮の弟子の日朗《にちろう》。開基の宿谷光則《やどやみつのり》は、北条時頼の家臣。日蓮が迫害を受け佐渡流罪になったとき、ともに捕らえられた日朗を、自邸のあったこの地で監視する任についた。自らの不運を嘆くことなく弟子の身を案ずる日蓮に心打たれた光則は、のちに帰依して自邸を寺にした。裏山には、日朗が幽閉《ゆうへい》された土牢《つちろう》が残り、傍らには佐渡《さど》流罪前夜、日蓮が日朗に送った手紙「土牢御書《つちのろうごしょ》」の石碑もある。樹齢二百年といわれるカイドウの古木は市の天然記念物。

長谷寺《はせでら》（長谷）

浄土宗系単立。山号は海光山《かいこうざん》。創建は七三六年（天平八）、開山は徳道《とくどう》といわれる。本尊の十一面観音菩薩像は、奈良の長谷寺の尊像と同じ一本のクスノキの霊木より彫られたといわれ、九・一八メートルある像高は木造では日本最大級。観音堂、阿弥陀堂、大黒堂、経蔵、鐘楼などの堂宇が建ち、見晴台からは鎌倉の町と海が一望できる。観音ミュージアム展示の十一面観音懸仏《かけぼとけ》、銅造梵《ぼん》鐘《しょう》は国の重要文化財。作家の久米正雄《くめまさお》の胸像、俳人の高浜虚子《たかはまきょし》の句碑、評論家の高山樗牛《ちょぎゅう》の住居跡などもある。毎年、十二月十八日の歳の市には大勢の人でにぎわう。

長谷寺観音堂

収玄寺《しゅうげんじ》（長谷）

日蓮宗。山号は四条山。開山は妙詣《みょうけい》尼《に》。日蓮宗立宗当初からの門徒で、鎌倉武士であった四条金吾《しじょうきんご》の屋敷跡に建立された。金吾は、北条義時《よしとき》の孫である江間光時《えまみつとき》の家臣。文政年間（一八一八～一八三〇年）に安国論寺の日勇《にちゆう》が再興、第二次大戦後に収玄寺として独立した。境内の大きな石碑「四条金吾邸址」の字は、日蓮宗の信者で、日露戦争で連合艦隊を率いた東郷平八郎のもの。

成就院《じょうじゅいん》（極楽寺《ごくらくじ》）

真言宗大覚寺派。山号は普明山《ふみょうざん》。開山は空海（弘法大師）。弘法大師が諸国巡礼の折、百日間にわたる虚空蔵《こくうぞう》菩薩を祀る修法を行ったところと伝えられる。一二一九年（承久元）、三代執権の北条泰時《やすとき》が、この寺を創建し（一二二一年〈承久三〉とする説もある）、北条一族の繁栄を祈ったという。一三三三年（元弘三）、新田義貞の鎌倉攻めの戦火で焼失したが、江戸時代に再建された。弘法大師像や奈良・法隆寺の夢殿《ゆめどの》を思わせる八角堂がある。鎌倉十井《じっせい》の一つ「星ノ井《ほしのい》」（星月ノ井）のそばにある虚空蔵堂は成就院の飛地境内にあるお堂。

極楽寺（極楽寺）

真言律宗。山号は霊鷲山《りょうじゅせん》。開山は忍《にん》性《しょう》。開基は北条重時《しげとき》。ある老僧が深沢《ふかさわ》に草堂を建て、阿弥陀如来像を安置して極楽寺と称した。僧亡き後、一二五九年（正元元）、二代執権北条義時《よしとき》の三男・重時《しげとき》が現在の地に再建したと伝えられる。一二六七年（文永四）、重時の子、六代執権長時《ながとき》と業時《なりとき》の兄弟が、忍性を招いて開山した。忍性は、ここに施薬院《せやくいん》、悲田院《ひでんいん》、施益院《せやくいん》、福田院《ふくでんいん》などを設け、不幸な人を救済する福祉事業に取り組み、人々から医王如来と崇められた。本尊の木造釈迦如来立像（清《せい》凉寺《りょうじ》式釈迦如来）、木造釈迦如来坐像（転法輪釈迦如来）、木造十大弟子立像などは、いずれも鎌倉時代の作（国重文）。密教法具類も国の重要文化財。裏手には忍性菩薩廟（忍性墓・国重文）がある。秘仏の本尊は四月七・八・九日のみ公開される。境内は国指定史跡。

極楽寺山門

七里ガ浜・腰越エリア

霊光寺《れいこうじ》（七里ガ浜）

日蓮宗。山号は龍王山《りゅうおうざん》。大干ばつに襲われた一二七一年（文永八）、八代執権北条時宗は極楽寺の忍性に雨乞い祈禱を命じたが、雨はついに降らなかった。代わって日蓮が法華経を唱え始めると、大雨が降り始めたという「田辺が池の雨乞い伝説」がある。この伝説を手がかりに、明治の末、霊光寺初代となる住職が、埋められた田辺が池周辺を調査したところ、江戸講中が建てた「日蓮大菩薩祈《き》雨之旧跡地」と記した石塔が出土した。そこで、この地に日蓮上人像、本堂を建立したのが寺の始まりである。霊光寺としての正式な発足は一九五七年（昭和三十二）のことである。

浄泉寺《じょうせんじ》（腰越《こしごえ》）

真言宗大覚寺派。山号は小動山《こゆるぎさん》。開山は空海（弘法大師）と伝えられ、中興開山は元秀《げんしゅう》。かつて八王子社《はちおうじしゃ》（小動神社）と一緒にあり、新田義貞が鎌倉攻めの途中で八王子社に奉納した剣が一時保管されていたといわれている。神仏分離令以後も一九一八年（大正七）まで、浄泉寺の住職が小動神社も管理していた。一九五四年（昭和二十九）には墓地と小動神社境内からおびただしい古銭が出土した。またここで開かれていた寺子屋が、今の腰越小学校の前身である。

本成寺《ほんじょうじ》（腰越）

日蓮宗。山号は龍口山《りゅうこうざん》。日賢《にっけん》が、一三〇九年（延慶二）に創建した。もとは本覚寺末寺だった。本堂には本尊三宝祖師像と日蓮上人像が、また境内には稲荷明神が祀られている。

満福寺《まんぷくじ》（腰越）

真言宗大覚寺派。山号は龍護山《りゅうごさん》。開山は行基。源義経《よしつね》の「腰越状《こしごえじょう》」で知られる。一一八五年（文治元）、平氏を滅ぼし鎌倉へ凱旋した義経は、兄頼朝に鎌倉入りを拒絶された。義経は腰越まで来て満福寺にとどまり、頼朝の怒りを解こうとしたが許されず、大江広《おおえのひろ》元《もと》に書状を出し力添えを頼んだ。これが「腰越状」である。結局、頼朝には受け入れられず、義経は奥州《おうしゅう》で不遇の死を遂げるが、その首が検分されたのも満福寺だった。境内には「義経公慰《い》霊《れい》碑」があり、弁慶筆と伝えられる「腰越状」の下書き、鎌倉彫の技法をとりいれた「義経と静《しずか》」の別れの場を描いた三十二面のふすま絵などがある。

満福寺本堂

勧行寺《かんぎょうじ》（腰越）

日蓮宗。山号は龍口山。開山は日《にち》実《じつ》。一三〇三年（嘉元元）に建立された。一六八三年（天和三）、火災で焼失、その後も暴風雨や震災などで大きな被害を受けたが、再建された。漁師の若者が海中から釣りあげたといわれる海中出現文殊《もんじゅ》菩薩像は、毎年十月の大祭に開帳される。腰越の勧行、妙典《みょうてん》、東《とう》漸《ぜん》、本成《ほんじょう》、本龍《ほんりゅう》、法源《ほうげん》の六寺と、藤沢市片瀬の常立《じょうりゅう》、本蓮《ほんれん》の二寺は、いずれも山号が龍口山で、龍口寺輪番《りんばん》八カ寺といわれる。日蓮ゆかりの龍ノ口法難の地に建立された龍口寺には、かつては住職がおらず、一八八六年（明治十九）までこの八寺を龍口寺輪番八カ寺と呼び、山号がすべて龍口山に統一されている。

妙典寺《みょうてんじ》（腰越）

日蓮宗。山号は龍口山。日蓮の弟子、天目によって一三〇八年（延慶元）に開かれた。谷戸《やと》の奥の岩山を切り開いた地に建つ寺で、かつては「腰越の谷戸寺」と呼ばれていた。本尊は三宝祖師像で日蓮像とともに祀られている。

東漸寺《とうぜんじ》（腰越）

日蓮宗。山号は龍口山。開山は日東《にっとう》。下総国中山《しもうさのくになかやま》（現千葉県市川市）の法華経寺から来た日東によって一三五二年（文和元・正平七）に開かれた。薬医門《やくいもん》という様式の山門は、龍口寺の門前で饅頭屋を商う店の主人が妻の菩提を弔うために寄進したもの。また、境内に日本薬学の基礎を築いた長井長義《ながよし》博士夫妻の記念碑が建つ。

本龍寺《ほんりゅうじ》（腰越）

日蓮宗。山号は龍口山。開山は日行《にちぎょう》。一三〇二年（乾元元）の創建。龍口寺輪番八カ寺のうち、最も早い時期に建立された。日行は、法源寺を開いたとも伝えられ、本龍寺とは兄弟寺にあたる。比企《ひき》三郎高家の屋敷跡に建立されたと伝えられ、境内に墓所《ぼしょ》もある。本堂には、雨乞いの日蓮上人像や、大黒天《だいこくてん》、鬼子母神などが本尊の大曼荼羅《まんだら》とともに祀られている。堂内は非公開。

宝善院《ほうぜんいん》（腰越）

真言宗大覚寺派。加持山霊山寺《かじさんりょうざんじ》、泰澄山瑠璃光寺《たいちょうざんるりこうじ》という。開山の泰澄大師は加賀の白山《はくさん》を開いたといわれる人で、「越の大徳」と呼ばれていた。泰澄が十一面観音像をこの地に祀ったのが寺の起こりとされている。山門の様式は薬医門で、本堂のほか大師堂がある。本尊は薬師如来像、寺宝は鎌倉時代作と伝わる木造薬師如来立像、平安中期作と伝わる木造十一面観音菩薩坐像。

法源寺《ほうげんじ》（腰越）

日蓮宗。山号は龍口山。創建は一三〇三年（嘉元元）で開山は日行。藤沢との市境、龍口寺から東へ向かった左手にある。常栄寺と同様に俗に「ぼたもち寺」と呼ばれ、龍ノ口の刑場に引かれて行く日蓮に比企能員《ひきよしかず》夫人の妹・桟敷尼《さじきに》がぼた餅を捧げた逸話がよく知られている。桟敷尼の実家の菩提寺であったことがこの俗称の由来とされる。龍口寺にある日蓮像と一木から造られたという日蓮像が置かれている。

大船駅西エリア

大船観音寺《おおふなかんのんじ》（岡本《おかもと》）

曹洞宗。山号は仏海山《ぶっかいさん》。大船観音の高さは約二十五メートル、幅約十九メートル。着工は一九二九年（昭和四）だが、戦争で一時中断。一九五四年（昭和二十九）、曹洞宗管長高階瓏仙《たかしなろうせん》禅師が中心となり、財界人らの協力のもと

大船観音

大船観音協会が設立され、一九六〇年（昭和三十五）に完成した。一九八一年（昭和五十六）に大本山總持寺の末寺となった。

黙仙寺《もくせんじ》（岡本）

曹洞宗。山号は無我相山《むがそうざん》。開山は日《ひ》置黙仙《おきもくせん》。大船観音の北側の無我相山という山にある寺。一九〇九年（明治四十二）、濱地八郎《はまちはちろう》という人物が、自らの信仰する金剛般若波羅蜜經を広めるため、曹洞宗大本山永平寺管長だった日置黙仙を開山に迎えた。静岡県の祐《ゆう》昌《しょう》寺という寺を移し、本堂に釈迦牟尼仏を安置。裏手の墓地に、開山から五世までの墓がある。

玉泉寺《ぎょくせんじ》（玉縄《たまなわ》）

真言宗大覚寺派で、山号は聖天山《しょうてんざん》。開山は定かではない。古くは手広《てびろ》の青蓮寺（高野山派）の末寺といわれる。背後に聖天の祠《ほこら》があったことから山号寺号が付けられた。弘法大師《こうぼうだいし》の像が祀《まつ》られている。秘仏で本尊の胎内不動明王は鎌倉時代、願行上人の作。正月元旦のみ開帳される。

龍寶寺《りゅうほうじ》（植木《うえき》）

曹洞宗。山号は陽谷山《ようこくざん》。開山は泰絮《たいじょ》宗栄《そうえい》と伝えられる。玉縄《たまなわ》北条氏の菩提寺として栄えた。一五〇〇年代半ば、北条綱成《つなしげ》が建立した瑞光院《ずいこういん》がこの寺の始まり。六代玉縄城主北条氏勝《うじかつ》によって現在地に移され、創建当時は広大な寺領を有した。氏勝はのちに徳川家康に仕える。一八七七年（明治十）、玉縄学校がこの寺に移った。本堂には本《ほん》尊《ぞん》の宝冠釈迦如来《しゃかにょらい》と、文殊《もんじゅ》・普賢《ふげん》菩薩が祀《まつ》られ、歴代玉縄城主の位牌が安置されている。境内には江戸時代の儒学者新井白石《あらいはくせき》の碑や玉縄ふるさと館、国の重要文化財の旧石井家の住居もある。

龍寶寺本堂

貞宗寺《ていそうじ》（植木）

浄土宗。山号は玉縄山《たまなわざん》。開山は暁誉《ぎょうよ》源栄《げんえい》。貞宗寺の名の由来となった貞宗院は、江戸幕府二代将軍の徳川秀忠《ひでただ》を産んだ家康側室お愛の方の生母、秀忠の祖母である。大奥で御年寄役を務めた貞宗院は、晩年江戸幕府より二百十石を与えられ、この地に隠居したという。本堂の大棟に、徳川家ゆかりの寺であることを示す葵《あおい》の家紋が入っている。貞宗院没後、一六一一年（慶長十六）に開かれたのが貞宗寺である。本尊は阿弥陀三尊、寺宝は三葉葵の紋の入った膳など蒔絵の食器類。

圓光寺《えんこうじ》（植木）

真言宗大覚寺派。山号は城護山《じょうごさん》。開山は澄範《ちょうはん》。永禄年間（一五五八～一五七〇年）、北条氏時《うじとき》が、澄範を招いて玉縄城内に創建した。城中や城下の平安を祈る祈願所として重んじられたが、玉縄城が廃城となって、現在地に移されたとされる。本尊は不動明王《ふどうみょうおう》像。薬師堂には行基作と伝えられる薬《やく》師如来《しにょらい》像のほか、十二神将立像が安置されている。

久成寺《くじょうじ》（植木）

日蓮宗。山号は光円山《こうえんさん》。一五二〇年（永正十七）、日蓮宗を信仰していた北条氏の家臣、梅田尾張守秀長《うめだおわりのかみひでなが》が創建したという。江戸幕府と関係が深く、小田原攻めの際、寺に立ち寄った徳川家康は祈禱を頼み、その恩賞に寺領三石を寄進したという。その後、家康は鷹狩りの折、この寺を訪れ、葵の紋の付いた弁当箱を授けた。将軍綱吉印の朱印状とともに寺宝となっている。境内に長尾定景《さだかげ》と一族の墓と伝えられる石碑がある。定景は鎌倉幕府三代将軍源《みなもとのさねとも》実朝を殺害した公暁《くぎょう》を討った武士。

大船駅東エリア

常楽寺《じょうらくじ》（大船《おおふな》）

臨済宗建長寺派。山号は粟船山《ぞくせんざん》。開山は蘭渓道隆。建長寺の開山となる以前、道隆はここで禅を広めた。一二三七年（嘉禎三）、北条泰時《やすとき》が妻の母の供養のため粟船御堂《あわふねみどう》を建て、退耕行勇《たいこうぎょうゆう》が供養の導師《どうし》を務めたのが始まりとされている。泰時の墓もここにある。仏殿天井には狩野雪信《かのうゆきのぶ》の「雲龍」が描かれている。木造文殊菩薩坐像（県

常楽寺仏殿

重文）は一月二十五日の文殊祭以外には開帳されない秘仏。銅造梵鐘（国重文）は、建長寺、円覚寺と並ぶ鎌倉三名鐘の一つで市内最古のもの。

成福寺《じょうふくじ》（小袋谷《こぶくろや》）

浄土真宗。山号は亀甲山《きっこうざん》。開山は成《じょう》仏《ぶつ》。木造聖徳太子像は十六歳の太子をかたどったもので、玉眼《ぎょくがん》を入れ、彩色を施した写実的な像。開山成仏は三代執権北条泰時《やすとき》の子、泰次《やすつぐ》といわれる。幼少より仏教を学び、得度の後は天台宗の僧となった。その後、一二三二年（貞永元）、親鸞に師事した泰次は、成仏の名をもらい浄土真宗に改宗。聖徳太子像は親鸞から与えられたものという。鎌倉幕府が倒れたときの住職成円は十四代執権北条高時《たかとき》の実弟だったため寺を追われ、以後、七十年ほど無住だったという。本尊は阿弥陀如来。

多聞院《たもんいん》（大船）

真言宗大覚寺派。山号は天衛山。山《やま》ノ内《のうち》にあった観蓮寺が前身で、一五七九年（天正七）、甘糟《あまかす》氏が現在の地に移して名を改め、南介僧都《なんかいそうず》を迎えて創建したといわれている。本尊の毘沙門《びしゃもん》天《てん》は多聞天ともいい、寺号の由来となった。また「とげぬき地蔵」でも知られ、入口には庚申塔《こうしんとう》がある。木造毘沙門天立像、木造十一面観音菩薩坐像、牛頭天王《ごずてんのう》像などが寺宝。

大長寺《だいちょうじ》（岩瀬《いわせ》）

浄土宗。山号は亀《き》鏡山《きょうざん》。開山は感《かん》誉存貞《よぞんてい》。一五四八年（天文十七）、北条綱成《つなしげ》が玉縄《たまなわ》城主として一帯を治めていた時代に建立された。開山の感誉存貞は、後北条氏の家臣、大道寺《だいどうじ》氏の一族である。四代目住職は、徳川家康直々の来訪を受けたこともある。後北条氏、徳川氏によって、代々崇められた格式高い寺である。本堂には本尊阿弥陀三

大長寺本堂

尊像、善導大師像、法然上人像、小田原北条氏二代目氏綱《うじつな》の子玉縄城主北条為昌《ためまさ》夫人の木像などが祀《まつ》られている。開山の折、祈禱して得た「吉祥水《きっしょうすい》」や「梅ノ井」という井戸がある。墓地には、綱成夫人の墓をはじめ北条一族のものと伝えられる墓石がある。

西念寺《さいねんじ》（岩瀬）

浄土宗。山号は岩瀬山《がんらいざん》。開山は運誉《うんよ》

光道《こうどう》。運誉は、今も残る「開山修行窟」と呼ばれる横穴に住み、布教活動に励んだ。一五七〇年(元亀元)、本堂建立。一八三六年(天保七)に再建された本堂は、庫裡《くり》と一棟になった「本堂庫裡《ほんどうくり》合造《あわせづくり》」という、鎌倉唯一の珍しい建物だったが、二度の火災にあったと伝えられ、一九九三年(平成五)の発掘調査で土台石が出土した。本尊は阿弥陀如来。本堂には、日本橋「木屋《きや》」の当主が作らせた「首抜け木像」と呼ばれる大檀那《おおだんな》木屋夫妻像がある。顔を塗り替える際、首が抜けるように作られている。生前の顔色を保つため、命日に江戸へ持参し、塗り替える習慣だったという。拝観は要事前申し込み。

稱名寺《しょうみょうじ》(今泉《いまいずみ》)

浄土宗。山号院号は今泉山《こんせんざん》一心院。今泉不動の名で親しまれている。開山は空海(弘法大師)と伝えられる。一一七五年(安元元)創建、本尊は阿弥陀如来。鎌倉幕府の歴代の将軍たちの信仰を集めた寺。この地に導かれた弘法大師が、岩肌に穴をうがったところ湧き出たと伝わる男《お》滝と女《め》滝がある。今泉不動堂の右手に不動明王《ふどうみょうおう》のもう一つの姿である大日如来の石像が置かれている。一六九三年(元禄六)、江戸・増上寺の貞誉大僧正《ていよだいそうじょう》から山号寺号を請け、現在の浄土宗寺院としての基礎が確立された。

市西エリア

等覚寺《とうがくじ》(梶原《かじわら》)

高野山真言宗。山号は休場山《きゅうじょうざん》。創建は応永年間(一三九四~一四二八年)で、開山は秀恵僧都《しゅうえそうず》。入母屋《いりもや》造瓦葺きの本堂には、本尊不動明王が祀られている。本堂内脇堂の「出世子育地蔵尊」はよく知られており参拝者が多い。一八七三年(明治六)に境内に訓蒙学舎《くんもうがくしゃ》という小学校が建てられ、そののち、梶原学校と改められた。これが今の深《ふか》沢《さわ》小学校の前身である。新田義貞の鎌倉攻めで死んだ武士を供養する五輪塔や宝篋印塔、無縁塔が祀られている。

大慶寺《たいけいじ》(寺分《てらぶん》)

臨済宗円覚寺派。山号は霊照山《れいしょうざん》。開山は大休正念《だいきゅうしょうねん》(仏源禅師)。弘安年間(一二七八~一二八八年)に開かれた。九代執権北条貞時の十三年忌供養には、八十三人の僧が参加したと伝えられる大きな寺で、塔頭も五院あり、関東十刹の一つにも数えられていた。戦国時代に荒廃、円覚寺の末寺となり、大慶寺として復興した。本堂には本尊の釈迦如来像と、開山の仏源禅師像が祀られている。境内には樹齢七百年余のビャクシンの老木がそびえる。

東光寺《とうこうじ》(寺分)

高野山真言宗。山号は、天照山《てんしょうざん》。一四三一年(永享三)、高野山慈眼院《じげんいん》

の法印霊範《ほういんれいはん》が、隠居所として中興したと伝えられる。大師堂に弘法大師の石像が祀られている。本堂の本尊不動明王立像は、平安時代の智証《ちしょう》作と伝えられる。

仏行寺《ぶつぎょうじ》（笛田《ふえだ》）

日蓮宗。山号は笛田山《ふえださん》。開山は仏《ぶっ》性院日秀《しょういんにっしゅう》で、一四九五年（明応四）に創建。本尊は十界曼陀羅《じっかいまんだら》。墓地には鎌倉時代の武将、梶原源太景季《かげすえ》の片腕が埋められているという源太塚がある。頼朝死後、景季は、父景時《かげとき》とともに鎌倉を追われ、駿河で討ち死にした。その死を嘆いて、このあたりで自害した妻信夫《しのぶ》の霊を慰めるため、村人が仏行寺を建てたと伝えられている。また、鎌倉山にあるしのぶ塚は源太塚と向き合うように建っているという。

青蓮寺《しょうれんじ》（手広《てびろ》）

高野山真言宗。山号は飯盛山《はんじょうざん》。開山は空海（弘法大師）。東国をまわっていた空海が、八一九年（弘仁十）、青蓮寺裏山で護摩《ごま》の秘法の修行をしていたとき、美しい天女が現れて力を貸してくれた。大師が無事修法を終えたとき、天女は一粒の仏舎利《ぶっしゃり》（釈尊のお骨）を大師に託して姿を消した。その仏舎利を密教の法具に納めて翌朝目覚めると、池に青色の蓮華の花が咲きそろっていたという。また別名「鎖《くさり》大師」と呼ばれる由来は、本尊の木造弘法大師坐像の両足の関節が、鎖のような細工のため自在に動かせるようになっていることにある。この本尊は鎌倉時代の作で鎌倉に四体ある写実的な裸形彫刻の一つ（国重文）。厄除《やくよ》け大師としても知られる。

青蓮寺本堂

圓久寺《えんきゅうじ》（常盤《ときわ》）

日蓮宗。山号は常葉山《じょうようざん》。鎌倉時代前期、この地に常盤殿《ときわどの》と呼ばれた七代執権北条政村《まさむら》の屋敷があったのが山号の由来。開山は日惺とも日伊ともいわれる。本尊《ほんぞん》は一塔両尊、本堂には日蓮の坐像が祀《まつ》られている。ほかに釈尊、鬼子母神《きしもじん》の木像が寺宝。

泉光院《せんこういん》（上町屋《かみまちや》）

真言宗大覚寺派。山号は天守山《てんしゅさん》。元青蓮寺の末寺。京都の大覚寺につながりを持つ。本堂、木造の薬師如来像を収める薬師堂、地蔵堂のほか、石仏、石塔が多数ある。本堂には阿弥陀三尊像、弘法大師像、不動明王像を、庭には石地蔵を祀っている。

妙法寺《みょうほうじ》（山崎《やまざき》）

日蓮宗。山号は宝珠山《ほうじゅざん》。もとは山梨県にあった寺で、当時は耀光《ようこう》院《いん》と号していた。大正関東地震で焼失、廃寺になったが、一九二八年（昭和三）、有志がこの地に再建した。本堂には日蓮聖人坐像と鬼子母神像が祀られている。本堂前には、この寺の中興の祖、日宝《にっぽう》夫妻の石像があり、境内には寺が建立されるとき土中から姿を現したという「妙法庚申《こうしん》神社」と刻まれた小さな石碑が建つ。十数体の石地蔵が祀られたお堂があり、「子育て地蔵」として参拝する人も多い。

コラム　「鎌倉七福神めぐり」

鎌倉を訪れる観光客の間で近年人気を集めているのが「七福神めぐり」。「七福神めぐり」とは、おなじみの「布袋様」や「恵比寿様」など福をもたらす七福神が祀られた寺社を参拝し、「万福招来」を祈願すること。一般的には正月中にめぐるのが通例だが、近年では、年間を通して参拝する観光客が増えている。

そもそも「家内安全」「商売繁盛」「縁結び」など、さまざまな願いを抱えた人びとの信仰が、古来幸福をもたらす神々として信仰されていた「七福神」に結びついたと考えられている。

鎌倉はコンパクトに寺社がまとまり、「七福神」を一日でめぐることができるため、特に観光客の間で人気が高い。

推奨コースは次の通り。

①浄智寺（布袋尊）――②鶴岡八幡宮（弁財天）――③宝戒寺（毘沙門天）――④妙隆寺（寿老人）――⑤本覚寺（恵比寿）――⑥長谷寺（大黒天）――⑦御霊神社（坂ノ下・福禄寿）

右記七つの寺社に加え、江島神社（弁財天）に詣でることで、満願とする見方もあり、あわせて鎌倉・江の島七福神めぐりとも呼ばれる。

浄智寺の布袋尊像

寺院・神社

神社

鶴岡八幡宮《つるがおかはちまんぐう》（雪ノ下《ゆきのした》）

祭神は応神《おうじん》天皇、比売神《ひめがみ》、神功《じんぐう》皇后。市の中心部にあって、日本を代表する八幡宮の一つ。一〇六三年（康平六）、源　頼義《みなもとのよりよし》が源氏の守り神として京都の石清水八幡宮《いわしみずはちまんぐう》を由比郷《ゆいごう》鶴岡に勧請《かんじょう》したことに始まる（現在の材木座にある由比若宮＝元八幡）。一〇八一年（永保元）に源義家《よしいえ》が修復、一一八〇年（治承四）に鎌倉入りした源頼朝《よりとも》が、現在の地に遷座《せんざ》して鶴岡若宮と称した。社前から南へ延びる若宮大路《わかみやおおじ》には、中央に段葛《だんかずら》と呼ばれる一段高くした道があり、これは御台所政子《まさこ》の安産を祈願して、一一八二年（寿永元）、頼朝が造らせた参道である。鶴岡八幡宮寺は一一九一年（建久二）に焼失したが、すぐに若宮（下宮）を再建。このとき本宮（上宮）が創建され、現在のような上下両宮の姿となり、一一九三年（建久四）には下拝殿（舞殿《まいでん》）が新造された。

源氏の守り神として鎌倉幕府から尊崇された鶴岡八幡宮寺は、御家人《ごけにん》らが各地に派遣されるに及んで、広く武門の神として分霊され全国に知れわたった。その後、足利氏、豊臣氏、徳川氏からも篤く崇敬された。現在の若宮は一六二四年（寛永元）、徳川幕府二代将軍徳川秀忠《ひでただ》によって、本宮は一八二八年（文政十一）、十一代将軍徳川家《いえ》斉《なり》によって再建造営された。

鶴岡八幡宮下拝殿（舞殿）

当宮に伝わる木造弁才天坐像は「裸弁才天」とも呼ばれ裸形に腰布を一枚彫出したものに実物の衣装をつけた極めて写実的な寄木造りの像で、国の重要文化財に指定されている。

神事では、狩装束《かりしょうぞく》の射手が馬を走らせながら鏑矢《かぶらや》で三つの的を射る流鏑馬《やぶさめ》神事が勇壮である。また立秋のころのぼんぼり祭、冬の御鎮座《ごちんざ》記念祭は、鎌倉の風物詩である。春の鎌倉まつりでは、舞殿で「静《しずか》の舞《まい》」が奉納される。「隠れイチョウ」の名で知られる大石段の脇の大イチョウは、源実朝《さねとも》を危《あや》めるため八幡宮別当公暁《くぎょう》がこの樹の陰に隠れていたという伝説があるが、二〇一〇年（平成二十二）三月に強風のため倒伏した。国指定史跡。

荏柄《えがら》天神社（二階堂《にかいどう》）

主祭神は菅原道真《すがわらのみちざね》。鎌倉でも古い神社で、荏柄山天満宮とも称された。所蔵する『相模國鎌倉荏柄山天満宮略縁起』によると、創建は一一〇四年（長治元）。にわかにかき曇った天から天神画像が降ってきたのを人びとは恐れ、その場所に社殿を造営し、画像を納めたと伝えられる。京都の北野天満宮、福岡の太宰府《だざいふ》天満宮とともに、日本三天神の一つ。天神とは学問の神様として知られる菅原道真のこと。源頼朝は幕府の鬼門の守護神として荏柄天神社を崇敬したとされる。本殿は鎌倉最古の神社建築（国重文）、社宝に憤怒の表情から「怒り天神」の名で知られる木造天神坐像（国重文）、木造天神立像（国重文）がある。境内には、漫画家清《し》水崑《みずこん》の「かっぱ筆塚」があり、石碑の裏の文字は、作家川端康成《かわばたやすなり》が揮毫《きごう》した。一九八九年（平成元）に完成した絵筆塚は横山隆一《よこやまりゅういち》ら漫画家百五十四人の漫画で飾られている。境内は国指定史跡。

荏柄天神社拝殿

鎌倉宮《かまくらぐう》（二階堂）

祭神は大塔宮護良親王《おおとうのみやもりよし》。大塔宮とも呼ばれる。一八六九年（明治二）、護良親王の遺志を後世に伝えることを望んだ明治天皇の勅命により創建された。鎌倉宮の名も天皇自らつけられた。

護良親王は後醍醐《ごだいご》天皇の皇子として生まれ、十一歳で比叡山延暦寺《ひえいざんえんりゃくじ》の大塔に入室したことから「大塔宮」と称された。二十歳で天台座主《ざす》になったが、後醍醐天皇の鎌倉幕府倒幕のための挙兵に応じて、還俗《げんぞく》して護良と名のった。一三三一年（元弘元）、元弘の変によって後醍醐天皇は隠岐島に流されたが、一三三三年（元弘三）に足利尊氏や新《にっ》田義貞《たよしさだ》らによって鎌倉幕府は滅びた。後醍醐天皇は一旦は京へもどって天皇親政を復活、護良親王は征夷大将軍《せいいたいしょうぐん》になった。その後、足利尊氏と対立した親王は、捕らえられて鎌倉で討たれた。本殿の裏には、親王が幽閉《ゆうへい》されたという土牢《つちろう》が残されている。

一九五九年（昭和三十四）から始まった毎秋恒例の「鎌倉薪能《たきぎのう》」は、古都鎌倉を代表する催しの一つ。

十二所《じゅうにそ》神社（十二所）

十二所の鎮守。かつては熊野十二所権現社といわれ、一二七八年（弘安元）の創建と伝える。もとは光触寺《こうそくじ》境内にあったが、一八三八年（天保九）に現在地に移された。明治維新により、十二所神社と改称され、一八七三年（明治六）、十二所の鎮守として村社に列格された。鳥居脇に百貫石（重さ約百十二キロ）という石があり、祭ではこれを持ち上げる力自慢がいたという。

白旗神社《しらはた》（西御門《にしみかど》）

祭神は源頼朝。古くは頼朝を祀る法《ほっ》華堂《けどう》があった。『吾妻鏡《あずまかがみ》』によると法華堂の創建は一一八九年（文治五）。鎌倉幕府の保護も厚く、崇敬された。江戸時代には、鶴岡八幡宮の供僧《ぐそう》相承院《そうしょういん》が兼務。明治の神仏分離で、堂は廃され、一八七二年（明治五）、白旗神社となった。境内は国指定史跡。神社奥の山上には、鎌倉石の多層塔の源頼朝墓がある。

白旗神社社殿

蛭子神社《ひるこ》（小町《こまち》）

小町《こまち》の鎮守。祭神は大己貴命《おおなむちのみこと》。かつては現在の夷堂橋《えびすどう》付近に夷三郎社という神社があったが、永享年間（一四二九～一四四一年）の本覚寺《ほんがくじ》創建の際に境内に移され、夷堂となった。明治の神仏分離令で現在地に移り、同地の七面大明神、宝戒寺《ほうかいじ》境内の山王大権現《さんのうだいごんげん》とともに合祀され、蛭子神社と改称され、一八七三年（明治六）、小町の鎮守として村社に列格された。

八雲神社《やくも》（大町《おおまち》）

大町の鎮守。古い厄よけ開運の社として、「八雲さん」「お天王さん」と親しまれる。永保年間（一〇八一～一〇八四年）、新羅《しんら》三郎義光《よしみつ》が兄の八幡太郎《はちまんたろう》義家《よしいえ》の奥州攻め（後三年合戦）の助勢に向かう途中、鎌倉に入ると、悪疫流行にて里民が難儀しているのを知り、これを救うため京都祇園社《ぎおんしゃ》（八坂神社）の祭神を勧請《かんじょう》したのが始まりという。応永年間（一三九四～一四二八年）、佐竹屋敷に祀られていた祠《ほこら》が合祀され、佐竹天王と称した。義光の子孫である佐竹氏は代々、源氏、足利氏、豊臣秀吉に仕え、「天下六大名」の一つに数えられた。その後も「祇園さま」と崇められ、江戸時代も徳川将軍より朱印を賜った。明治維新で、鎌倉祇園社（祇園天王社）から八雲神社へ改称、一八七三年（明治六）、大町の鎮守として村社に列格された。

七月の例祭の神幸祭《しんこうさい》（神輿渡御）では、氏子が幼児を抱いて神輿の下をくぐり無事成長を祈願する「みこしくぐり」が行われる。

五所神社《ごしょじんじゃ》（材木座《ざいもくざ》）

この地はもともと乱橋《みだればし》村と材木座村に分かれていて、乱橋村に三島社、八雲社、金比羅社の三社、材木座に諏訪社、視女《みるめ》八坂社の二社があった。一八七三年（明治六）、三島社が材木座の鎮守として村社に列格された。一九〇八年（明治四十一）、村内の他の四社と合祀されることになり、五所神社と改称した。昔の村名の乱橋は、鎌倉十橋の一つに由来する。

巽神社《たつみじんじゃ》（扇《おうぎ》ガ谷《やつ》）

八〇一年（延暦二十）、蝦夷征討に向かう途中の坂上《さかのうえの》田村麻呂《たむらまろ》が葛原ヶ岡《くずはらがおか》に勧請したのが始まりとされる。一〇四九年（永承四）、源頼義《よりよし》が社殿を改修したとも伝えられる。壽福寺《じゅふくじ》の鎮守として崇められ、寺の巽の方角（南東）に位置するところから、この名がついたという。境内には江戸時代の銘が刻まれた手洗石や石燈籠などがある。

八坂大神《やさかおおかみ》（扇ガ谷）

扇《おうぎ》ヶ谷《がやつ》の鎮守。別名「相馬《そうま》天王」ともいわれる。一一九二年（建久三）、源頼朝の家臣・相馬次郎師常《もろつね》が自邸（巽神社付近）の守り神として勧請したことによる。師常は一一八九年（文治五）の頼朝による奥州合戦で武勲をあげた。信心に篤く常心と号した念仏行者でもあった。その後、浄光明寺《じょうこうみょうじ》裏山の網引地蔵辺りの窟屋《いわや》、壽福寺本堂付近を経て、現在地に移った。明治の神仏分離で、八坂大神と改称した。

銭洗弁財天宇賀福神社《ぜにあらいべんざいてんうがふくじんじゃ》（佐助《さすけ》）

祭神は、本宮が市杵島姫命《いちきしまひめのみこと》、奥宮が弁財天。一一八五年（文治元）の巳《み》の月の巳の日、源頼朝の夢枕に宇賀福神が立ち、「西北の仙境に湧きだしている霊水で神仏を祀れば、国内は平穏になる」と告げたとされる。頼朝は夢のお告げどおりに泉を発見し宇賀福神を祀ったという。十三世紀の半ば、五代執権北条時頼《ときより》は、金銭をこの水で洗い清めると同時に己の心身を清め行いを慎めば不浄の塵埃が消えて清浄の福銭になると人々に勧め、自ら率先して金銭を洗い一族の繁栄を祈った。以来多くの参詣者でにぎわうようになった。湧水は鎌倉の「五名水」の一つ。

銭洗弁財天宇賀福神社

佐助稲荷神社《さすけいなりじんじゃ》（佐助）

伊豆蛭ヶ小島《ひるがこじま》に流されていた源頼朝

が病に倒れたとき、「かくれ里の稲荷」という神霊が夢枕に立ち、挙兵を勧めた。頼朝はこの託宣に従い兵を挙げて、戦いに勝利した。のちにこの「かくれ里」の地で祠を見つけた頼朝は、畠山重忠《しげただ》に命じて社を建立させた。もとは鶴岡八幡宮の飛地境内社だったが一九〇九年（明治四十二）に独立。鳥居の立ち並ぶ参道入口に、縁結び十一面観音が祀られている。

葛原岡《くずはらおか》神社（梶原《かじわら》）

由比《ゆい》ヶ浜《がはま》の鎮守。祭神は文章博士《もんじょうはかせ》の日野俊基《ひのとしもと》。一八八七年（明治二十）の創建。俊基は後醍醐《ごだいご》天皇に仕えた公家で、討幕計画に参加したかどで葛原ヶ岡で殺害された。境内の俊基の墓とされる宝篋印塔《ほうきょういんとう》は国史跡に指定されている。処刑の直前に俊基は「秋をまたで葛原岡に消ゆる身の露のうらみや世に残るらん」と詠んだという。

御霊《ごれい》神社（梶原）

梶原の鎮守。一一九〇年（建久元）の創建と伝わる。この地は祭神の鎌倉権五郎景政《ごんごろうかげまさ》（正）を祖とする梶原氏に縁が深いことから祀られたとされる。境内には五輪塔や庚申塔《こうしんとう》などの石塔が多数建ち、また日露戦争の凱旋を記念して奉納されたという狛犬がある。

御霊神社社殿（坂ノ下）

甘縄神明《あまなわしんめい》神社（長谷）

長谷《はせ》の鎮守。祭神は天照大神《あまてらすおおみかみ》。七一〇年（和銅三）、行基《ぎょうき》が草創し、豪族染屋時忠《そめやときただ》（由比の長者）が建立した鎌倉で一番古い神社とされている。源頼《より》義《よし》が当社に祈願して子宝（八幡太郎《はちまんたろう》義《よし》家《いえ》）を授かったことから、源氏との縁が深い神社として信仰される。頼義や義家は社殿を修復し、頼朝も社殿を修理し荒垣や鳥居を建てたという。北条政子や実朝も参詣したと伝えられる。

御霊《ごりょう》神社（坂ノ下《さかのした》）

祭神は鎌倉権五郎景政《ごんごろうかげまさ》（正）。平安時代の創建。権五郎神社という俗称は祭神の景政の名による。景政は平安後期の鎌倉平氏一門の武士で、地元武士団を率いて湘南地域一帯を開拓した開発領主である。敵に右目を射抜かれてもひるまず戦ったという武勇伝が残っている。鎌倉五平氏を祀っているため五霊神社とも呼ばれた。

九月の例祭で、面をつけて練り歩く面掛《めんかけ》行列（県指定無形民俗文化財）や、鎌倉神楽《かぐら》、海の日の境内社石上神社の御供《ごく》流しなどの神事が行われる。

熊野新宮《くまのしんぐう》（極楽寺《ごくらくじ》）

極楽寺の鎮守。一二六九年（文永六）の創建とされ、新宮社ともいわれる。この地には以前、熊野新宮のほか、八雲神社と諏訪明神が祀られていたが、いずれも大正関東地震で倒壊したため、一九二八年（昭和三）、熊野新宮に合祀された。

八雲《やくも》神社（山ノ内《やまのうち》）

山ノ内の鎮守。『新編相模国風土記稿』には、一二二四年（元仁元）、疫病が流行ったとき、村人の健康を祈って京都祇園社（八坂神社）の神霊を勧請したとある。室町時代に、関東管領上杉憲房《うえすぎのりふさ》が武運長久を祈願し京都から勧請したという説もある。昔は牛頭天《ごずてん》王《のう》社といわれた。境内には、一六六五年（寛文五）と銘のある鎌倉最大最古の石造庚申塔《こうしんとう》（市文）がある。

白山《はくさん》神社（今泉《いまいずみ》）

今泉の鎮守。祭神は菊理姫之命《くくりひめのみこと》。一一九一年（建久二）、源頼朝が創建したとされる。京都の鞍馬寺《くらまでら》を詣でた頼朝が、行基作といわれる毘沙門天《びしゃもんてん》像を賜り、この地に勧請したという。その後、幾度か再建・修復を重ね、明治以降、村の氏神となった。一月の大注連祭《おおしめまつり》は、神社の守護虫とされる大百足《むかで》を模した約七メートルの注連縄《しめなわ》が奉納され、その年の豊作と日々の安寧が祈願される。参道入口に江戸時代の狂歌師酔亀《すいき》亭天広丸《ていあめのひろまる》の歌碑が建つ。天広丸は十八世紀の半ばこの地区に生まれた。

熊野《くまの》神社（大船《おおふな》）

大船の鎮守。祭神は日本武尊《やまとたけるのみこと》。『新編相模国風土記稿』には、一五七九年（天正七）、甘糟長俊《あまかすながとし》が束帯《そくたい》姿の木像を勧請して祀ったと記載。現存する像の台座には、長俊勧請の旨が記されている。明治の神仏分離まで、隣接する多《た》聞院《もんいん》が別当を務めた。甘糟長俊は神仏への信心が篤く、一五六七年（永禄十）には常楽寺《じょうらくじ》の文殊菩薩像の修理も行った。甘糟一族は相模平氏の出で玉縄城主北条氏の家臣となった。末社の金比《こんぴ》羅《ら》社は崇徳《すとく》天皇を祀る。

北野《きたの》神社（山崎《やまざき》）

山崎の鎮守。祭神は菅原道真、素戔《すさの》嗚尊《おのみこと》。暦応年間（一三三八～一三四二年）、夢窓疎石《むそうそせき》（国師）が京都の北野天満宮を勧請したとされる。江戸時代以降、村の鎮守になった。二〇〇二年（平成十四）、菅原道真没後千百年祭が盛大に行われた。相殿に素戔嗚尊を祀る。『新編相模国風土記稿』によると十七世紀に岩瀬の五所に祀られていた牛頭天王（素戔嗚尊と習合）が合祀されたと記されている。一四〇五年（応永十二）造の、四方に薬師如来《やくしにょらい》、釈迦《しゃか》如来《にょらい》、阿弥陀如来《あみだにょらい》、弥勒菩薩《みろくぼさつ》が彫られた宝篋印塔《ほうきょういんとう》は市指定文化財。

諏訪《すわ》神社（植木）

植木、岡本、城廻《しろめぐり》の鎮守。祭神は建《たけ》御《み》名《な》方神《かたのかみ》。一五一二年（永正九）、伊《い》勢《せ》宗瑞《そうずい》（北条早雲《ほうじょうそううん》）が玉縄《たまなわ》城築造の際に勧請したといわれる。以後、北条氏の崇敬を集めたが、一六一九年（元和五）に玉縄城が廃されたとき、現在地に移された。その際、鎌倉権五郎景政（正）を祀る関谷《せきや》の御霊社と合祀された。農業の神として崇敬される。

小動《こゆるぎ》神社（腰越）

昔、「こゆるぎの松」という、風もないのに揺れる美しい松の木があったことから、小動崎という名前のついた岬に建つ。文治年間（一一八五～一一九〇年）、江の島詣でに訪れた佐々木盛綱《もりつな》が、その松に魅せられ、父祖の領地近江国《おうみのくに》の八王子宮を勧請したのが始まりという。盛綱は、琴の音を奏でるように葉を揺らせる松を「天女遊戯の霊木」と称賛したという。盛綱は頼朝の挙兵に加わった武将で、伊予や越後の守護《じゅご》となる。

一三三三年（元弘三）、新田義貞は鎌倉攻めの際に戦勝祈願し、のちに社殿を再興した。明治の神仏分離で小動神社と改称し、一八七三年（明治六）、腰越《こしごえ》区の鎮守として村社に列格された。七月の天王祭は、江の島の八坂神社神輿との行合祭も行う大がかりなもの。

龍口《りゅうこう》明神社（腰越）

津《つ》の鎮守。祭神は五頭龍《ごずりゅう》大神玉依《たまより》姫命《ひめのみこと》。創建は古く、五五二年（欽明天皇十三）とされる。一九七八年（昭和五十三）に現在の位置に社地が移された。縁起によると、江の島弁財天の霊感に降伏した五頭龍を祀ったのが始まりという。こうした伝説から、江島神社とは夫婦神社とされている。六十年に一度行われる江島神社の還暦巳歳大祭には、故事にちなんで、祭神の五頭龍大神の御神体が江島神社に神奉され、弁財天像とともに特別開帳され間近に拝することができる。両神社を参拝すると弁財天と五頭龍の御利益により良縁を授かるといわれている。

龍口明神社

芸術文化

鎌倉と禅文化 144
文化財 146
文学 153
鎌倉と映画 161
美術 164
建造物 172
芸能 178
伝説 179

芸術・文化

鎌倉と禅文化

禅宗《ぜんしゅう》は、開祖達磨《だるま》によって六世紀前半に中国から伝えられた。栄西《ようさい(えいさい)》は、一一六八年（仁安三）、一一八七年（文治三）に宋《そう》に渡り、日本の臨済宗《りんざいしゅう》の祖となった。

その後南宋から来朝した臨済宗の僧、蘭渓道隆《らんけいどうりゅう》（大覚《だいがく》禅師）と無学祖元《むがくそげん》（仏《ぶっ》光《こう》国師）により建長寺《けんちょうじ》と円覚寺《えんがくじ》が建てられた。建長寺と円覚寺は、日本の臨済宗の中心として、禅と武士を結びつける大きな役割を果たしてきた。

禅宗は自力本願であり、坐禅によって自ら悟りを開くことを重んじる。常に戦場にあった武士は、人生の無常観と罪の意識に目覚めるにつれて、自らの生き方を問うため禅の教えを学び、実践した。

禅宗の修行者は雲水《うんすい》と呼ばれ、行雲《こううん》流水《りゅうすい》の略である。建長寺や円覚寺では、現在も雲水が托鉢《たくはつ》を行い、一般家庭を訪ねている。禅寺で作られる料理を精進《しょうじん》料理という。仏教の不殺生戒《ふせっしょうかい》の教えから魚や肉は使わず、ものの命を活かす教えから、旬の素材を無駄なく使い切るように工夫する。

鎌倉時代、北条氏は南宋にならい五《ご》山《ざん》制度（禅寺の格付け制度）を取り入れた。室町時代になると、足利義満《あしかがよしみつ》は、鎌倉五山を、建長寺、円覚寺、壽福寺《じゅふくじ》、浄智寺《じょうちじ》、浄妙寺《じょうみょうじ》の順で定め、禅宗の寺院で最も格式の高い寺とした。室町幕府の将軍も、禅宗寺院を保護したため、文学、建築、美術などにおいて、中国の宋・元の影響を受けた禅宗文化が栄えた。

五山の禅僧が生み出した五山文学をはじめ建築、彫刻、造園などにも影響を与えた。建築では、鎌倉に現存する禅宗様建築として円覚寺の舎利殿《しゃりでん》が代表的。絵画では、水墨画や、頂相《ちんぞう》（禅僧の肖像画・彫刻）が数多く作られた。

また鎌倉末期から室町時代にかけては、禅宗式の庭園も造られるようになった。夢窓疎石《むそうそせき》（国師）は、鎌倉の瑞泉寺《ずいせんじ》の開山となり、庭園を築いたといわれる。この庭園は、一九七〇年（昭和四十五）に復元され、甦っている。

瑞泉寺庭園

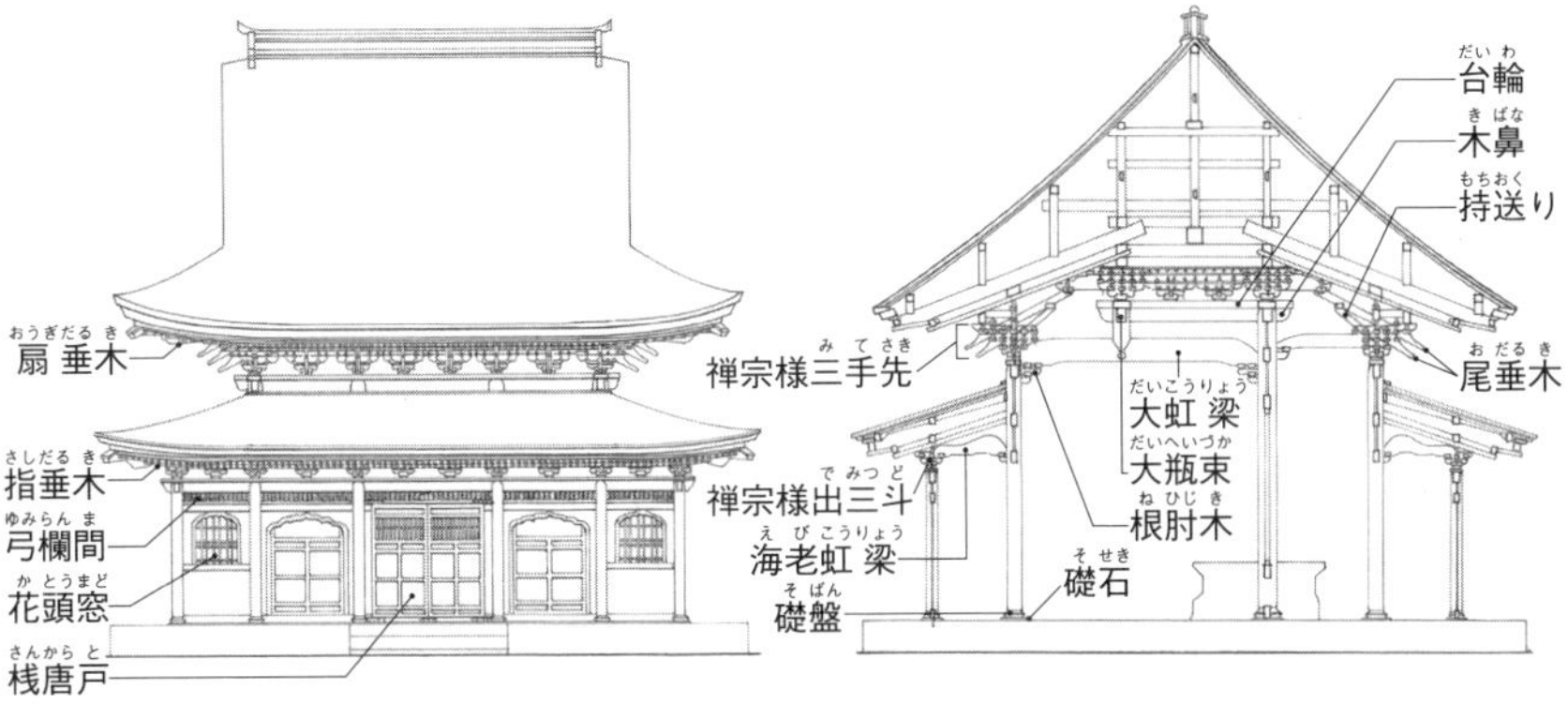

禅宗様建築（円覚寺舎利殿）の様式と各部名称

コラム

「禅から“Zen”へ」

禅（Zen）が西洋社会でも知られるようになったのは、二人の日本人がいたからといっても過言ではない。円覚寺二〇七世住持の釈宗《しゃくそう》演《えん》と仏教思想家鈴木大拙《だいせつ》の二人である。

宗演は一八九二年（明治二十五）シカゴで開かれた万国宗教会議で「仏教の要旨並びに因果法」と題して講演を行い、それが禅が西洋に知れ渡るきっかけになった。

また大拙は宗演の弟子にあたり、明治末に渡米、研究生活の後、英文で「大乗仏教概論」を執筆した。

宗演は一九〇四年（明治三十七）にふたたび渡米し、ニューヨーク、ボストンなど各地で禅の意義を説いている。大拙はその通訳として同行し、その活動はアメリカ思想界の注目を集めた。

その後、宗演は渡欧、イギリス、ドイツ、イタリア、中国などで禅を広めた。帰国後には明治・大正仏教界の重鎮として夏目漱石《そうせき》ら知識人も参禅する存在となり、一九一九年（大正八）に示寂《じじゃく》。大拙は宗演の後を継ぎ、仏教研究に取り組むとともに禅を世界に広めることに尽力した。

宗演（右）と大拙（『圓覚寺史』より）

芸術・文化

文化財

一般に「文化財」とは、文化財保護法（一九五〇年〈昭和二十五〉制定）によって指定された国宝・重要文化財・登録有形文化財、都道府県や市町村によって指定される重要文化財などの総称である。現在、鎌倉市には、国・神奈川県・鎌倉市の指定による文化財が、合計六百件（二〇一七年〈平成二十九〉六月現在）ある。

　鎌倉の文化財の特色は、源頼朝《みなもとのよりとも》の開府以来、数多くの社寺が建立されたことによる仏像・仏画をはじめとする宗教美術とそこに伝来した古書・古文書、多数の中世遺跡から出土した夥《おびただ》しい数の遺物だろう。また建造物については、幾多の災害や戦乱により中世にさかのぼるものは数少ないが、近世には江戸幕府により社寺に保護が加えられ、近代には富裕層が居住し観光地化したため、近世・近代の遺例には比較的恵まれている。

　このうち宗教美術に関する文化財については、建長寺《けんちょうじ》や円覚寺《えんがくじ》を中心とする鎌倉時代中期以降の禅宗関係の遺品が突出して現存している。禅宗美術は、大陸僧の渡来や日宋・日元貿易の影響により、当時の大陸美術に強く影響を受けた、いわゆる「宋風」美術としても、鎌倉に伝来する文化財を特色付けるものとなっている。たとえば建長寺所蔵の伽藍神《がらんしん》像（二〇一〇年〈平成二十二〉国重文）は、鎌倉の禅宗寺院に伝来した典型的な宋風受容を示す文化財である。

　一方、鎌倉の宗教美術では、源頼朝により整備された鶴岡八幡宮《つるがおかはちまんぐう》（寺）や勝長寿院《しょうちょうじゅいん》、永福寺《ようふくじ》という三大寺院関連の文化財にも見逃せないものがある。このうち近年注目された文化財では、整備が進む永福寺跡から出土した

伽藍神像（建長寺所蔵）

経塚遺物（二〇〇三年〈平成十五〉県重文）や荘厳具（二〇〇七年〈平成十九〉市文）などの数多くの出土品、現在は壽福寺《じゅふくじ》所蔵の元鶴岡八幡宮寺安置で北条政子《ほうじょうまさこ》発願とされる銅造薬師如《やくしにょ》来《らい》坐像（一九九三年〈平成五〉国重文）などが挙げられよう。

鎌倉開府にあたり整備された三大寺院のうち、勝長寿院では奈良仏師成朝《せいちょう》による造像が行われたが（『吾妻《あずま》鏡《かがみ》』）、永福寺も近年では奈良仏師運慶《うんけい》関与の可能性が指摘されている。残念ながら、奈良仏師＝慶派の手になることが確実な作品は、現在のところ鎌倉市中では確認されていない。しかし近年発見された横浜市金沢区の称名寺《しょうみょうじ》光明院《こうみょういん》の運慶作大威徳明王《だいいとくみょうおう》像（二〇〇八年〈平成二十〉国重文）は、源実《さね》朝《とも》の養育係大弐局《だいにのつぼね》による発願であり、かつて鎌倉将軍御所内に安置された可能性の高いものとして注目されている。また鎌倉周辺の横須賀市・浄楽寺《じょうらくじ》（和田義盛《わだよしもり》発願）や伊豆《いず》の国市・願成《がんじょう》就院《じゅいん》（北条時政《ときまさ》発願）にも運慶作品は残されている。鎌倉の文化財を考えるうえでは、このように旧所在のものや、周辺地区に残るものについても留意しなければならない。

国宝

■**建造物　一件**

円覚寺舎利殿《えんがくじしゃりでん》〔円覚寺〕

円覚寺開山の無学祖元《むがくそげん》（仏光《ぶっこう》国師）の塔所《たっしょ》である正続院《しょうぞくいん》の中心をなす建物。鎌倉尼五山《かまくらあまござん》の太平寺《たいへいじ》仏殿を十六世紀後半に移建したもの。建立時期は室町時代前期と考えられている。繊細で、洗練された中世禅宗様式仏殿の典型。

■**絵画　四件**

紙本著色　当麻曼荼羅縁起《たいままんだらえんぎ》　二巻〔光《こう》明寺《みょうじ》〕

奈良・当麻寺《たいまでら》所蔵の浄土変相図《じょうどへんそうず》の由

当麻曼荼羅縁起（光明寺所蔵）

来を描いた絵巻。上下二巻からなっている。そのストーリーは天平時代、「横佩《よこはぎ》の大臣《おとど》」の姫が、極楽浄土に旅立つことを祈って曼荼羅《まんだら》を織りあげ、その願いが叶うというもの。紙を縦につないだ画面には特徴があり、十三世紀半ばに描かれたらしい。鎌倉期に特有の動きの感じられる場面展開も特色の一つ。品格と宗教的な敬虔さのある貴重な絵巻。

絹本淡彩　蘭渓道隆像《らんけいどうりゅうぞう》　一幅〔建長寺《けんちょうじ》〕

　蘭渓道隆（大覚禅師《だいがくぜんじ》）は、日本初の禅宗寺院、建長寺を開いた。この頂相《ちんぞう》は、写実的かつ繊細な描写で人間をリアルに表すとともに自ら讃をした画像で、史料的価値も高い。

紙本淡彩　十便図《じゅうべんず》　池大雅《いけのたいが》筆〔川端康成《かわばたやすなり》記念会〕

紙本淡彩　十宜図《じゅうぎず》　与謝蕪村《よさぶそん》筆〔川端康成記念会〕以上、二帖

　十便図、十宜図は、池大雅と、与謝蕪村の合作による。二人は日本を代表する文人《ぶんじん》画家として知られる。中国の李漁《りぎょ》（明時代後期～清時代初期の文人）の「伊園《いえん》十便十二宜詩」を主題にしている。書と画が一体となって二人の文人の特質が味わえる。川端康成が愛した作品。

紙本墨画　凍雲篩雪図《とううんしせつず》　浦上《うらがみ》玉堂《ぎょくどう》筆　一幅〔川端康成記念会〕

　浦上玉堂の代表作。玉堂は江戸時代の文人画家。元々は備前池田《びぜんいけだ》藩の藩士だった。川端康成が所蔵した。

■彫刻　一件

銅造　阿弥陀如来坐像《あみだにょらいざぞう》（大仏）　一軀〔高徳院《こうとくいん》〕

　鎌倉のシンボルの一つ。鎌倉時代の造営時の姿を今に伝え貴重。彫刻としては、東日本に数少ない国宝仏。鋳造着手について、『吾妻鏡』には一二五二年（建長四）と記されている。

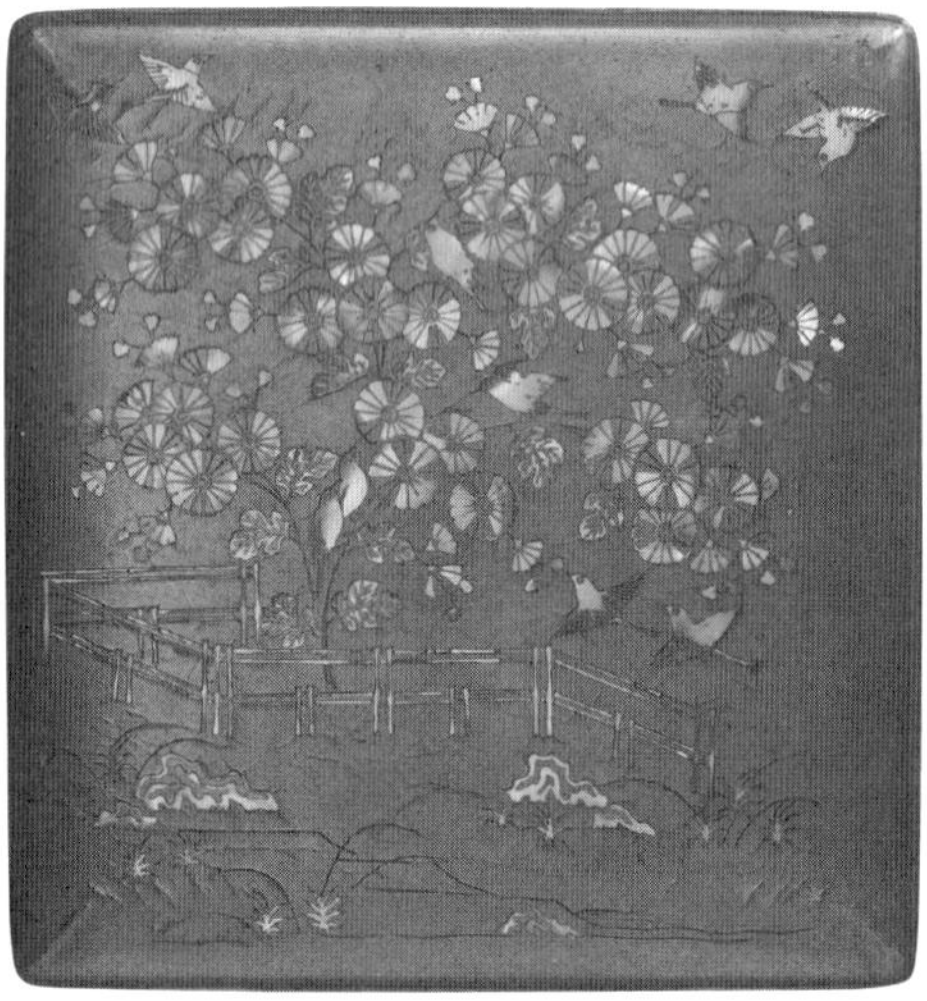

籬菊螺鈿蒔絵硯箱（鶴岡八幡宮所蔵）

■工芸　六件

籬菊螺鈿蒔絵硯箱《まがきにきくらでんまきえすずりばこ》〔鶴岡八幡宮〕

　源頼朝が鶴岡八幡宮に奉納したと伝えられる硯箱で鎌倉時代を代表する漆工品の一つ。後白河《ごしらかわ》法皇から下賜されたともいわれる。貝をはめこんだ螺鈿の文様は工芸美にあふれている。徳川《とくがわ》光圀《みつくに》の『鎌倉日記』によれば、光圀は一六七四年（延宝二）、鶴岡八幡宮参拝の折、この硯箱を閲覧している。

太刀《たち》　銘《めい》　正恒《まさつね》　附　糸巻太刀《いとまきたち》拵《こしらえ》〔鶴岡八幡宮〕

徳川幕府の八代将軍徳川吉宗《よしむね》が奉納したと伝えられる。正恒は、平安時代末期から鎌倉時代にかけて活躍した備中の刀工。

梵鐘《ぼんしょう》　建長寺鐘　一口〔建長寺〕

建長寺の鐘楼《しょうろう》にかかる高さ二メートルを超える大きな梵鐘。鎌倉時代を代表する梵鐘。銘文《めいぶん》により、大檀那《おおだんな》は鎌倉幕府五代執権北条時頼《ときより》、撰文は建長寺開山蘭渓道隆、鋳物師《いもじ》は物部重光《もののべのしげみつ》、一二五五年（建長七）の鋳造であることが分かる。平安時代後期にならった復古調のデザインが特徴。重さ二・七トン。

建長寺梵鐘

梵鐘　円覚寺鐘　一口〔円覚寺〕

円覚寺の鐘楼にかかる高さ二・五メートルの巨大な梵鐘。銘文から、大檀那は鎌倉幕府九代執権北条貞時《さだとき》、撰文は円覚寺第六世、建長寺第十一世の西澗子曇《せいかんしどん》、鋳物師は物部国光《もののべのくにみつ》、一三〇一年（正安三）の鋳造と分かる。

古神宝類《こしんぽうるい》　袿《うちぎ》　五領〔鶴岡八幡宮〕のうち〈白《しろ》小《こ》葵《あおい》地《じ》鳳凰《ほうおう》文《もん》二重《ふたえ》織《おり》〉

鎌倉時代の公家の服飾は簡略化が進む。白小葵地鳳凰文二重織は、小葵文様の地文と鳳凰の上文様の典型的な二重織物。華やかで躍動感に富み、神宝としての吉祥性を考慮してか、二重織物としては珍しい鳳凰が四色であしらわれている。

古神宝類〔鶴岡八幡宮〕
〈朱漆弓《しゅうるしゆみ》〉一張

神宝とは神に捧げられた宝のこと。元々は鏡や剣、玉だったが、のちに武具や装束も神宝に加えられた。『新編《しんぺん》相模国風土記稿《さがみのくにふどきこう》』によれば、朱漆弓と平胡籙《ひらやなぐい》は、源頼義《よりよし》の奉納。

〈黒漆矢《くろうるしや》〉三十隻

黒漆矢は三十隻あり、二腰の胡籙のそれぞれに十五隻ずつ盛ったと思われる。奉納用の神宝として作られたと考えられている。

〈沃懸地杏葉螺鈿平胡籙《いかけじきょうようらでんひらやなぐい》〉二腰

胡籙は、矢を盛る武具。鶴岡八幡宮には二腰伝えられている。この平胡籙

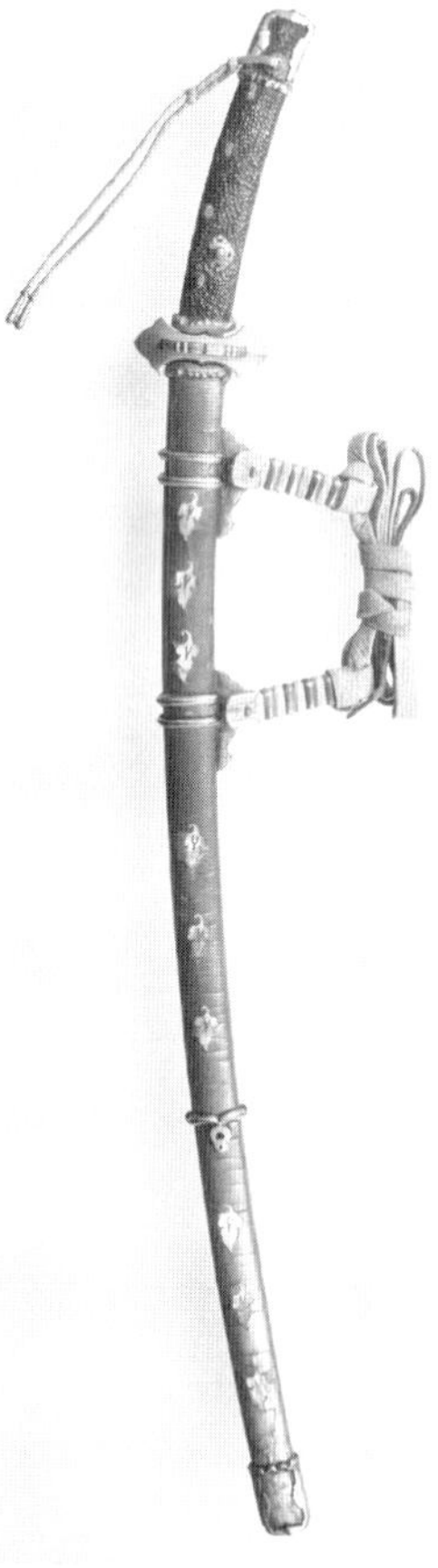
沃懸地杏葉螺鈿太刀（鶴岡八幡宮所蔵）

は儀式用。

＜沃懸地杏葉螺鈿太刀＞二口

高官が用いた儀式用太刀。金物類は金銅製で文様はなく、鞘には螺鈿で杏葉文があしらわれている。

■書跡　三件

大覚禅師墨蹟　法語規則《ほうごきそく》　二幅〔建長寺〕

建長寺の開山蘭渓道隆（大覚禅師）の代表的な墨蹟。法語は、衆僧が修行するうえでの心構えを記したもの。規則は、僧堂での取り決め、罰則をしたためたもの。大覚禅師は、張即子《ちょうそくし》の書風を学んだといわれる。即子は中国南宋時代の書家。

清拙正澄《せいせつしょうちょう》墨蹟　遺偈《ゆいげ》　一幅　〔(財)常盤山《ときわやま》文庫〕

清拙正澄は、中国・元の時代の臨済《りんざい》宗《しゅう》の禅僧。一三二六年（嘉暦元）五十三歳で来日。北条高時《たかとき》が鎌倉に迎えた。建長寺、浄智寺《じょうちじ》、円覚寺に歴任、のち京都の建仁寺《けんにんじ》、南禅寺《なんぜんじ》に住した。亡くなる直前に筆を執った七言の遺偈で、暦応二・延元四年（一三三九）正月十七日の日付がある。

馮子振《ふうししん》墨蹟　画跋　一幅　〔(財)常盤山文庫〕

馮子振は、中国・元時代の文人。伝存する遺墨のなかでも、ことに優れた書風。卓越した墨蹟。

その他のおもな指定文化財

国指定有形文化財

建造物

鶴岡八幡宮大鳥居（一の鳥居）
英勝寺山門

絵画

絹本著色五百羅漢像〔円覚寺〕
絹本著色虚空蔵《こくうぞう》菩薩像〔円覚寺〕
絹本著色釈迦三尊像〔建長寺〕
絹本墨画観音像〔建長寺〕
絹本著色仏涅槃《ねはん》図〔円覚寺〕

彫刻

木造地蔵菩薩坐像〔浄智寺〕
木造上杉重房《うえすぎしげふさ》坐像〔明月院〕
木造釈迦如来立像〔極楽寺〕
木造阿弥陀如来及両脇侍立像〔光触寺〕
木造弁才天坐像〔鶴岡八幡宮〕

工芸品

銅造十一面観音懸仏《かけぼとけ》〔長谷寺《はせでら》〕

銅造十一面観音懸仏（長谷寺所蔵）

黒漆須弥壇《こくしつしゅみだん》〔建長寺〕
青磁袴腰《はかまごし》香炉〔円覚寺〕

書跡

紙本墨書鶴岡社務記録〔鶴岡八幡宮〕
喫茶養生記《きっさようじょうき》　上下〔壽福寺〕
定額寺官符《じょうがくじかんぷ》〔円覚寺〕

古文書

浄光明寺敷地絵図〔浄光明寺〕

国指定史跡

法華堂《ほっけどう》跡（源頼朝墓・北条義時《よしとき》墓）
日野俊基《ひのとしもと》墓
稲村ケ崎《いなむらがさき》（新田義貞《にったよしさだ》徒渉伝説地）

国指定名勝

建長寺庭園（国指定史跡）
円覚寺庭園（国指定史跡）
瑞泉寺《ずいせんじ》庭園

県指定有形文化財

覚園寺《かくおんじ》本堂
絹本著色五百羅漢図《ごひゃくらかんず》〔円覚寺〕
木造彩色水月観音坐像〔東慶寺《とうけいじ》〕

県指定有形民俗文化財（資料）

神輿《みこし》〔鶴岡八幡宮〕

県指定無形民俗文化財（資料）

御霊《ごりょう》神社（坂ノ下）の面掛《めんかけ》行列

鎌倉市指定文化財件数一覧表

2017年（平成29）6月現在

種別	有形文化財									無形文化財	民俗文化財（資料）		記念物			合計
	建造物	絵画	彫刻	工芸	書跡	典籍	古文書	考古資料	歴史資料		有形	無形	史跡	名勝	天然記念物	
国宝	1	4	1	6	3											15
国指定	21	29	38	22	43		8	4	2				31	3		201
県指定	9	9	24	15	2			2			2	1	2			66
市指定	33	51	86	28	19	5	11	16	3	2	23		9		32	318
合計	64	93	149	71	67	5	19	22	5	2	25	1	42	3	32	600

コラム 「近年注目の『鎌倉十三仏詣』」

近年、鎌倉にある十三の霊場を二日間で巡る、十三仏詣が観光コースとして注目されている。そもそも「十三仏詣」とは、亡き人の追善供養、また自身の死後、地獄の審判からの救済のため、十三の仏を巡ることをいう。

もともと中国で唐の時代に流行した「十王思想」がもとになり、死後初七日から三回忌までに審判を受ける十王のもとを巡ることで、亡き人の追善供養とし、また自身の死後の審判を、生きているうちに済ませようとする民間信仰がもとになっているとされる。

その「十王思想」を日本独自に発展させ、七回忌、十三回忌、三十三回忌に審判を受ける三王（三仏）を加えたものが十三仏詣として南北朝時代に定着したといわれる。

近年の人気の背景には、十三仏詣実行委員会が組織され、副住職らのガイドつきで、十三仏を巡ることができるイベントが開催されるなど、より深く鎌倉を堪能できることがあるようだ。

モデルコースとして推奨されているのは次の通り。

一日目
①明王院（不動明王）――②報国寺（観世音菩薩）――③浄妙寺（釈迦如来）――④覚園寺（阿閦《あしゅく》如来）――⑤来迎寺（西御門・阿弥陀如来）――⑥本覚寺（文殊菩薩）
二日目
⑦浄智寺（弥勒菩薩）――⑧圓應寺（地蔵菩薩）――⑨浄光明寺（勢至菩薩）――⑩海蔵寺（薬師如来）――⑪壽福寺（普賢菩薩）――⑫極楽寺（大日如来）――⑬成就院（虚空蔵菩薩）

10番目の霊場海蔵寺の本尊薬師如来像（胎内の像を拝観できるのは61年に一度とされている）

芸術・文化

文学

鎌倉は多彩な魅力を持つ古都だ。南は海に開かれ、気候は温暖。古刹《こさつ》・名《めい》刹《さつ》と、一時代を築いた武家文化、仏教美術の数々。起伏に富んだ地形が見せる、四季を彩る豊かな自然。深閑とした谷戸《やと》の趣と、対をなす市街や海辺のにぎわい――鎌倉は古来数多《あまた》の文学者を魅了し、また、数え切れないほどの文学作品に登場してきた。

江戸時代まで

鎌倉と文学の関わりは古い。奈良時代の『万葉《まんよう》集』にすでに鎌倉ゆかりの歌四首が収められている。平安時代の『今昔《こんじゃく》物語集』説話に、源平の合戦・武勇譚を伝える巻の存在が確認されている。

一一九二年（建久三）、源頼朝《みなもとのよりとも》が鎌倉に政権の基盤を置き征夷大将軍《せいいたいしょうぐん》に任命されると、政治経済のみならず、文化の中心も鎌倉に移り、多くの文学作品が編まれた。三代将軍源実朝《さねとも》の家集『金槐《きんかい》和歌集』に始まり、鎌倉の見聞記である『海道記《かいどうき》』、京都から鎌倉への道中・滞在記である『東関《とうかん》紀行』などのほか、鎌倉が登場する軍記として、源義経《よしつね》の腰越状《こしごえじょう》の話を収めた『平家物語』、源氏について詳述している『源平盛衰記《げんぺいせいすいき》』、北条氏の滅亡を描いた『太平記《たいへいき》』、源義経の物語『義経記《ぎけいき》』のほか、鎌倉武士の説話を集めた『古今《ここん》著聞集《ちょもんじゅう》』もある。

後深草院二条《ごふかくさいんのにじょう》の自伝『とはずがたり』、吉田兼好《よしだけんこう》の随筆『徒然草《つれづれぐさ》』、歴史物語『増鏡《ますかがみ》』や連歌師谷宗牧《たにそうぼく》の『東国紀行』などにも鎌倉についての記述が残されている。鎌倉で書かれたともいわれる日記として名高いのが、『十六《いざ》夜《よい》日記』。作者は鎌倉時代中期の女流歌人阿仏尼《あぶつに》。息子冷泉為相《れいぜいためすけ》の領地相続争いを幕府に訴えるため、一二七九年（弘安二）、鎌倉に下向し、現在の江ノ電極楽寺《ごくらくじ》駅のほど近く、月影ヶ谷《つきかげがやつ》に滞在したといわれている。『十六夜日記』は、その紀行・滞在記である。

月影ヶ谷にある阿仏尼旧居碑

鎌倉時代末期、鎌倉では現在の北鎌倉を中心に幾つもの禅宗寺院が創建され、なかでも鎌倉五山《ござん》と定められた大寺院を中心に、五山文化が花開いた。その中心が、「五山文学」である。五山文学は、五山派に属する禅僧たちによってしたためられた漢詩文で、禅の法語をはじめとして、偈《げ》（仏の教え、仏の功徳を称える詩）、讃《さん》（人やものごとの美徳を称える漢文）のほか、詩文や日記など分野は多岐にわたった。また、幕府の外交文書を起草する必要性からも五山文学の担い手たる禅僧はなくてはならない存在となった。五山文学の代表的な詩文集としては、義堂周信《ぎどうしゅうしん》の『空華集《くうげしゅう》』、絶海中津《ぜっかいちゅうしん》の『蕉堅藁《しょうけんこう》』、天岸慧広《てんがんえこう》の『東帰集《とうきしゅう》』などがある。

江戸時代には、林羅山《らざん》の紀行文『丙《へい》辰《しん》紀行』、徳川光圀《みつくに》が鎌倉などをめぐった日記『鎌倉日記』のほか、井原西鶴《いはらさいかく》の浮世草子『武家義理物語《ぶけぎりものがたり》』や曲亭馬《きょくていば》琴《きん》の読本『南総里見八犬伝《なんそうさとみはっけんでん》』、二世河《かわ》竹黙阿弥《たけもくあみ》が著した歌舞伎『青砥稿花《あおとぞうしはなの》紅彩画《にしきえ》』などの作品の舞台として鎌倉が登場する程度である。

明治時代

一八八八年（明治二十一）には、正《まさ》岡子規《おかしき》が船で浦賀へ行き、金沢を経由して朝夷奈から鎌倉に入っている。

翌一八八九年（明治二十二）、横須賀《よこすか》線が開通した。これにより、風光明媚《ふうこうめいび》で気候の温暖な鎌倉は、避暑、避寒、保養に適した別荘地として栄え、文学者や芸術家たちが次々と訪れる地となった。

夏目漱石《そうせき》は一八九四年（明治二十七）、北鎌倉・円覚寺《えんがくじ》塔頭《たっちゅう》の一つ帰源《きげん》院《いん》に止宿した。高等師範学校で英語教師をしていた漱石は神経を病み、友人の菅虎雄《すがとらお》にすすめられて円覚寺の老師・釈《しゃく》（洪嶽《こうがく》）宗演《そうえん》のもとで参禅した。結局、悟りを得られずに寺を辞すが、このときの体験は、一九一〇年（明治四十三）に「東京朝日新聞」「大阪朝日新聞」に連載された小説『門』や『夢十夜』に生かされた。境内には漱石の句、「佛性は白き桔梗にこそあらめ」が刻まれた石碑が残されている。漱石はその後、材木座や、友人が所有していた長谷《はせ》の別荘などに滞在し、『こころ』などの作品に鎌倉を登場させている。

夏目漱石が止宿した円覚寺塔頭帰源院

鎌倉に住み、雑誌「文學界」を一八

九三年（明治二十六）に創刊した星野天知《てんち》のもとを訪れた島崎藤村《しまざきとうそん》は、そのときの情景を『桜の実の熟する時』に、またその後、帰源院への出入りを繰り返した様子を、一九〇八年（明治四十一）に「東京朝日新聞」に連載した『春』に書いている。天知は同年、笹目ヶ谷《ささめがやつ》に山荘を建て、「文學界」同人の戸川秋骨《しゅうこつ》、上田敏《びん》、平田禿木《とくぼく》、馬場孤蝶《こちょう》らのほか、国木田独歩《くにきだどっぽ》や相馬黒光《そうまこっこう》、柳《やなぎ》田国男《たくにお》などを招いた。

泉鏡花《いずみきょうか》は一八九一年（明治二十四）、材木座の日蓮宗妙長寺《みょうちょうじ》に仮寓し、その寺での生活を一八九八年（明治三十一）に発表した『みだれ橋』（のち『星あかり』に改題）に書いている。

一九〇二年（明治三十五）には、横須賀線に次いで江ノ島電鉄が開通する。両線が少しずつ路線を延ばし本数も増えると、文学者たちの鎌倉への往来も増えていく。志賀直哉《なおや》、武者小《むしゃのこう》路実篤《じさねあつ》、園池公致《そのいけきんゆき》、木下利玄《きのしたりげん》、長与善《ながよよし》郎《ろう》、そして、有島武郎《たけお》、有島生馬《いくま》、里《さと》見弴《みとん》の三兄弟など、いわゆる白樺派の顔ぶれをはじめとして、与謝野寛《よさのひろし》（鉄幹）、高村光太郎ら新詩社の若き詩人たち、新詩社からのちに「スバル」で活躍した平出修《ひらいでしゅう》、吉井勇《よしいいさむ》、長田幹彦《ながたみきひこ》もこのころ、鎌倉に足跡を残している。

また、与謝野寛は一九〇〇年（明治三十三）に「明星」を発行し、浪漫主義詩歌を牽引する。のちに寛の妻となる晶子《あきこ》には有名な大仏の歌をはじめ鎌倉を詠んだ歌が多い。このほか、高山樗《ちょ》牛《ぎゅう》、高浜虚子《たかはまきょし》なども明治時代に活躍した鎌倉を彩る文士である。

高徳院境内にある与謝野晶子歌碑

大正時代

大正期、鎌倉との深い関わりを残した作家の筆頭に、芥川龍之介《あくたがわりゅうのすけ》がいる。芥川は、一九一六年（大正五）に第四次「新思潮」を久米正雄《くめまさお》、松岡譲《ゆずる》、菊池寛《かん》らと創刊し、この年の十二月一日から横須賀の海軍機関学校へ教官として赴任した。それにともない、由比ヶ浜《ゆいがはま》の海浜ホテル近くに下宿し、第一小説集『羅生門《らしょうもん》』を出版したほか、鎌倉在住の日夏耿之介《ひなつこうのすけ》や広津和郎《ひろつかずお》と親交した。その後、一時、横須賀に移るが、一九一八年（大正七）、かねて婚約していた塚本文と結婚して鎌倉・大町辻（現在の材木座一丁目）に新居を構えた。芥川は翌一九一九年（大正八）、海軍機関学校を辞め、東京・田端に移るまでを鎌倉で過ごした。芥川はこの間、『地獄変』『蜘蛛《くも》の糸』『奉教人《ほうきょうにん》の死』など、初期の代表作とされる小説を次々に執筆した。一九二三年（大正十二）八月、避暑のために鎌倉駅前にあった旅館「平野屋」に逗留した芥川は、岡本一平・かの子夫妻と出会う。かの子は、このとき会った芥川を主人公に『鶴は病みき』を書いた。

　有島武郎が、雑誌「白樺」に連載していた『或る女のグリンプス』（のちに『或る女』と改題）の後篇を、円覚寺塔頭松嶺院《しょうれいいん》で書き始めたのは一九一九年（大正八）である。また、『鞍馬《くらま》天狗《てんぐ》』で知られる大佛《おさらぎ》次郎が長谷の大仏裏に移り住んだのは一九二一年（大正十）。ペンネームの〝大佛〟はそこから付いた。鎌倉女学校（現鎌倉女学院）で教鞭もとった。

　坂ノ下《さかのした》で療養生活を送っていた詩人日夏耿之介は、一九一六年（大正五）、長谷の旅館「海月楼」で萩原朔太郎《はぎわらさくたろう》と会う。二人は意気投合し、頻繁に行き来をしたという。朔太郎は鎌倉で第一詩集『月に吠える』の編集をほとんど行い、一九一七年（大正六）に刊行、耿之介も同年、『転身の頌《しょう》』を出版した。朔太郎は一九二五年（大正十四）、妻の療養で再び鎌倉を訪れ、材木座に住んでいる。

　創作に専念しようと、葛西善蔵《かさいぜんぞう》が建《けん》長寺《ちょうじ》の宝珠院《ほうしゅいん》に移転してきたのは、一九一九年（大正八）。妻子と離れていた葛西は、食事を届けに来ていた半《はん》僧坊大権現《そうぼうだいごんげん》下の茶屋「招寿軒《しょうじゅけん》」の娘ハナの献身的な世話を受けた。その日々を綴ったのが短篇『暗い部屋にて』『おせい』などである。

　鎌倉文壇の重鎮の一人、久米正雄が鎌倉に居を移したのは一九二五年（大正十四）四月だが、一九二三年（大正十二）九月の大正関東地震時にも鎌倉にいて、同年十月には「中央公論」に『鎌倉震災記』を発表した。

　長与善郎が鎌倉を訪れたのは一九一九年（大正八）。園池公致の世話で大町（現在は材木座）に一家で移り住んでいる。このとき、近所には園池のほか、木下利玄が住んでいた。善郎の父、専斎《せんさい》は医者で、一八八四年（明治十七）に海水浴場として鎌倉の海を開き、日本の衛生行政を確立したことで知られる。長与家は一八八七年（明治二十）ごろから一八九四年（明治二十七）まで由比ヶ浜に別荘を所有していた。一

葛西善蔵が滞在した建長寺塔頭宝珠院

家は善郎の姉の水死という不幸を機に鎌倉を離れた。一九二二年（大正十一）には「白樺」同人の千家元麿《せんげもとまろ》が、翌一九二三年（大正十二）にはやはり同人の倉田百三《くらたひゃくぞう》が鎌倉に移り住み、善郎は彼らとも親交を持った。

林不忘《ふぼう》・谷譲次《じょうじ》・牧逸馬《いつま》という三つの筆名を持ち活躍した長谷川海太郎《かいたろう》は、一九二六年（大正十五）、材木座で新婚生活を始めた。その後、笹目町《ささめまち》、小袋坂《こぶくろざか》（現在の雪ノ下《ゆきのした》二丁目）などを転々としながら、『丹下左膳《たんげさぜん》』『新巌窟王《しんがんくつおう》』などの作品を発表したが、一九三五年（昭和十）、三十五歳で急逝した。

震災後の復興間もない鎌倉をにぎわせた文学者は多彩であった。『銭形平次捕物控《ぜにがたへいじとりものひかえ》』の野村胡堂《のむらこどう》、『釈尊伝』の生田長江《いくたちょうこう》、『海燕《うみつばめ》』『人妻椿』で人気を博した小島政二郎《こじままさじろう》、一九三三年（昭和八）創刊の「文學界」同人である川《かわ》端康成《ばたやすなり》、武田麟太郎《りんたろう》、広津和郎、林房《ふさ》雄《お》、小林秀雄、深田久弥《きゅうや》、大岡昇《しょう》平《へい》、島木健作《けんさく》、中村光夫、中山義秀《ぎしゅう》ら。

また、詩雑誌「四季」は、鎌倉で没した中原中也《ちゅうや》や辻野久憲《つじのひさのり》を追悼《ついとう》したほか、津村信夫《つむらのぶお》、一時期、小町《こまち》で療養した堀辰雄《ほりたつお》など鎌倉ゆかりの詩人たちの活躍の場であった。

俳人高浜虚子《たかはまきょし》と「ホトトギス」の俳人たち、歌人太田水穂《おおたみずほ》と妻四賀光子《しがみつこ》、鎌倉短歌会などを催した歌人吉野秀雄《よしのひでお》ら終生鎌倉を愛した文人たちが、鎌倉に移り住んだ。

昭和〜平成時代

昭和に入ると新天地を求めて多くの作家たちが移住してきた。彼らは、垣根を越えて親交を育み、鎌倉を起点とした文壇の形成、文学運動の広がりに力を尽くした。

昭和に入り、鎌倉文士たちの中心となるのが、一九三六年（昭和十一）、久米正雄の呼びかけによって結成された「鎌倉ペンクラブ」だ。メンバーには、川端康成、林房雄、深田久弥、里見弴、小林秀雄、大佛次郎、大岡昇平、太田水穂、神西清《じんざいきよし》、高浜虚子、横山隆一、中里恒子《なかざとつねこ》、野田高梧《のだこうご》、今日出海《こんひでみ》、小杉天外《てんがい》、小牧近江《こまきおうみ》、三好達治《みよしたつじ》、島木健作ら鎌倉在住の文学者などが名を連

里見弴邸での新年会。左より真船豊、大佛次郎、里見弴、久保田万太郎、川端康成、中山義秀（日本近代文学館所蔵）

鎌倉カーニバルで神主姿に扮した久米正雄

ね、大いに親睦を深める場となった。会員数は、一九三八年（昭和十三）の名簿で四十二名、一九四七年（昭和二十二）には七十三名に増えている。鎌倉在住の小説家、詩人、評論家ら多彩な文化人たちは「鎌倉組」「鎌倉文士」と呼ばれるようになる。

　鎌倉文士の中で、その牽引役を担ったのは、前述の久米正雄だ。久米は多彩なアイデアの持ち主で、一九三四年（昭和九）に始まった「鎌倉カーニバル」、一九三六年（昭和十一）に誕生した「鎌倉ペンクラブ」の牽引役となる。太平洋戦争中に開店した貸本屋「鎌倉文庫」を、戦後に出版社「鎌倉文庫」として創設することにも中心となって取り組んだ。また、一九三二年（昭和七）には町会議員選挙に出馬し、トップ当選も果たしている。

　里見弴も鎌倉文士のリーダー役の一人だった。震災翌年の一九二四年（大正十三）から鎌倉に腰を据え、一九八三年（昭和五十八）に九十四歳で天寿をまっとうするまで、鎌倉のみならず日本文壇の長老として君臨した。里見は人を寄せることを好み、鎌倉文士の友好的な雰囲気は里見の人柄に負うところが大きい。

　大佛次郎は、一九二九年（昭和四）、雪ノ下に新居を建て、終生そこに住んだ。現在の草野球の草分けともいえる野球チーム「鎌倉老童軍」、鎌倉の夏の風物詩「鎌倉カーニバル」の発案者でもある。大佛は市民運動にも積極的に加わり、一九六六年（昭和四十一）の「古都における歴史的風土の保存に関する特別措置法（古都《こと》保存法《ほぞんほう》）」成立にも大きな役割を果たした。

　一九四三年（昭和十八）に大森から山ノ内《やまのうち》に移ってきた高見順《たかみじゅん》は、一九六五年（昭和四十）、食道癌で没するまで鎌倉で執筆した。この間、『仮面』『神聖受胎』『胸より胸に』『いやな感じ』はじめ多くの作品を生んだ。『様々なる意匠』でデビューした評論家の小林秀雄も、一九三一年（昭和六）、由比ガ浜転入後、扇ガ谷《おうぎがやつ》、雪ノ下と移り住み、終生を鎌倉で送った。

　ノーベル文学賞作家川端康成が鎌倉に転居したのは一九三五年（昭和十）、林房雄、小林秀雄に誘われてのことである。一九四六年（昭和二十一）には長谷に居を定め、一九七二年（昭和四十七）に仕事場であった逗子《ずし》マリーナで自ら命を絶つまでここに住んだ。

　一九九〇年（平成二）に他界した永井龍男《たつお》は、鎌倉に半世紀以上も住んだ。初めて二階堂《にかいどう》に家を借りたのが結婚間もない一九三四年（昭和九）。のち、雪ノ下など転居を重ね、その間、『一個』『冬の日』『青梅雨』など情感こまやかな短篇を著し、「短篇の神様」と称された。

清水崑・画「かし本や　鎌倉文庫繁昌図」（鎌倉文学館所蔵）

　そのほか、女性を主人公とした歴史小説『女人平家』『徳川の夫人たち』などを書いた吉屋信子《よしやのぶこ》、一九三八年（昭和十三）に『厚物咲《あつものざき》』で芥川賞を受賞した中山義秀、プロレタリア文学の新人として登場し、代表作『青年』を書いた林房雄、『天皇の帽子』で直木賞を受賞した今日出海、『二葉亭四迷伝』などすぐれた評論を残した中村光夫など、日本の文壇においても綺羅星のごとき面々が鎌倉文士として活躍した。

　鎌倉の文学の歴史を語るときに、忘れてはならないのが「鎌倉文庫」。太平洋戦争さなかの一九四五年（昭和二十）五月に、鎌倉文士たちが蔵書を持ち寄って開いた貸本屋である。日増しに敗色が濃厚となるなか、多くの文士たちの生活は困窮していた。そこで、自身の蔵書を貸して糊口をしのごうと考えたのである。貸本屋をすることで、人々に娯楽と教養を分け与えられるという意図もあった。発案メンバーは久米正雄、川端康成、高見順ら。貸本屋の運営は鎌倉文士と、その家族で切り盛りされたが、終戦を迎えて間もなく「鎌倉文庫」は東京へ進出、出版社へ衣替えをする。

　一九四六年（昭和二十一）、新しい時代の教育を目指して材木座の古刹光《こう》明寺《みょうじ》に開設された「鎌倉アカデミア」（鎌倉大学校）には、高見順や吉野秀雄ら鎌倉在住の作家、文化人が教授陣に名を連ねた。

　一九五〇年（昭和二十五）に大町へ転居してきた立原正秋《たちはらまさあき》は、市内を転々としたのち、終《つい》の棲家《すみか》となる梶原山に居を据える。この間、『白い罌粟《けし》』で一九六六年（昭和四十一）に直木賞を受賞、『薪能《たきぎのう》』『残りの雪』など鎌倉を舞台にした抒情豊かな作品を数多く著し、一九八〇年（昭和五十五）に没した。

　一九八三年（昭和五十八）初めには、

鎌倉アカデミアの教授陣（鎌倉市中央図書館所蔵）

小林秀雄と里見弴が、翌年には今日出海が鬼籍に入り、「鎌倉文士」たちは次々と世を去った。

一九八五年（昭和六十）には鎌倉文学館がオープンし、初代館長に永井龍男が就任。そして二〇〇一年（平成十三）には新しい時代の鎌倉ペンクラブが誕生し、三木卓《たく》が初代会長になった。

この間鎌倉に足跡を残した文学者としては、『邪宗門《じゃしゅうもん》』を書いた高橋和《かず》巳《み》、幻想的な作風で知られ、フランス文学、とくにマルキ・ド・サドの翻訳や評論など多彩な活躍をした澁澤龍彦《しぶさわたつひこ》のほか、児童文学者・北畠八穂《きたばたけやほ》、探偵小説で名高い久生十蘭《ひさおじゅうらん》、小説のほか劇作家、俳人としても活躍した久保田万太郎《まんたろう》、村松梢風《しょうふう》、宮内寒弥《かんや》、胡桃沢耕史《くるみざわこうし》、戦後の鎌倉詩歌、俳句を担った池田克己《かつみ》、岩田宏、伊藤海彦、田村隆一、尾崎喜八、高橋元吉、山崎榮治らの詩人、歌人・山崎方代《ほうだい》、俳人・石塚友二、荻原井泉水《せいせんすい》、評論家の江藤淳ら枚挙にいとまがない。また近年では、二〇一〇年（平成二十二）に亡くなった劇作家・作家の井上ひさしが挙げられる。

鎌倉は、いまも多くの文学者たちに愛される町である。鎌倉市の名誉市民永井路子をはじめ、芥川賞、直木賞作家の三木卓、岡松和夫、安西篤子、山本道子のほか、若手では柳美里《ゆうみり》、保坂和志、高橋源一郎、藤沢周《しゅう》などが一時期、あるいは現在も市内に在住している。ほかにも、尾崎左永子、なだいなだ、星野椿《ほしのつばき》（祖父は高浜虚子、母は星野立《たつ》子《こ》）、角野《かどの》栄子、詩人の城戸朱理《きどしゅり》などが、鎌倉を拠点に、多くの作品を書き続けている。

鎌倉文学館

芸術・文化

鎌倉と映画——多カルチャーへ

鎌倉の映画黎明期

鎌倉と映画との関係は、大船に松竹大船撮影所が移転してきたことが最も大きな画期といえるが、それ以前にもその先駆的活動が見られる。

「鎌倉海濱ホテル」における、日本ではじめてのアメリカ・パラマウント映画試写会の開催や、由比ヶ浜《ゆいがはま》海岸で谷崎潤一郎原作の「アマチュア倶楽部」（大正活映・一九二〇年）が撮影されたり、常楽寺《じょうらくじ》で久米正雄《くめまさお》が自作の戯曲「地蔵教由来」（一九二六年）を撮影したという資料も残っている。

そして一九三六年（昭和十一）一月、松竹撮影所が蒲田から大船に移転してくる。トーキー（有声）映画への転換期であり、大船の自然が豊かで静かな環境が白羽の矢が立った理由といわれる。

初代の撮影所所長城戸四郎《きどしろう》は「松竹大船調」といわれる独特のスタイルを確立し、黄金期を築いた。明るい現代劇を中心に、鎌倉を舞台にした作品も多く誕生した。この時代の代表作は「愛染かつら」（一九三八年）、「君の名は」（三部作・一九五三〜五四年）などである。

もうひとつ、鎌倉と映画についての大きな出来事は、光明寺《こうみょうじ》境内に一九四六年（昭和二十一）開校された各種学校、鎌倉アカデミア（鎌倉大学校）の誕生である。「ツィゴイネルワイゼン」（一九八〇年）は同校の映画科で学んだ鈴木清順監督によるもので、新しい映画表現の萌芽として注目された（鎌倉アカデミアは資金的な問題でわずか四年半で閉校）。

蒲田から大船へ移転当時の松竹大船撮影所

鎌倉ゆかりの映画人

松竹大船撮影所の黄金時代を城戸四郎とともに築いた人物として、小津安二郎監督が挙げられる。一九五二年（昭和二十七）から亡くなるまでの約十年間、北鎌倉に住んだ。「晩春」（一九四九年）、「麦秋《ばくしゅう》」（一九五一年）、「東京物語」（一九五三年）、「秋刀魚の味」（一九六二年）

がその代表作で、里見弴《さとみとん》、川端康成《かわばたやすなり》、大佛《おさらぎ》次郎らいわゆる鎌倉文士との交流も映画制作に多大な影響を与えたという。小津は国際的な評価を受け、現代の映画監督にも大きな影響を与えている。一九八五年（昭和六十）には小津監督を敬愛するドイツの映画監督ヴィム・ヴェンダースによるドキュメンタリー映画「東京画（Tokyo-Ga）」が制作された。小津の墓は円覚寺にあり墓碑には「無」と刻まれている。

原作者里見弴邸にて「秋日和」完成パーティ。左より原節子、里見弴、岡田茉莉子、小津安二郎、司葉子、佐田啓二

　松竹映画で活躍した俳優として、鎌倉山に住んだ田中絹代《たなかきぬよ》（代表作「マダムと女房」一九三一年）、佐田啓二《さだけいじ》（「秋日和」一九六〇年）、原節子《はらせつこ》（「東京物語」一九五三年）、そして大船に住み数々の小津映画に出演した笠智衆《りゅうちしゅう》（「一人息子」一九三六年）を挙げることができる。笠の墓は大船に近い鎌倉市小袋谷の成福《じょうふく》寺《じ》にある。

　ほかにも映画事業家として外国の映画を輸入する「東和《とうわ》商事」を設立し、後に鎌倉に在住した川喜多長政《かわきたながまさ》・かしこ夫妻の存在を忘れることはできない。「天井桟敷《てんじょうさじき》の人々」「第三の男」「禁じられた遊び」など当代の名作を日本に紹介したことでも知られる。

撮影場所と大船撮影所の閉鎖

　映画の撮影場所は数えきれないが、大町釈迦堂口遺跡《おおまちしゃかどうぐちいせき》（「ツィゴイネルワイゼン」）、大船観音（「太陽の季節」一九五六年）、北鎌倉駅（「晩春」）、旧華頂宮邸（「それから」一九八五年）、報国寺（「山の音」一九五四年）、極楽寺（「海街diary」二〇一五年）、さらに日本バレエ発祥の地として知られるエリアナ・パブロバ・バレエ学校の跡地（「誘惑」一九四八年）などが挙げられる。

　また鎌倉駅周辺には全盛期には五つの映画館があった。鎌倉市民座、鎌倉名画座、テアトル鎌倉、鎌倉シネマ、鎌倉劇場である。そして大船には大船オデヲン座があったが、現在は市内の映画館はいずれも閉鎖している。

　一九九五年（平成七）には、松竹の創立百周年記念事業として「鎌倉シネマワールド」が撮影所の敷地内に建てられた。「男はつらいよ」のセットやアトラクションなどが楽しめたが、入場者が伸びず三年で閉じられた。

　そして松竹大船撮影所も一つの役割を終え二〇〇〇年（平成十二）六月に多くの映画関係者に惜しまれながら、閉鎖される。現在その地は鎌倉女子大学のキャンパスとなっている。

　大船撮影所最後の作品は「十五才―学校Ⅳ」だった。その六十五年間の歴史で千四百九十五本の映画が制作された。

　なお川喜多夫妻が住んだ雪ノ下《ゆきのした》の邸宅は「鎌倉市川喜多映画記念館」（二〇一〇年開館）として映画文化を支えた鎌倉の貴重な歴史を今に伝える役割を担っている。

映画から漫画・ドラマへ

　松竹大船撮影所の閉鎖の後も、鎌倉は映画の舞台となり続けている。「青の炎」（監督脚本・蜷川《にながわ》幸雄、主演・二宮和也《かずなり》／二〇〇三年）、「駆込み女と駆出し男」（原案・井上ひさし・監督脚本・原田眞人、主演・大泉洋／二〇一五年）、「海街diary」（監督脚本・是枝裕和《これえだひろかず》、主演・綾瀬はるかほか／二〇一五年）、「四月は君の嘘」（監督・新城毅彦《しんじょうたけひこ》、主演・広瀬すず、山崎賢人／二〇一六年）、「シン・ゴジラ」（総監督脚本・庵野秀明《あんのひであき》、主演・長谷川博己／二〇一六年）、「武曲MUKOKU」（原作・藤沢周、監督・熊《くま》切和嘉《きりかずよし》、主演・綾野剛ほか／二〇一七年）、「きみの声をとどけたい」（監督・伊藤尚《なお》往《ゆき》／主演・片平美那〈声優〉／二〇一七年）、「DESTINY――鎌倉ものがたり」（監督・山崎貴、原作・西岸《さいがん》良平、主演・堺雅人、高畑充希／二〇一七年）などが鎌倉を舞台として撮影・制作されている。

　また湘南の高校バスケットボール部を舞台とした漫画『SLAM DUNK《スラムダンク》』や卓球漫画『ピンポン』は海外でも人気を集め、作品中に登場する江ノ島電鉄の「鎌倉高校前駅」は〝聖地〟としてアジアを中心とした海外からの観光客の一大観光スポットになっている。

　さらにテレビドラマの舞台として「俺たちの朝」シリーズ（初回一九七六年、主演・勝野洋ほか）、NHK大河ドラマ「草燃える」（原作・永井路子、主演・石坂浩二／一九七九年）、近年では「最後から二番目の恋」（主演・小泉今日子ほか／初回二〇一二年）、「ツバキ文具店～鎌倉代書屋物語～」（主演・多部未華子／初回二〇一七年））などが鎌倉で撮影され、人気を集めている。

江ノ島電鉄「鎌倉高校駅前」付近の踏切

芸術・文化

美術

鎌倉時代〜南北朝時代

源　頼朝《みなもとのよりとも》の開府以降、鎌倉の寺社建立は盛んになり、多くの工人たちが京都や奈良から招かれ活躍をした。鎌倉時代初期の鎌倉には移入された京文化の香りが漂っていた。しかし、次第に鎌倉は中央の文化を吸収し、独立した東国の文化圏を形成していく。十三世紀半ばを迎えた鎌倉では、五代執権北条時頼《ほうじょうときより》が宋《そう》から蘭渓道隆《らんけいどうりゅう》（大覚《だいがく》禅師）を招いて建長寺《けんちょうじ》を開いたことを契機に、あらたに禅宗《ぜんしゅう》文化が流入し、加えて日宋交易によって一大中国ブームがおこった。こうしたなかで宋風と呼ばれる鎌倉独特の美術様式が生み出されていった。

彫刻

開府後、大寺院の建立や有力御家人による造寺にともない、仏像の制作も盛んとなった。こうした造仏に応えたのが奈良仏師成朝《せいちょう》と、それを引き継いだ仏師運慶《うんけい》の流れをくむ一派と考えられている。運慶は天平彫刻や平安初期彫刻を学び、そのうえで生み出した独自の力強い新様式を実践し、東国の武士たちにおおいに支持された。鎌倉文化圏の十三世紀前半の彫刻は、慶派仏師の影響を強く受けたとみられる。

十三世紀半ばになると鎌倉の彫刻界に変化が生まれる。禅宗の移入や日宋交易による中国文化の影響である。宋風を帯びた仏像では、像種、形姿、服制などに大きな変化がもたらされた。たとえば鎌倉大仏で知られる高徳院《こうとくいん》の「銅造阿弥陀如来《あみだにょらい》坐像」（国宝）は運慶様の力強く堅実な造形ながら、やや背を丸めた形姿や低い肉髻《にくけい》などに従来の仏像にはなかった特徴が指摘されている。これは宋風による変化であり、運慶様に宋風を加味して、京都や奈良に

初江王坐像（圓應寺所蔵、鎌倉国宝館寄託）

はない鎌倉独自の地方様式をあみ出したと解釈できる。

宋風は鎌倉中期、建長年間（一二四九～一二五六年）ごろより十四世紀にかけて鎌倉および関東地方の仏像の主流になる。高く結い上げた宝髻《ほうけい》、複雑な衣文線、やや人間くさい面相など鎌倉の仏像によくみられる特徴はみな宋風によるものである。こうした鎌倉地方様式の代表作としては圓應寺《えんのうじ》「木造初江王《しょこうおう》坐像」（一二五一年〔建長三〕・国重文）や浄光明寺《じょうこうみょうじ》の「阿弥陀三尊坐像（木造阿弥陀如来及両脇侍坐像）」（一二九九年〔正安元〕・国重文）などが挙げられる。なお、この時期には禅僧の肖像である「頂相《ちんぞう》彫刻」が登場し、写実を追求した新しいジャンルが生まれた。円覚寺《えんがくじ》「木造仏光《ぶっこう》国師坐像」（国重文）はその初期の傑作で、さらに建長寺塔頭《たっちゅう》正統院《しょうとういん》「高峰顕日《こうほうけんにち》坐像」（国重文）や瑞泉寺《ずいせんじ》「木造夢窓《むそう》国師坐像」（国重文）などがある。

また、鎌倉の仏像の装飾技法として「土紋《どもん》」が注目される。これは仏像の装身具の文様を、漆などを混ぜた粘土を成型し立体的に表現する技法で、鎌倉地方に特有の技法であるといわれている。西御門《にしみかど》の来迎寺《らいこうじ》「如意輪《にょいりん》観音菩薩像」や浄光明寺の「阿弥陀三尊坐像（木造阿弥陀如来及両脇侍坐像）」、東慶寺の「聖観音菩薩立像」などにその技法が見られる。

絵画

絵画の場合も開府後、寺社の建立などにともなって多数制作されるようになったとみられる。今はない勝長寿院の本堂壁画は京都から招かれた藤原（宅間）為久が描いたといい、彫刻同様、鎌倉前期の絵画は中央作に頼るものであったとみられる。鎌倉の絵画界が特色を帯びるのは、やはり鎌倉中期以降からである。

仏画の代表的なものとしては建長寺・円覚寺に遺る釈迦像や羅漢像《らかんぞう》などがある。頂相では建長寺の開山、「蘭渓道隆像」（国宝）がその代表であり、一二七一年（文永八）の自賛を付す傑

蘭渓道隆像（建長寺所蔵）

作である。南宋画の影響を受けた墨線を主調とした淡彩画で、水墨画とつながるものともいわれる。その水墨画は禅宗文化と結びつき発展した傾向が強く、画僧や寺院の絵仏師が担い手となった。初期水墨画家の愚渓右恵《ぐけいゆうえ》は鎌倉に在住し、室町時代に活躍した賢《けん》江祥啓《こうしょうけい》や仲安真康《ちゅうあんしんこう》は建長寺の住僧であった。日本の水墨画のルーツは鎌倉にあるともいわれる。

宋風画以外の中世絵画として鎌倉には仏教絵巻に優れたものがみられる。光明寺《こうみょうじ》の「紙本著色当麻曼荼羅《たいままんだら》縁起」（国宝）や「紙本著色浄土五祖絵伝」（国重文）、光触寺《こうそくじ》の「紙本淡彩頬焼《ほほやけ》阿弥陀縁起」（国重文）などがそれである。

工芸品

工芸品には漆工、金工、陶磁器などさまざまなものがあるが、鎌倉では開府後の文化の成長とともにその制作が展開した。鶴岡八幡宮《つるがおかはちまんぐう》の「籬菊螺《まがきにきくら》鈿蒔絵硯箱《でんまきえすずりばこ》」（国宝）や「沃懸地杏《いかけじきょう》葉螺鈿太刀《ようらでんたち》」（国宝）などの漆工品は頼朝ゆかりと伝える鎌倉初期の華麗な作品である。鎌倉独特の漆芸品である鎌倉彫は、宋から鎌倉にもたらされた彫漆品（堆朱《ついしゅ》、堆黒《ついこく》など）を参考にして制作されたと考えられる。円覚寺の「屈輪文彫木朱漆大香合《ぐりもんちょうぼくしゅうるしだいこうごう》」（県重文）などが早い作例とみられる。また、建長寺の創建当初の遺品とみられる「黒《こく》漆須弥壇《しっしゅみだん》」（国重文）は唐様《からよう》工芸の典型作で、その装飾に彫られた獅子牡丹文の浮き彫りもまた、鎌倉彫の祖形と考えられている。

紙本淡彩頬焼阿弥陀縁起（光触寺所蔵）

金工品では、建長寺や円覚寺の梵《ぼん》鐘《しょう》（国宝）をはじめとする梵音具、極《ごく》楽寺《らくじ》の「金銅密教法具」（国重文）、覚《かく》園寺《おんじ》開山塔納置品「銅五輪塔」（国重文）、極楽寺忍性《にんしょう》塔納置品「銅骨蔵器」（国重文）などが代表である。

陶磁器は輸入と国産があるが、鎌倉では中国から輸入された青磁や白磁が大流行した。禅宗寺院のものでは円覚寺の「青磁袴腰《はかまごし》香炉」（国重文）や建長寺の「青磁浮牡丹文花瓶」などが名高い。青磁の破片は現在でも材木座の和賀江嶋《わかえのしま（わがえじま）》周辺で見つかったり、市内の各所から出土したりすることから、日宋貿易により大量に輸入された様子がうかがえる。和陶磁は瀬戸や常滑《とこなめ》などが主流で日用品として鎌倉に大量に流入したが、一方、中国陶磁の器形を模倣した高級品も作られた。覚園寺の開山塔納置品の「黄釉草葉文壺《おうゆうそうようもんつぼ》」（国重文）は古瀬戸の一級品で注文品といわれている。

室町時代

室町時代には政治・文化の中心は京都に移ったが、鎌倉は依然、関東の重要拠点であり、また室町幕府の将軍や鎌倉公方《くぼう》が禅宗を保護したので、鎌倉の禅宗を中心とする文化は前代同様に成熟した。美術ではことに絵画において、頂相と水墨画が発展し、優れた作品が多く制作された。頂相の優作には建長寺の「紙本墨画喜江《きこう》禅師像」（国重文）がある。水墨画では建長寺の仲安真康や賢江祥啓、円覚寺の如水宗淵《じょすいそうえん》らが画壇を形成し、広く活躍した。建長寺の「紙本墨画観音像」（国重文）は祥啓筆と伝える。

また、彫刻は衰退期に入ったが、宋風作品が引き続き制作されている。壽《じゅ》福寺《ふくじ》の「宝冠釈迦如来坐像」（県重文）はそうした大作である。なお、頂相彫刻も制作されているが、作風は前代に比べ形骸化している。

江戸時代

江戸時代に入った鎌倉は、政治の中心地としての地位を失って、一地方の「寒村」となった。しかし、中世の法灯を保つ神社・仏閣や遺跡・史跡が豊

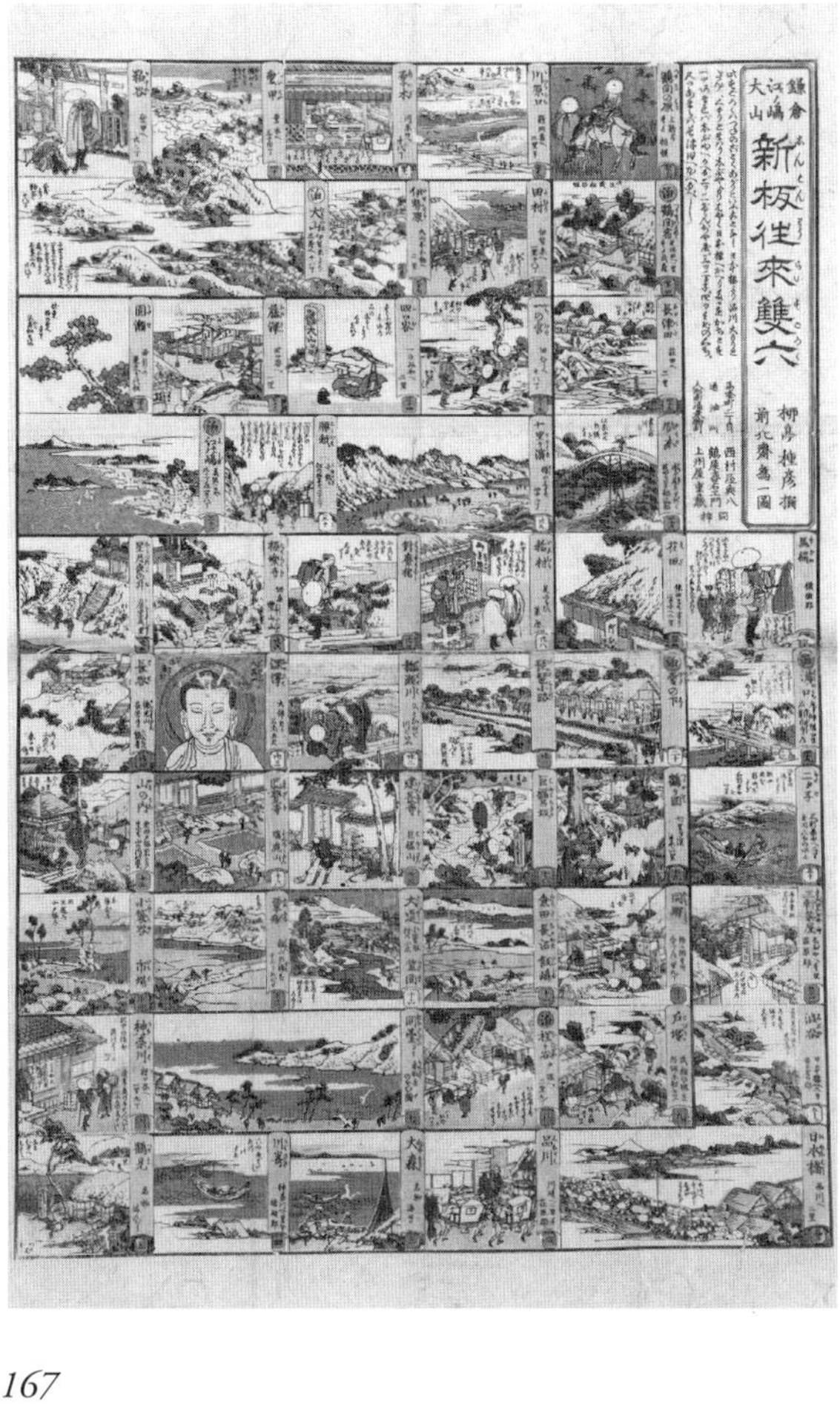

前北斎為一（葛飾北斎）が描いた鎌倉絵図「鎌倉・江ノ嶋・大山新板往来双六」（神奈川県立歴史博物館所蔵）

富に伝えられていたため、林道春《はやしどうしゅん》（林羅山）や沢庵宗彭《たくあんそうほう》などの来訪に見るように、江戸時代初期から好んで文人墨客《ぶんじんぼっかく》の訪れる地と化していた。

一六八五年（貞享二）、徳川光圀《とくがわみつくに》は『新編鎌倉志《しんぺんかまくらし》』を編纂《へんさん》して鎌倉の地誌を公刊したが、このころから次第に鎌倉を訪れる参詣客や見物客が増加し、鎌倉絵図と称する墨刷りの簡単な案内図や案内誌も地元住民によって版行された。

江戸時代の後期になると、歌川広重《うたがわひろしげ》、葛飾北斎《かつしかほくさい》、歌川国貞《くにさだ》（三代歌川豊国《とよくに》）、立祥《りっしょう》（二代歌川広重）などの浮世絵師が、七里ヶ浜《しちりがはま》からの富士山や江の島の遠望、朝夷奈切通《あさいなきりどおし》、新田義貞《にったよしさだ》の稲村ヶ崎《いなむらがさき》の故事などを描き、浮世絵として多数版行された。

また、中世の伝統技術を継承するという鎌倉仏師の後藤家・三橋家《みつはし》をはじめ、建長寺大工の河内家《かわち》などは、鎌倉やその周辺で多くの仏像や寺社建築の修理・修復に携わった。鎌倉仏師の造像技術は、明治期になって新しい鎌倉彫の復興に生かされていった。

明治時代以降

明治以降の鎌倉では、寺社を訪ねる多くの人々、また、別荘として利用した人たちのなかに美術と深い関係を持った作家が大勢いる。日本近代の洋画のさきがけとなった高橋由一《ゆいち》は、基本的には独学者であった。その初期作品にしばしば登場するのは、江の島であり、富士山の見える相模湾《さがみ》の風景である。

近代洋画の基礎を作ったフランス帰りの黒田清輝《くろだせいき》と鎌倉との縁もまた密接で、明治後期から晩年まで頻繁に鎌倉を訪ねている。海岸を散歩したり、宋時代の陶磁器片を集めたり、また骨董屋をひやかしたりしている様子が『黒田清輝日記』に書かれている。

黒田の後、日本の洋画壇のやはり一角を担った有島生馬《いくま》が、稲村ヶ崎にコロニアル・スタイルの洋風建築のアトリエを構え、二科会創設や「白樺」同人として活躍している。

さらに洋画の世界では、「麗子像」で有名な岸田劉生《きしだりゅうせい》の最後の住まいは長谷《はせ》であった。一九一七年（大正六）から震災で京都へ移るまで、鵠沼《くげぬま》（藤沢）に住んだ関係で鎌倉へは足繁く通っている様子が『劉生日記』に記されている。ほかには田辺至《いたる》、鳥海青児《ちょうかいせいじ》などが鎌倉在住の洋画家として知られている。毛色の変わったところでは、「独創傑出の画家」と詩人草野心平《くさのしんぺい》に形容された朝井閑右衛門《かんえもん》、日本画では、風俗画を得意とした鏑木清方《かぶらききよかた》がいる。

北鎌倉の方面には、歴史画の名手でもあった前田青邨《せいそん》、浄智寺《じょうちじ》の境内には閨秀《けいしゅう》画家の小倉遊亀《ゆき》がいた。また、美人画の伊東深水《しんすい》、歴史画の守屋多々志《もりやただし》は鎌倉に縁の深い画家であった。二階堂《にかいどう》には二〇〇九年（平成二十一）に亡くなった国民的な日本画家平山郁夫が住んでいた。ほかには建長寺法堂《はっとう》の雲龍図、東大寺の本坊襖絵ほか異色の作風で知られ、十二所《じゅうにそ》に住み二〇一二年（平成二十四）に亡くなった小泉淳作がいる。

彫刻では、フランス近代彫刻の影響を受けた高田博厚《たかたひろあつ》、版画の世界では、国際的な評価を得て、その独特の作風と特異な個性で知られた棟方志功《むなかたしこう》がいる。鎌倉山に「棟方板画美術館」があった。

広く市民に愛慕の念をかもしたという点では、「フクちゃん」で知られる横山隆一《よこやまりゅういち》や清水崑《こん》、那須良輔などの漫画家も忘れられない。独特の趣味人として各方面にその才能を発揮した北《きた》大路魯山人《おおじろさんじん》も、また鎌倉に縁を有した一人である。

趣味人といえば、川端康成《かわばたやすなり》、小林秀雄など文学者も美術についても大変造詣が深かった。バーナード・リーチが明治期に来日し、陶芸の道に入る以前に銅版画の指導をした際、その生徒の一人として参画したのが里見弴《とん》である。初代文化庁長官となった今日出海《こんひでみ》など、いずれも美術への関心を持った文学者であった。

鎌倉と美術とを最も強く結びつける象徴的な場の一つになったのは、「鎌倉近代美術館」の名称で知られることになる神奈川県立近代美術館の開設である。実質的な館長として戦後日本の美術界を先導した美術評論家の土方定《ひじかたてい》一《いち》らによって大規模な展覧会が企画され実現された。やがて日本各地に新しく開設される公立美術館のモデルとなり、その活動は国内外に知られるところとなった。だが、開設時の建物は老朽化のため、役割を終え閉館された。

一九九三年（平成五）には大船《おおふな》に鎌倉芸術館が開設され、市民と密接な形の美術展が催されている。市民と密接であるという点では、古い歴史を有する「鎌倉彫」の再評価も忘れるわけにはいかない。「鎌倉彫」が今日のように広く普及する活動を担った一人に後藤俊太郎がいる。ほかにも広く市民の共感を得ている美術家として、洋画家の大津英敏、日本画家の平松礼二らが住み、それぞれ独自の個性を開花させ活動している。

鎌倉芸術館

鎌倉の美術館・博物館

鎌倉には神奈川県立近代美術館鎌倉別館のほか、多くの個人美術館がある。二〇一七年(平成二十九)には初の本格的な博物館施設として鎌倉歴史文化交流館が誕生した。美術館・博物館めぐりは鎌倉散策の楽しみの一つである。

神奈川《かながわ》県立《けんりつ》近代《きんだい》美術館《びじゅつかん》
葉山館（三浦郡葉山町一色《いっしき》）・
鎌倉別館（雪ノ下《ゆきのした》）

一九五一年（昭和二十六）に開設された日本で最初の公立近代美術館である。鶴岡八幡宮の平家池のほとりに建てられた美術館の設計は、二十世紀を代表する建築家ル・コルビュジエの弟子、坂倉準三によるもの。

一九八四年（昭和五十九）に、鎌倉館から建長寺へ向かう小袋《こぶくろ》坂の登り口に「鎌倉別館」が開館。二〇〇三年(平成十五）には三浦半島の葉山町に新館「葉山館」が完成する。

しかし、二〇一六年（平成二十八）に、開館当初の建物「鎌倉館」は老朽化のため惜しまれながら閉館した。現在、本館機能は「葉山館」に移され、県立近代美術館は「鎌倉別館」との二館体制となっている。

日本近代の絵画、とくに油絵を中心にした総数約一万三千点にのぼるコレクションは、公立美術館の中でも有数である。

鎌倉市《かまくらし》鏑木《かぶらき》清方《きよかた》記念《きねん》美術館《びじゅつかん》（雪ノ下）

一九九八年（平成十）、近代日本画の巨匠、鏑木清方の終焉の地であり、旧居跡である鎌倉市雪ノ下に開館した。小町《こまち》通りから路地に入った住宅地の中にある。

一九四六年（昭和二十一）に材木座に移り住んだ清方は、一九五四年（昭和二十九）に雪ノ下に画室を設け、一九七二年（昭和四十七）、九十三歳で亡くなるまでをここで過ごした。一九九四年（平成六）に遺族から作品と資料、土地・建物が鎌倉市に寄贈された。

清方は挿絵画家として出発。のちに肉筆画に転じ、清らかで優美な女性の姿や庶民の生活、樋口《ひぐち》一葉《いちよう》や泉《いずみ》鏡花《きょうか》の作品をおもな題材として数多くの作品を残した。

鎌倉《かまくら》国宝館《こくほうかん》（雪ノ下）

鶴岡八幡宮の境内に建つ歴史・美術博物館。一九七四年（昭和四十九）に、財団法人氏家浮世絵コレクションを館内に設立し、肉筆浮世絵百数十点のコレクションも保管・展示している。

寄託されている国宝には、たとえば「蘭渓道隆像」（建長寺、絵画）、「古神宝類」（鶴岡八幡宮、工芸）などがある。保存点数は、絵画・彫刻・工芸・書跡・古文書・考古資料など約九百件、四千五百点にのぼっている。

鎌倉国宝館

鎌倉彫会館《かまくらぼりかいかん》（小町《こまち》）

鎌倉の代表的な伝統工芸である鎌倉彫の普及の場として開設され、鎌倉彫教室やギャラリーとして親しまれている。二〇〇五年（平成十七）に小町大路にあった鎌倉彫資料館が同館内に移転した。また二〇一六年（平成二十八）の改装で、鎌倉彫資料館がよりモダンな展示空間に生まれ変わった。室町時代から現代までの作品展示や鎌倉彫の歴史、制作過程が分かる映像放映のほか、体験学習などが行われている。一階に新設されたカフェスペースで本物の鎌倉彫の器で喫茶、食事が楽しめる。

葉祥明美術館《ようしょうめいびじゅつかん》（山ノ内《やまのうち》）

イタリア・ボローニャ国際児童図書展グラフィック賞受賞作家である葉祥明の初期の作品から水彩画・油彩画・デッサンなどの原画を展示している。葉自身がイメージした設計をもとに建てられている。

鎌倉歴史文化交流館（扇ガ谷《おうぎがやつ》）

子どもから大人までが、鎌倉の歴史的遺産・文化的遺産を学び、体験し、交流できる場として、二〇一七年（平成二十九）五月に開館した。著名な建築家ノーマン・フォスターが代表を務める事務所が設計した建築を活用しながら、鎌倉の歴史・文化を通史的に紹介し、あわせて鎌倉で発掘された出土品などを公開している。

鎌倉歴史文化交流館

長谷寺　観音ミュージアム（長谷《はせ》）

二〇一五年（平成二十七）に長谷寺境内の宝物館を改修してオープンした。長谷寺に伝わる「三十三応現身像《おうげんしんぞう》」（市文）や、「長谷寺縁起絵巻」など、貴重な文化財を近代的な展示スペースで観覧できる。

芸術・文化

建造物

鎌倉の古建築で国宝に指定されているのは、円覚寺《えんがくじ》舎利殿《しゃりでん》だけである。鎌倉は地震、津波、台風などの天災に加えて戦乱や火災も多かったため、円覚寺舎利殿のほかに中世の木造建築物で残っているのは、荏柄《えがら》天神社本殿（国重文）、覚園寺《かくおんじ》薬師堂（県重文）と鶴《つるが》岡八幡宮《おかはちまんぐう》末社の丸山稲荷社本殿（国重文）などである。建長寺《けんちょうじ》の三門（国重文）や円覚寺の山門（県重文）は禅《ぜん》宗《しゅう》寺院の印象的な木造建築であるが、これらと建長寺の仏殿や法堂《はっとう》、光明《こうみょう》寺《じ》本堂、鶴岡八幡宮社殿（すべて国重文）などは、みな江戸時代の建造物である。

ただし、建長寺の総門から三門、仏殿、法堂、方丈《ほうじょう》と続く、建築と庭園は、以後の禅宗建築様式の源となっている。

また、瑞泉寺《ずいせんじ》や明月院《めいげついん》ほか国指定の史跡となっている寺社境内や塔頭《たっちゅう》には、建築物と相まって鎌倉の地形を生かした庭園的環境が多様に見られる。

国指定の名勝となっている庭園は、国指定史跡でもある建長寺、円覚寺、瑞泉寺の三つの庭園。建長寺の庭園は、総門から仏殿に至る軸線の両側の前庭区と、方丈に付属する内庭区からなっている。円覚寺の前庭区は、横須賀《よこすか》線により境内と分断された白鷺池《びゃくろち》を含み、国指定名勝になっている。方丈の傍らの妙香池《みょうこうち》は、創建当時のものとされ、自然の岩盤を穿《うが》ち、凝灰岩《ぎょうかいがん》の間から滲み出てくる水を湛えている。夢窓《むそう》疎石《そせき》（国師《こくし》）によって開かれた瑞泉寺には、谷《たに》を開いた奥に、岩盤を掘って造られた独特な禅宗庭園がある。夢窓疎石はほかに京都・西芳寺《さいほうじ》（苔寺《こけでら》）や天龍寺でも作庭したとされる。

歴史的建造物

円覚寺舎利殿（山ノ内《やまのうち》）

国宝。一二八五年（弘安八）の創建で、現在の舎利殿は、一五六三年（永禄六）に焼失したあと、廃寺となっていた西御門《にしみかど》にあった鎌倉尼五山《あまござん》の一つ太平寺《たいへいじ》の仏殿を移築したものといわれている。様式などから室町時代前期の建築と考えられ、中世の禅宗様建築物の代表とされる。

鎌倉国宝館《こくほうかん》本館（雪ノ下《ゆきのした》）

国登録有形文化財。大正関東地震を教訓に文化財を災害から守ろうと、一九二八年（昭和三）に建設された。一九八三年（昭和五十八）に新館（収蔵庫）が竣工、一九九一年（平成三）には本館（展示場）が改修された。鉄筋コンクリート造りによる高床式校倉《たかゆかしきあぜくら》風建築。奈良・正倉院《しょうそういん》に模した外観と、鎌倉時代の寺院建築の手法を生かした内部からなる。

鶴岡八幡宮大鳥居〈一の鳥居〉（由比ガ浜《ゆいがはま》）

国指定重要文化財。鶴岡八幡宮から海に向かって直進する若宮大路《わかみやおおじ》の下馬《げば》と海岸の間に建つ石造明神鳥居。一一八〇年（治承四）に建てられたといい（位置は不明）、現在のものは江戸幕府四代将軍の徳川家綱《とくがわいえつな》の寄進によって一六六八年（寛文八）に造られた。高さは約八・五メートル。

一の鳥居

景観重要建築物等

鎌倉市は、鎌倉の保養別荘地時代の風情をしのばせる洋風や和洋折衷の建築物、和風商家などを、「景観重要建築物等」と指定し、保存活用を支援・保護する制度を設け、古都鎌倉の独特の町並みを保存している。

若宮大路周辺の建物は、市民の協力により高さ十五メートル以下に抑えられている。ただ、観光客の集中する鎌倉のメインストリートでもあるため費用対効果を考え、四階程度のビルが増えてきているが、鎌倉にふさわしいデザイン・景観に対する見識が問われることになった。

鎌倉文学館（長谷《はせ》）

国登録有形文化財。一九三六年（昭和十一）に旧加賀藩前田家十六代当主前田利為《としなり》により建築された、鎌倉の別荘建築を代表する建物である。ノーベル平和賞を受賞した元内閣総理大臣佐藤栄作が別荘として利用し、三島由紀夫の小説『春の雪』の一舞台ともなった。一九八三年（昭和五十八）に前田家より鎌倉市に寄贈され、一九八五年（昭和六十）から鎌倉文学館として公開されている。相模《さがみ》湾を見渡す谷戸《やと》の中腹にある立地を生かした、明るく眺望の良い庭がある。

寸松堂《すんしょうどう》（由比ガ浜）

国登録有形文化財。一九三六年（昭和十一）に、鎌倉彫の彫師・佐藤宗岳《そうがく》の店舗併用住宅として建築された。外観は寺院建築と城郭建築が合体したような建物で、一階の店舗部分のガラス戸やショーウィンドーに近代洋風建築の技術が生かされている。建築当初から地域のランドマークとなっている。

日本基督《キリスト》教団鎌倉教会会堂（由比ガ浜）

一九二六年（大正十五）に、ハリス記念鎌倉メソジスト教会の会堂として建築された。尖塔形《せんとう》のアーチ窓を持つ鐘塔など初期のゴシック的スタイルを感じさせる。戦前のプロテスタント教会会堂の代表的な建物。

日本基督教団鎌倉教会付属ハリス記念鎌倉幼稚園

日本基督教団鎌倉教会付属ハリス記念鎌倉幼稚園（由比ガ浜）

一九一〇年（明治四十三）の創立で、市内でも歴史の古い幼稚園。大正関東地震で園舎が倒壊し、一九二五年（大正十四）に建て直された。「梅鉢型園舎」といわれる珍しい建築で、中央に遊戯室があり、それを取り囲むように舞台と教室が配されている。

かいひん荘　鎌倉（由比ガ浜）

国登録有形文化財。富士製紙社長の村田一郎の邸宅として一九二四年（大正十三）に建築された木造二階建の建物。二部屋ある洋館部分が、あたかも独立した洋館のように見える。ベイ・ウィンドーと呼ばれる出窓が多く、急勾配の切妻《きりづま》屋根、円弧形の出窓の上の丸屋根などが特徴的。現在は旅館として活用されている。

鎌倉聖ミカエル教会聖堂（小町《こまち》）

一九三三年（昭和八）に建てられ、増改築されているが、聖堂部分は創建のころの姿のまま。外観は、両開きの窓のある素朴なたたずまいだが、内部には、見事な技巧の天井や家具、照明器具などが当時のままに残されている。

鎌倉市長谷子ども会館〈旧諸戸邸〉（長谷）

国登録有形文化財。一九〇八年（明治四十一）に、株仲買人の福島浪蔵《なみぞう》の邸宅として建てられ、のちに三重県出身の富豪、諸戸清六の別邸となった。

鎌倉市長谷子ども会館

バルコニーの柱にはギリシャ建築の様式を取り入れ、メダリオン（円形模様）飾りが付けられている。内部も階段の親柱や手すり、天井の中心飾りやコーニスの漆喰《しっくい》装飾、各室で文様を変えたフローリングなど、明治期ならではの華麗な造形が特徴的。一九八〇年（昭和五十五）に鎌倉市に寄贈された。

白日堂《はくじつどう》（長谷）

一九四〇年（昭和十五）に、鎌倉彫の工房兼住宅として建てられた。外観は、寺院建築と城郭建築のスタイルを合わせ持っている、鉄平石《てっぺいせき》張りの腰壁を持ったショーウィンドーをそなえた近代的な要素とあいまって、独特の雰囲気を醸し出している。戦前の鎌倉彫の工房兼住宅を代表する、貴重な建物。

旧安保《あんぼ》小児科医院（御成《おなり》町）

一九二四年（大正十三）ごろに、医師の安保隆彦により建てられた木造二階建の建物。一九九五年（平成七）まで実際に医院として使われていた。三方に設けられた切妻屋根とハーフティンバースタイルの妻壁《つまかべ》で、多くの人に親しまれてきた。内部にはウサギやツルをかたどった天井飾りや照明器具、医療器具など開院当時の物が残されている。

旧安保小児科医院

旅館対僊閣《たいせんかく》（長谷）

明治末期創業の旅館で、現在の建物は一九二七年（昭和二）ごろに建てられた。長谷寺の参道に面しており、奥行きの深い敷地に、三棟の二階建て切妻屋根の建物が東西に並べて建てられ、一階の廊下でつながれている。主棟の二階部分には社寺建築などに見られる高欄《こうらん》が設けられ、窓の上部の欄《らん》間《ま》窓《まど》などが独特の風格を醸し出している。

のり真安齊商店（長谷）

安齊商店は、一九一三年（大正二）創業の農水産物（乾物）の問屋卸商店で、現在の建物は一九二四年（大正十三）に建てられた。石造りの基礎や土間、揚戸《あげと》など、近世の商家の面影をとどめている。店舗の奥には、一九三八年（昭和十三）に建てられた倉庫兼住宅もあり、当時の商家の生活を知るうえでも、貴重な建物だ。

三河屋《みかわや》本店（雪ノ下）

国登録有形文化財。若宮大路に面し、一九〇三年（明治三十六）の創業。現在の建物は一九二七年（昭和二）の建築。間口五間、奥行き八間で、奥行きを前後に二分して並行に二つの棟を並べ、前方を切妻、後方を寄棟《よせむね》とした、やや珍しい屋根のかけ方をしている。伝統的な出桁《だしげた》造りの店構えで、敷地の奥にある蔵、商品を運搬する約三十メートルのトロッコは今も使われ、昔ながらの商文化を伝えている。

東勝寺橋《とうしょうじばし》（小町）

一九二四年（大正十三）に建造されたアーチ橋。アーチ橋は大正関東地震の復興期に多く建造された。しかし、その後、多くは撤去されるなどして、当時の姿を保つこの橋の存在は希少。下を流れる滑川《なめりがわ》の川面や周囲の緑に調和して、季節を通じて美しい景観が楽しめる。

檑亭《らいてい》（鎌倉山）

一九二八年（昭和三）、鎌倉山住宅株式会社が鎌倉山を宅地開発した当時の様子を伝える貴重な建物。檑亭の本館は、大正関東地震で倒壊した横浜の養蚕農家を移築したもので、玄関は手《て》広《びろ》の青蓮寺《しょうれんじ》、山門は西御門にあった高《こう》松寺《しょうじ》からの移築による。内部は、太い梁を交差させた天井、ステンドグラスや暖炉があり、古道具を用いた家具・照明器具などが和洋折衷《せっちゅう》の特異な空間を創り出している。

湯浅物産館（雪ノ下）

一八九七年（明治三十）に貝細工の製造・加工並びに卸売り店として創業。現在は、土産品販売店となっている。横浜の貿易商社を真似たという現在の建物は、一九三六年（昭和十一）に建てられた。木造の建物の前面に装飾を施した「看板建築」と呼ばれる造りだ。若宮大路に向かって広く開放された店舗空間、店舗中央に設けられたトップライトなど内部も特徴的。部分的な改修は施されているものの、基本的には創建当初の姿をとどめている。「貝細工製造卸湯浅商店」と右から左に掲げられた当時の文字板が、現在もファサードに残されている。

去来庵《きょらいあん》（山ノ内）

数寄屋風の門など昭和初期の伝統的な意匠を持つ和風建築。手入れの行き届いた敷地内の樹木と、その中に建つオーソドックスな和風の建物が一体となって創り出す景観は、鎌倉らしさを感じさせる。現在は、レストランとして活用されている。

ホテル　ニューカマクラ（御成町）

鎌倉駅西口近くに建つホテル。木製の上げ下げ窓が整然と並ぶ外観が特徴。サクラやシュロなどの敷地内の樹木や背景の山並みと一体となった景観は、観光客に懐かしい鎌倉の風景を感じさせる。一九二四年（大正十三）ごろの建築。

旧華頂宮《かちょうのみや》邸〈旧華頂家住宅〉（浄明寺《じょうみょうじ》）

国登録有形文化財。一九二九年（昭和四）に華頂博信《ひろのぶ》侯爵邸として建てられた。鎌倉に残る戦前の洋風住宅建築物としては、鎌倉文学館に次ぐ規模。一九九六年（平成八）に鎌倉市が取得した。外観は、洋風民家に設けられるハーフティンバースタイルで、洋風の門、敷地内の樹木、広々としたフランス式庭園と一体となり、往時の華やかな暮らしを想像させる。自然の残る落ち着きのある谷戸《やと》の景観を形成する、貴重な洋風建築物。

旧華頂宮邸

石川邸〈旧里見弴《さとみとん》邸〉（西御門）

一九二六年（大正十五）に作家里見弴が自ら設計に携わり建てたといわれる洋館。アメリカの建築家フランク・ロイド・ライトの影響を受け、直線を多用した外観が特徴。また一九二九年（昭和四）には書斎として和風の別棟が左手奥に建てられ、洋館とともに景観重要建築物等に指定されている。現在は建築設計事務所として活用されている。

野尻《のじり》邸〈旧大佛《おさらぎ》次郎茶亭〉（雪ノ下）

一九二〇年（大正九）築。「鞍馬天《くらまてん》狗《ぐ》」シリーズの作者として知られる鎌倉文士、大佛次郎が友人を招いたり、執筆の合間に休息をとったりしていたといわれる邸宅。若宮大路東側の街区に建つ、茅葺き屋根をいただいた和風平屋建築。黒塗りの板塀に囲まれた鎌倉らしさを体感できる貴重な建物。鎌倉風致保存会による一般公開の際などに、見学することができる。

極楽洞（極楽寺《ごくらくじ》）

江ノ島電鉄極楽寺—長谷駅間にあるトンネルの極楽寺側坑口部分。坑門はれんが造りで、一九〇七年（明治四十）に建造され、今なお建造当時の姿をほぼそのままとどめている。通常のトンネルよりも縦に長い形状が特徴的といわれる。明治時代の政治家曾禰荒助《そねあらすけ》が書いた文字を象った碑文が、坑門上部に据えられている。二〇一〇年（平成二十二）に景観重要建築物等に指定された。

極楽洞

芸能

鎌倉にも農作業の合間に歌ったり祭りの際に踊ったりする芸能が古くから伝えられてきたが、近年、次第に姿を消しつつある。各地域に伝わる芸能を保存し育成しようと、鎌倉では年に一度、郷土芸能大会が開かれている。

鎌倉木遣《きやり》唄

鎌倉鳶《とび》職組合木遣唄保存会によって伝承されている。毎年一月四日、鶴岡《つるがおか》八幡宮《はちまんぐう》境内で行われる手斧始《ちょうなはじめ》式で御神木が二の鳥居から舞殿《まいでん》まで運ばれるときに歌われている。手斧始式は、古来、重要な工事を始める前に行った神事で、今日では建築業者の一年の事始めの儀式となっている。鎌倉木遣唄は本格的な江戸系鳶職木遣唄で市指定無形文化財。

鎌倉神楽《かぐら》

湯立《ゆだて》神楽、湯花神楽ともいわれる。釜に湯をたぎらせ、山飾りを立て、その「山」の内で、現在では神職が舞い、神楽が奉納される。「山」は神の依《よ》り代《しろ》。除災・招福を祈って行われる御《ご》霊《りょう》神社(坂ノ下)の九月の例祭などで、神職によって伝承されている。市指定無形文化財。

鎌倉天王唄《てんのううた》

材木座が和賀《わか》といわれていた鎌倉時代から、土地の人々に愛唱され、歌い継がれてきたことが、歌詞の内容から推測される。源頼朝《みなもとのよりとも》が鶴岡八幡宮を造営(一一八〇年〈治承四〉)、再建(一一九一年〈建久二〉)した時には、海上輸送された多くの木材が材木座海岸に陸揚げされ、この唄を勇ましく歌いながら境内まで材木を運んだと伝えられている。和賀江嶋《わかえのしま》(わがえじま)の築港後も、諸国から届いた品を陸揚げする際に歌われていたのではないだろうか。その後、天王《てんのう》祭で天王唄として歌われ、すたれることなく今に伝承されている。

飴屋《あめや》踊《おど》り

飴屋踊りは江戸時代からあり、鎌倉には明治時代に入り、三浦方面から伝えられてきたといわれる。行商などの人たちが鎌倉と三浦を行き来するうちに自然に伝えられたようだ。

飴屋踊りという名称は、この踊りを踊りながら飴を売り歩いたところから付けられたらしい。鐘や太鼓、拍子木、四つ竹などの鳴り物に合わせて派手な着物を着て踊る。東海道五十三次を売り歩く様子を歌った「白枡《ます》粉屋」や「四つ竹踊り」「粉摺」などが伝わる。

芸術・文化

伝説

鎌倉には正史以外にも、さまざまな伝説が伝えられている。このような伝説が生まれた理由や時代的背景は今となっては定かではないが、伝説の世界に一歩足を踏み入れることで、鎌倉散策に格段の広がりをもつ。

白鷺《しらさぎ》が導いた境内池

八代執権北条時宗《ほうじょうときむね》が、二度にわたる元寇《げんこう》の両軍の死者を慰霊するため、新しい寺を創建しようと寺地を探していた。なかなか適地が見つからないでいると、鶴岡八幡宮《つるがおかはちまんぐう》の神霊が白鷺に姿を変えて北鎌倉の地に導いてくれた。この鷺が舞い降りた場所が今も円覚寺《えんがくじ》の門前にある白鷺池《びゃくろち》だといわれている。

諸国行脚《あんぎゃ》を重ねた北条時頼《ときより》

鎌倉幕府の五代執権北条時頼《ときより》の廻国《かいこく》伝説が、謡曲「鉢の木」。

旅僧姿の時頼が、ある日大雪に道を見失ってしまった。夕暮れ時であったため、荒れ果てた家に泊めてもらうことにした。家主は時頼とも知らずに粟飯をふるまい、暖をとるため薪の代わりに秘蔵の梅、松、桜の鉢の木をためらいもなく炉にくべてくれた。素性をたずねると、もとは佐野荘の領主で、今は一族に土地を奪われ落ちぶれているのだと答える。しかし、いざ鎌倉というときには、やせ馬にまたがっても一番に馳せ参じる覚悟だと鎌倉武士の心得を語るのであった。

後年、軍勢を集めた時頼は、言葉に違わず一番に馳せ参じたこの武士の忠節ぶりに感激し、鉢の木にちなんで、梅田、松枝、桜井の各荘を領地として与えたというのである。

建長寺《けんちょうじ》三門《さんもん》(山門)再建を勧進《かんじん》した狸

建長寺三門再建に際しては、境内に住む狸が日ごろのお礼にと和尚《おしょう》に化けて勧進したという伝説がある。

勧進僧が板橋宿に泊まった夜、宿の

主人が通りかかると、障子にぼんやり狸の姿が映っている。そこで御用伺いをたてるため障子を開けてみると、立派な和尚さんが座っていた。翌日の練馬宿でも、狸和尚は風呂に入って尻尾を湯桶で洗っている姿を仲居さんに見られてしまうが、信心深い宿のおかみのおかげでことなきを得た。しかし、「勧進僧の中に狸が化けた和尚がいるらしい」という噂が広まっていく。

ある日、狸和尚が青梅街道で籠に揺られていた。噂を聞いていた籠かきたちはこの坊さんこそ狸和尚ではないかと、犬を連れてきて籠にけしかけてみた。すると、犬は籠の中から和尚を引きずり出してかみ殺してしまった。しばらくすると和尚の姿が狸にかわり正体を現した。籠の中には金三十両と銭五貫二百文が残されていたが、これは無事建長寺に送り届けられたと伝えられている。

夜毎に出歩く龍

建長寺が創建されるまで、宋《そう》から来日した蘭渓道隆《らんけいどうりゅう》が滞在していたために元建長寺の異名がある常楽寺《じょうらくじ》。この寺の仏殿天井には狩野雪信《かのうゆきのぶ》が描いたといわれる「雲龍」がある。

この龍は毎日夜になると水を飲みに出かけるため、お堂がミシミシと鳴って困っていた。そこで出歩かないようにその両目を塗りつぶしたところ、音がしなくなったという逸話が残されている。改めて眺めてみると、なるほど目には瞳が描かれていない。

源《みなもとの》実朝《さねとも》暗殺の舞台、隠《かく》れイチョウ

鎌倉の伝説のなかで、倒伏してしまった隠れイチョウの伝説ほど有名な話はない。

一二一九年（承久元）一月二十七日、三代将軍源実朝の右大臣拝賀の日は雪が降り積もっていた。鶴岡八幡宮境内で式を終えた夕刻、実朝は亡き兄頼家《よりいえ》の子、公暁《くぎょう》に暗殺される。この時、公暁は大イチョウの陰に隠れていたといわれるが、この話が文献上に初めて出てくるのは一六七四年（延宝二）に徳川光圀《みつくに》（水戸黄門）により著された『鎌倉日記』。暗殺は史実だが「隠れイチョウ」は江戸時代に創作された伝説なのである。

拝賀の式に際し、剣持ち役の二代執権北条義時《よしとき》は白い犬の姿を見て気分が悪くなり、中原仲章《なかあきら》に役を代わってもらい、屋敷に戻ったため、暗殺の危機を免《まぬが》れたと『吾妻鏡』には記されている。

この犬は大倉薬師堂（覚園寺《かくおんじ》）の薬《やく》師如来《しにょらい》を守護する十二神将像のうちの一体、戌《いぬ》神将の化身だという。戌神将が白い犬に姿を変えて義時に暗殺の危機を告げたのだと記されている。

どこも苦地蔵

瑞泉寺《ずいせんじ》庭園のすぐ前に、こぢんまりした地蔵堂がある。祀《まつ》られている地蔵菩薩は、残されている伝説から「どこも苦地蔵」と呼ばれている。

昔、この地蔵は扇ヶ谷《おうぎがやつ》にあり、地蔵堂を守る堂守が貧しさのあまり逃げ出そうとした。すると、地蔵菩薩が夢枕に現れ「どこも、どこも」と告げた。堂守は「たとえここから逃れても、苦しいのはどこも同じ」だと悟ったという。

衣張山《きぬばりやま》の伝説

源頼朝の居宅・大倉《おおくら》の館から南東の方角を望むと、衣張山を展望できる。

ジリジリと夏の日差しが照りつけるある日、頼朝はこの山を白絹で覆わせて雪山に見立て、屋敷から眺めながら歌を詠み、酒宴をひらいて夏の涼をとったというのである。山の名は、この伝説に由来するのだという。

頬に焼印のある阿弥陀像

光触寺《こうそくじ》の本尊「頬焼阿弥陀《ほほやけあみだ》」には、次のような伝説が残されている。

源頼朝に仕えていた町の局《つぼね》が、仏師・運慶《うんけい》に阿弥陀如来を彫るように依頼したが、信心は長く続かなかった。毎日熱心に拝んでいたのは万歳《まんざい》法師という下働きの法師だけであった。ある日、家の物がなくなると、法師に疑いがかけられた。局は怒って、法師の左の頬に焼き印を押すよう家人に命じた。しかし、何度押しても法師の頬に焼きごての跡が残らなかった。翌日、局の夢枕に阿弥陀如来が現れ、「なぜ私の頬に焼き印を押すのか」というので、阿弥陀像の頬を見ると、法師にあてた焼きごての位置に焼き印がついていた。「阿弥陀さまが身代わりになられたのだ」と局は悔いたという。

青砥藤綱《あおとふじつな》の銭拾い伝説

五代執権北条時頼《ときより》に仕えて活躍した

という青砥藤綱が、ある夜幕府に出向く途中、東勝寺《とうしょうじ》橋の上で、袋に入れておいた十文の銭を滑川《なめりがわ》に落としてしまった。藤綱は家来に五十文で松明《たいまつ》を買ってこさせ、沢床を照らして探しだした。

この話を聞いた同僚が「藤綱は勘《かん》定《じょう》知らずだ。十文探すのに五十文を使って損をしている」と笑った。すると「常人の勘定はそうだろう。しかし銭が川に沈んだままでは、永久に使われることはない。五十文で松明を買えば、それを造っている町民や、商っている商家も利益を得られる」と、笑った人々を諭したというのである。

美談を伝えるやぐら

釈迦堂切通《しゃかどうきりどおし》の上、初代執権北条時政《ときまさ》の屋敷近くに「唐糸やぐら」がある。

木曽義仲《きそよしなか》の家臣・手塚太郎光盛《みつもり》の娘唐糸《からいと》は琴と琵琶の名手として頼朝の館に仕えていたが、義仲追悼計画を知ると頼朝の命を狙っていた。ある夜、政《まさ》子《こ》の供で湯治に出かけた唐糸は、不運にも脱衣所に置いた脇差を発見されてしまう。伝家の名刀であったために事の次第がばれて捕らえられてしまった。これを聞いた信濃国の留守宅にいた娘・万寿姫《まんじゅひめ》は鎌倉へやってくる。身分を隠して頼朝の館に奉公しているうちに、頼朝の前で舞う機会に恵まれる。美しい万寿の舞を頼朝が賞玩して褒美をとらせるというと、万寿は「金銀にかえて私を母の身代わりとして牢に入れてください」と申し出る。やがて許しを得た母娘は、そろって国に帰っていったという。

日蓮《にちれん》を導いた白猿

日蓮は真言宗や禅宗、律宗、浄土宗などの邪宗を廃し、法華経に帰依しなければ、「飢饉、兵革、疫病の三災と、疾病、他国侵害、謀反、星宿変怪、日月薄蝕、暴風雨、旱魃の七難におかされる」と説いて、『立正安国論《りっしょうあんこくろん》』を前《さきの》執権北条時頼に上書した。

するとある夜、何千人という念仏門徒が、松葉ヶ谷《まつばがやつ》の草庵を焼き討ちにした。この時、どこからともなく白猿が現れて、夜道を裏山の洞窟へと導いてくれた。おかげで日蓮は九死に一生を得たというのである。安国論寺には、この時のものといわれる「南面窟《なんめんくつ》」が今も残されている。

戦場で矢を拾い集めた地蔵

足利直義《ただよし》の守り本尊・地蔵菩薩立像は、矢拾地蔵と呼ばれている。直義が戦場で矢を射つくして困っていると、見知らぬ小僧が現れて矢を拾い集めて、その窮地を救ってくれた。不思議に思った直義が館に戻って日ごろ信仰している地蔵を見ると、手に矢を持っていたと伝えられている。地蔵が持っている錫杖《しゃくじょう》の先をよく見ると、鏃《やじり》がかたどられている。

源翁《げんのう》禅師の殺生石《せっしょういし》伝説

鳥羽天皇の時代、宮中で宴をひらいていると急に屋敷が鳴動し、帝に侍っていた玉藻前《たまものまえ》が金色の光を発した。天皇は気絶し、以来重い病にかかってしまった。玉藻前は実は狐の化身で、これがばれると逃げ去った。追っ手が那須野《なすの》原で射殺すると、天皇の病も全快した。

ところが、那須野でこの狐の霊が石と化し、その石に触れると人や鳥獣がみな死んでしまうので、殺生石として恐れられるようになった。そこで、海蔵寺の開山・心昭空外《しんしょうくうがい》（源翁禅師）が経を読みながら鉄の杖で一撃を加えると、法力で殺生石は砕け散り、災いも止まったのだという。この時、源翁禅師の使った鉄の杖が金槌のような形をしていたので、金槌を「げんのう」と呼ぶようになったという。

頼朝の夢枕に立つ神霊

伊豆に流されていた源頼朝が病の床に臥していると、枕元に鎌倉鎮座の神霊の化身だという翁が現れて、「私は隠れ里の稲荷だ。お前の病気はこの草を煎じて飲めば平癒する。病が癒えたらすぐに兵を挙げよ。私が加護するので必ず成功する」と平家討伐を勧めた。頼朝は鎌倉に幕府を開くと、その神霊に感謝して佐助ヶ谷《さすけがやつ》にある小さな祠を見つけて再興した。これが佐助稲荷だという。佐殿《すけどの》と呼ばれていた頼朝の挙兵を助けたことが名前の由来だという。

隠れ里に湧く霊水

頼朝の鎌倉入り後も世の中は乱れたままで、そのうえ飢饉も続いていた。五年目の一一八五年（文治元）は巳《み》年だった。この年の巳の月、巳の日、巳の刻、宇賀福《うがふく》神が翁の姿で源頼朝の夢枕に立ち、「お前は万人のために心を痛めて何年もたつ。その誠意に感じて、万民が豊かになる奇瑞を教えよう。西北の谷に神泉が湧き出ている。この水を汲んで用い、神仏を供養すれば、悪鬼邪神は退いて世の中は栄えるであろう。私は隠れ里に住む宇賀福神である」といった。このお告げを受けて探すと、洞窟の中に泉があったので、宇賀福《うがふく》神を祀った。これが銭洗弁財天《ぜにあらいべんざいてん》宇賀福《うがふく》神社《じんじゃ》だという。

また、それから半世紀後、前執権北条時頼が、この水で銭を洗い心の穢れを清めれば、一粒万倍の力を現し、一家は繁栄して子孫は末永く安らかになるだろうといった。人々はこれに倣い、競うように金銀財宝を洗うと、めでたく幸福利益を得たという。

三浦の浜に流れついた観音像

七二一年（養老五）、初瀬《はせ》山中で徳道は大きな楠の霊木を見つけ、これで二体の観音像を彫らせ、一体を奈良長谷寺に安置した。この時、もう一体は有縁の地で人々を救うようにと海に流した。この像が十六年後に相模国の長井の浜に流れつき、海上に光明を放った。これを現在地に遷し、徳道《とくどう》を招いて開山したのが鎌倉長谷寺《はせでら》だという。

左手に蓮華を持って観音のご利益を、右手には錫杖を持って地蔵のご利益を同時にあたえてくれるめずらしい姿は、長谷寺様式と呼ばれ、奈良長谷寺の本尊と共通している。

龍神《りゅうじん》に祈った新田義貞《にったよしさだ》

『太平記《たいへいき》』によれば、新田義貞は大軍を率いて鎌倉に迫った。ところが稲《いな》村ケ崎《むらがさき》から鎌倉につづく道は狭く、波打際には逆茂木《さかもぎ》が並べられ、沖合いには北条軍の大船数百隻が、横矢を射かけて侵入を防ぐために並んでいたという。

とても突破できるような状況ではなかったが、義貞は腰に差していた黄金《こがね》造りの太刀を抜いて海中に投げ込み、海に向かって「わが軍のために道を開き給え」と龍神に祈った。するとその日の夜、二十町余りも潮が引き、横矢を射かけようとしていた船も遥か遠くへ行ってしまった。軍勢はなだれをうったように干潟《ひがた》を渡り、鎌倉へ攻め入ったと伝えられている。

産業
生活

観光 186
漁業・農業 188
商工業 191
交通 193
災害 195
名産 197

観光

鎌倉は、江戸時代から寺社詣でや名所旧跡を訪ねる物見遊山《ものみゆさん》の地として人々を惹き付けてきた。首都圏にあって、気軽に散策できる古都としての魅力は今も変わらない。また、現在では奈良、京都とともに日本の三大古都の一つであり、日本を代表する国際観光都市となっている。地方からの修学旅行生や、東京近郊の遠足や見学の生徒・学生も多い。流鏑馬《やぶさめ》神事や鎌倉薪能《たきぎのう》など伝統的な催しものや、鎌倉まつりなど観光行事が充実している。そして芸術館や美術館、文学館など、文化芸術都市としての魅力も備えている。

行政や市民は観光の町・鎌倉の充実に心をつくしている。たとえば、市は商工会議所などと一体となって、鎌倉らしい〝もてなし〟を実現すべく「ホスピタリティ推進運動」に取り組んでいる。また、市の教養センターで実施した「シルバーガイド養成講座」を終了した市民らは「鎌倉ガイド協会」を結成、自主的にガイドの養成も行い、各地からの観光客に鎌倉の歴史案内人として史跡・名所ガイドを行って、観光案内に一役買い、活躍中だ。ほかにも二〇〇四年（平成十六）から、誰でも手軽に参加できる「鎌倉俳句&ハイク」という通年イベントが始まり、市内に俳句ポストが設置された。

また車両渋滞や、歩行環境の改善などのため、官民一体となって交通対策に工夫を凝らし、観光の充実に取り組んでいる。二〇〇一年（平成十三）から始まった「鎌倉フリー環境手形」は、フリー区間の電車やバスが乗り放題になり、同年に始まった「パーク&ライド」は由比ヶ浜《ゆいがはま》や七里ヶ浜《しちりがはま》、稲村ヶ崎《いなむらがさき》の指定駐車場から公共の交通機関やシャトルバスを利用して、市の中心部へ移動してもらうシステムだ。ともに拝観料・入場料などの割引特典が付く。

観光客で賑わう小町通り

観光客数

一九九六年（平成八）に年間約一千九百六十万人を数えた観光客数は、近年、訪日外国人観光客が大幅に増えた影響で、台湾、韓国、中国などアジア諸国、またヨーロッパからの観光客を中心に増加傾向にある。ここ数年は年間二千百万〜二千三百万人の間で推移している。

海外からの観光客に対応するため、市は英語、中国語、韓国語、スペイン語、フランス語の観光パンフレットを配布するなど、多言語に対応できる案内の向上に努めている。

二〇一六年（平成二十八）、年間の観光客数が最も多かったのは、鶴岡八《つるがおかはち》幡宮《まんぐう》の約一千二百万人。ほか、鎌倉海岸約百六十三万人、銭洗弁財天宇賀《ぜにあらいべんざいてんうが》福《ふく》神社約百二十万人、鎌倉文学館約十万人、鎌倉国宝館約四万六千人など。

おもに首都圏からの小グループによる日帰り旅行客が多い。

また天園ハイキングコースを含むハイキングコースも、海外の観光客を中心に人気を集めている。

季節的には年初一月の寺社への初詣客が一番多い。春から夏にかけて、秋の行楽シーズンにも多くなる。

友好都市（姉妹都市）

鎌倉市は、国内外の都市と友好都市提携を結び、文化・産業・教育の分野などで親交をはかり、市民の親善訪問を実施したり、物産展を開いたりするなど活発な活動を行っている。国内では山口県萩《はぎ》市、長野県上田市、栃木県足利《あしかが》市、海外ではフランスのニース市、中国の敦煌《トンコウ》市が友好都市だ。いずれも風光明媚《ふうこうめいび》で自然豊かな都市であり、優れた歴史的遺産を持つという共通点があり、互いに交流している。

最も早く友好都市となったのは、カーニバルで知られる保養地ニースで、一九六六年（昭和四十一）のこと。

近年になり、二〇〇一年（平成十三）には、新しい国際都市提携の形としてドイツのワイマール市と鎌倉市民親善都市交流提携を結び、市民間での交流が行われている。

友好都市物産展（鎌倉市提供）

産業・生活

漁業・農業

漁業

南に開かれた海は鎌倉の町に独特の風情を醸し出している。海辺の漁の様子は四季折々の風物詩でもあり、漁の安全などを祈る祭事も行われている。しかし、海岸道路の建設による環境の変化などで沿岸漁業は次第に衰え、漁獲高は減る一方となっている。

鎌倉の漁業組合は現在、鎌倉漁業協同組合と、腰越《こしごえ》漁業協同組合の二つで、鎌倉漁協は、海面養殖に力を入れており、ワカメの養殖、定置網、刺し網漁業がおもに行われ、腰越漁協では、定置網、船びき網、はえなわ漁業、ワカメの養殖などが行われている。漁船は、三トン未満のものが多く、大きな船でも十八トンまで。ほとんどが沿岸漁業だ。腰越を中心に、遊漁船（釣船）業を兼業で行っている漁師もいる。

水揚げされる魚と海産物は、イワシ類、アジ類、サバ類、カツオ類、タコ類、サザエ、ワカメ類などである。鎌倉の名産品ともいわれているシラスの漁は春から冬にかけて行われ、一～三月の間禁漁となっている。漁業に携わる組合員数は、二〇一六年（平成二十八）では百十一名となっている。

鎌倉のカツオ

十四世紀に著された『徒然草《つれづれぐさ》』に、「鎌倉の海で揚がるかつおという魚は、昔はたいした魚でもなかったのに、このごろは上等な魚になっている」といった内容の記述がある。鎌倉で獲れるカツオは、中世のころから広く知られていたようだ。

江戸時代になると、初ガツオといえば鎌倉で獲れたものが、江戸で最も人気を集めていた。「目には青葉山ほと、ぎすはつ松魚《がつお》」という山口素堂《そどう》が詠んだ句や、松尾芭蕉《ばしょう》の「鎌倉を生きて出でけむ初鰹」などの句でも知られる。

腰越漁港

五月に最初に獲れたカツオは、鶴岡《つるがおか》八幡宮《はちまんぐう》に奉納された。今でいう高級ブランドで、江戸の人たちの中には、その日のうちに運ばれてくるのを待ちきれずに、沖に出て鎌倉から来る船を待ちうけ、カツオを高く買い付ける人もいたほどだという。

小型定置網による漁法で、現在もソウダガツオなどカツオ類が水揚げされている。

鎌倉エビ

江戸時代には、鎌倉沖で獲れるエビは、関東近辺だけでなく関西でも「鎌倉エビ」と呼ばれていた。同様に伊勢で獲れるエビは「伊勢エビ」と呼んでいたが、鎌倉エビの水揚げ量がめっきり減り、いつの間にか伊勢エビが通称になってしまった。年輩の市民は今でも「鎌倉エビ」と珍重する。いわばこれも鎌倉ブランドの一つである。由《ゆ》比ヶ浜《いがはま》沖の刺し網漁で水揚げされる鎌倉エビは、天然の地元産として貴重。

シラス・アカモク

近年、鎌倉近海を含む湘南地域の名産として特に人気なのがシラス。鎌倉・腰越両漁業組合を合わせた船びき網漁での水揚げ量は年間約百四十トンで、漁獲品目のトップ。「湘南しらす」というブランドも認知されはじめ、新鮮な生シラスのほか、釜揚げシラスを目当てに鎌倉を訪れる人も多い。

またこれまで漁の支障となり「厄介者」として扱われていた海藻のアカモクが、健康食品として女性を中心に新たな注目を集めはじめている。

シラス干し

農業

鎌倉の土地はそれほど肥沃ではないうえ、傾斜地が多く海岸近くの砂地は稲作に適さなかった。水田はおもに谷間に分布していたので、農業用水用の、溜め池が散在していた。今でも残っているものがある。たとえば、散在ヶ《さんざが》池《いけ》、夫婦《めおと》池、谷戸《やと》池などである。

大正時代以降、次第に農地は住宅地や工業用地に変わっていった。戦後実施された農地改革で、多くの地主が土地を手放し、自作農が増えたが、その後の工業の発展によって、工場誘致や宅地造成などで、水田や畑といった農地や山林が急激に失われ、農家も激減した。しかし大消費地東京の近郊ということもあり、現在ではトマト、キュウリ、ダイコン、ホウレンソウなど新鮮な野菜の出荷が行われている。多くはないが花や、ルッコラ、バジルなど珍しい野菜やハーブ、果実なども扱っている都市型農業だ。二〇一五年（平成二十七）のデータによると、農業に携わる人数は二百十九名、耕地面積は五十四ヘクタールとなっている。専業農家は関谷《せきや》や手広《てびろ》付近に限られ、わずか三十戸であるが、生産性の向上に努めている。最近は特に、有機農法や減農薬栽培野菜が歓迎される傾向があり、鎌倉の場合は作り手（生産者）の顔の見える野菜として、安全性の確認もでき、人気は高まっている。

トマト栽培

鎌倉ブランド

野菜を束ねるテープや袋に「鎌倉ブランド」のマークが付いていたら、正真正銘の地場野菜だ。一九九五年（平成七）から、新鮮で安全な農産物の普及のため表示を行っている。流通ルートはさまざま。市内の小売店や直売所での販売、軽自動車などで地域を回って売る「引き売り」、秋の収穫まつりや漁業協同組合の直売日での販売、また若宮大路《わかみやおおじ》沿いの「レンバイ」と呼ばれる鎌倉市農協連即売所では、農家の人が前日に収穫した地場野菜を直接販売している。「レンバイ」の市場は、七十年以上の歴史があり、親しまれている。地場産は、なんといっても生産者と消費者が近い距離にいるため、新鮮でおいしい。鎌倉の野菜畑は、一つの畑に多種類の野菜が植えられていて、「七色畑」といわれるくらい華やかなのが特徴。

鎌倉市農協連即売所

産業・生活

商工業

商業

鎌倉時代中期に書かれた『海道記《かいどうき》』には、「東南の角一道は港に通じており、商人が多く賑わっている」という記述がある。鎌倉には古くから商業地域があったことが分かる。幕府は、特別の商業地域以外に商店をつくれないようにしたり、商人の数を定めたりして、商人に対してさまざまな取り締まりを加えた。室町時代には、鎌倉には紺屋（染め物屋）、紙屋、銀細工屋がいたという文書が残っている（「津久井光明寺文書」）。絹、炭、米、檜物《ひもの》、千朶積《せんだつみ》、相物《あいもの》、馬商や材木、塩、銅、油、傘、桶結《おけゆい》、素麺《そうめん》などの座があった。また、銀細工、刀剣などの多くの職人がいた。仏師、刀鍛冶《かじ》などの工芸は代々受け継がれ、特に鎌倉彫は茶道の普及とともに「鎌倉物」として有名になった。一九七九年（昭和五十四）には国の伝統工芸としての指定を受け、刀剣とともに今も鎌倉を代表する工芸品である。

一八八九年（明治二十二）に横須賀《よこすか》線が開通して、急速に商業は発展した。特に避暑客や海水浴客で賑わい、第二次大戦後は新しい住宅地ができると商店街ができ、駅周辺には大型店が進出して商業はどんどん盛んになった。現在、鎌倉市商店街連合会には、二十九の商店会が加わっている。

小売業、卸業、飲食業に分けると、小売業が全体の三分の二を占めている。商品は服飾など身の回りの生活品と食料品が多い。駅や寺社の近くに、飲食店や土産物店が多く見られる。

近年では、鎌倉の産品をアピールし、鎌倉独自のブランドを育てるために鎌倉産品推奨委員会が認定している「かまくら推奨品」も注目されている。

工業

古くからの家内工業と、大船《おおふな》・深沢《ふかさわ》地区の新しい工業に分けることができる。昭和初めごろまで、鎌倉には鎌倉彫、貝細工、正宗《まさむね》工芸など家内工業と、鎌倉ハムの工場があるだけで、大きな工場はなかった。鎌倉に大企業が進出してきたのは一九三六年（昭和十一）、松竹撮影所《しょうちくさつえいじょ》の大船移転が最初。これを契機に大船地区には大手企業や下請けの中小企業の工場が造られ、鎌倉は活性化した。

やがて戦争になり軍需《ぐんじゅ》工場が建てら

工場の多い深沢地区（鎌倉市提供）

れた。戦後は、市が一九五三年（昭和二十八）に工場誘致条例を設けたことで大船・深沢地区に、工場が増えた。条例は八年後には廃止されるが、大船は東海道《とうかいどう》線沿線で、東京など各地の大都市への輸送の便がよかったことから、三菱電機や東洋化学、ナスステンレス、資生堂など電気・機械、化学工業などの工場が造られた。

コラム

「室町時代・鎌倉米町のコンビニ紹介」

十五世紀後期の鎌倉を示す絵図に「善宝寺《ぜんぽうじ》地絵図」（津久井光明寺所蔵）がある。現在の大町一丁目付近にあたる米町の道の両側に家が書かれている。滑川を橋で渡り、「置石《おきいし》」へと抜ける道もあり、今の延命寺橋付近と見られる。善宝寺とは、今の教恩寺《きょうおんじ》一帯にあった寺である。米町・魚町として地名が残るほど、そこは商業地域であったところだった。

一四九七年（明応六）七月二十五日付けの善宝寺分年貢注文という史料には、十人の借地人の名前と職業が出ている（「津久井光明寺文書」）。最大の借地人「米町　浄本」は「寺の給」とあり、檀家総代などもやっていたのであろう。二カ所の土地を借りている「三郎次郎」は「米町日常物屋」とある。まさに今の住宅兼店舗で「コンビニエンスストア」といえるだろう。

さらに二カ所を借りている「中座《なかざ》紙屋　右衛門四郎」もまた、住宅兼作業所を持つ紙すき職人である。このほか「塗子《ぬりし》（師）」「銀細工」などの職人が集まっていたようで、町名も「塗子か辻子《ぬりしがつじ》」などと付されている。地名の「中座」は、大町教恩寺の山号「中座山《ちゅうざさん》」として今に伝えられている。因みに当時の地代は坪四文だった。この時期に絵図や年貢帳などが作られたのは、一四九五年（明応四年）に関東地震による影響があったことをうかがわせる。

産業・生活

交通

鎌倉の鉄道交通機関には、JRの横《よこ》須《す》賀《か》線、東海道《とうかいどう》線、根岸《ねぎし》線、私鉄の江ノ島電鉄（江ノ電）と湘南モノレールがある。また鎌倉駅や大船《おおふな》駅を中心に、江ノ電、京浜《けいひん》急行、神奈川中央交通の路線バスが走り、多くの観光客や通勤客を運んでいる。

鎌倉では、一九三〇年（昭和五）に、現在の「市道大船西鎌倉線」が開通、「日本最初の自動車専用道路の出現」と新聞に報じられた。その後、自家用自動車の増加にともない、交通量は増加。加えて丘陵に囲まれた都市である鎌倉の道路は、ほとんど片側一車線で、渋滞の原因になっている。結果、排気ガスや騒音被害の問題を抱えるようにもなった。市は公共交通機関の利用を呼びかけ、「歩く市民生活」「歩く観光」を推奨している。鎌倉が、住環境的にも観光都市としても優れた都市に発展していくうえで、交通の利便性をどのように確保していくかが、大きなカギになっている。

横須賀線

横須賀線は、横須賀軍港と首都東京を結ぶ国防上の必要から、一八八九年（明治二十二）に東海道線の支線として開通した。同年、逗子《ずし》駅、横須賀駅と同時に鎌倉駅が開設された。開通当時は単線で、大船～横須賀間は一日四往復であった。北鎌倉駅は、一九二七年（昭和二）に最初は夏場だけの臨時駅として設けられ、一九三〇年（昭和五）に本格的な駅になった。

横須賀線が開通すると鎌倉は観光地、別荘地、保養地として急激に発展し、欧米人も住むようになり、人の往来が盛んになった。一八九四年（明治二十七）には鎌倉駅で欧文電報の取扱いも始められている。当時は駅が交通と通信の拠点だったのである。

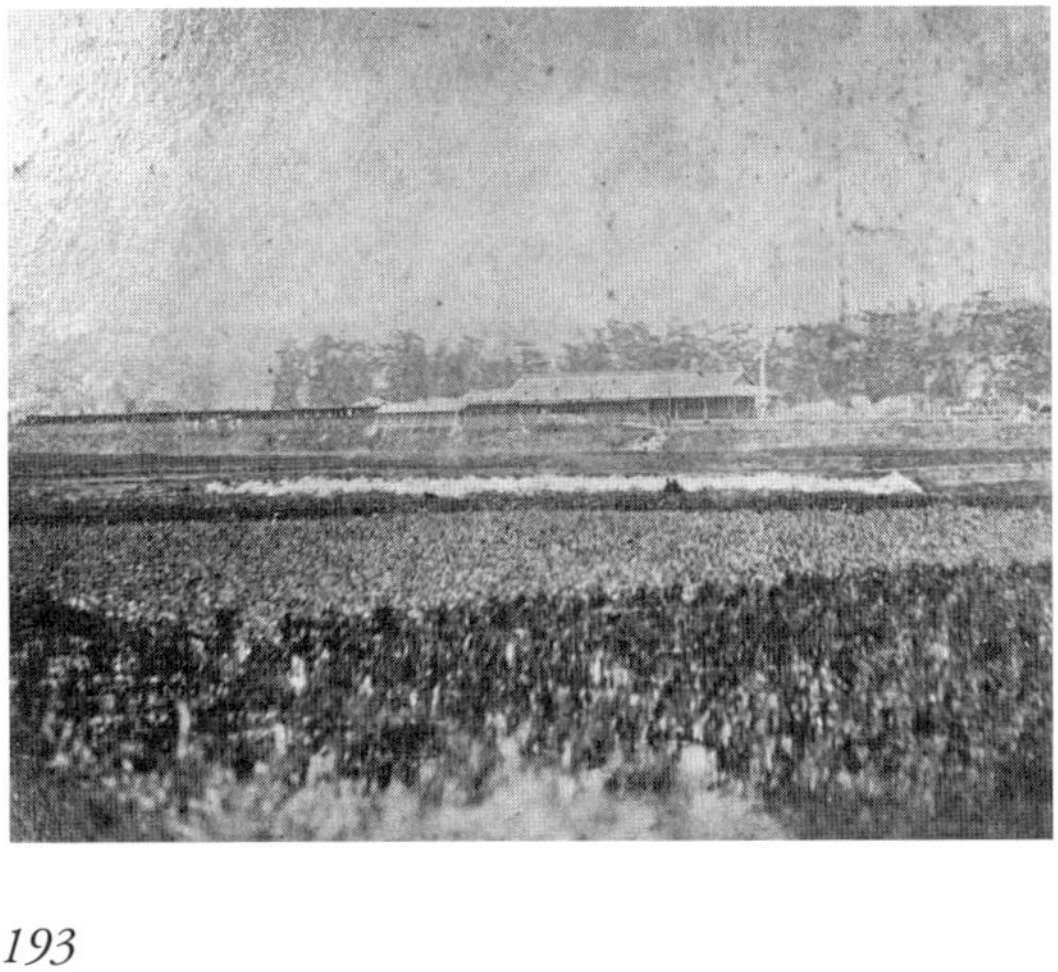

開業当時の鎌倉駅（小坂周防氏所蔵）

横須賀線は、一九一六年（大正五）に複線になり、このころより東京への直通列車が運転されるようになった。同年、鎌倉駅の駅舎はモダンな木造の建物に改築された。この駅舎は大正関東地震にも倒壊せず、一九八四年（昭和五十九）に現在の姿に改修された。

一九五九年（昭和三十四）に昼間三十分おきであった運転間隔が十五分おきになった。現在、朝夕のラッシュ時には四分間隔で運行されている。

また、二〇〇一年（平成十三）に開通したJRの「湘南新宿ライン」は渋谷・新宿・大宮・高崎方面と横須賀線をつなぎ、さらに大都市圏から鎌倉へのアクセスがよくなった。通勤や観光客の足として、多くの乗客を運んでいる。

江ノ島電鉄

鎌倉の町の中を縫うようにして走る江ノ島電鉄、通称「江ノ電」は、鎌倉と藤沢の間十・一キロを約三十四分で走る単線で、沿線住民にも観光客にも親しまれている。江ノ電は、一九〇二年（明治三十五）、「江ノ島電気鉄道」として開業した。京都で日本最初の電気鉄道が開通したのが一八九五年（明治二十八）であり、江ノ電の開通は全国で六番目だった。初めは藤沢から片瀬《かたせ》まで約三・五キロが開通、二年後には極楽寺《ごくらくじ》まで開通するが、長谷《はせ》へ抜けるトンネル工事が難航し、一九〇七年（明治四十）になって大町まで開通、終点の小町《こまち》（現鎌倉駅前東口、生涯学習センター付近）まで全線が開通したのは一九一〇年（明治四十三）のことだった。鎌倉駅が国鉄横須賀線鎌倉駅西口に移ったのは一九四九年（昭和二十四）のこと。

現在、ほかの地域で電気鉄道の廃線があいつぎ、江ノ電は日本で有数の古い歴史を持つ電気鉄道となった。その姿に郷愁《きょうしゅう》を抱くファンが多い。観光名物でもあり鎌倉の風物詩の一つである。二〇〇二年（平成十四）には、開通百周年を迎えている。無公害の交通機関として、改めてその良さが見直されている。

湘南モノレール

大船から江の島まで約七キロの丘陵部を縫うように走る湘南モノレールは、道路をなぞるようにその上方の空間を利用して走る日本で最初の交通機関である。サフェージュ式と呼ばれる架橋《かきょう》に懸垂《けんすい》した車両は、空気バネを用いているため騒音も少なく、また軌道が完全にカバーされているため、雨や雪の被害も受けず傷まない利点がある。一九七〇年（昭和四十五）に大船から西鎌倉までが開通し、その後、南へ延長されて一九七一年（昭和四十六）、江の島まで達した。大船から湘南江の島までの所要時間は、現在十三分である。

産業・生活

災害

鎌倉は幾度となく、地震による災害に見舞われてきた。古文書《こもんじょ》や古い記録を見ると、『吾妻鏡《あずまかがみ》』の一二四一年（仁治二）に「由比ヶ浜《ゆいがはま》大鳥居内の拝殿潮にひかれて流失す」とあり、また、一二五七年（正嘉元）には「大地震で音がしてすべての寺社破壊。山崩れ、地割れを生じ水がわき出し、中下馬《げば》橋辺は地が破れた」などとあり、当時の人々がたび重なる災害に怯《おび》えていたことが分かる。中世の鎌倉で起こった天変地異を伝える記録のなかには、「腰越《こしごえ》海岸の潮血のように染まる」「由比ヶ浜の潮赤く染まる」などの文章が残っている。

一二〇〇年代には、「鎌倉大地震」と呼ばれる大震災が十回ほどあったようだ。一二九三年（永仁元）の地震では、「山は崩れ、地は裂け、政庁をはじめ若宮、鶴岡《つるがおか》若宮、大慈寺《だいじじ》は埋没、建長寺《けんちょうじ》等倒壊し、建長寺炎上。殊に民家の被害が甚だしく死者二万三千二十四人に及んだ」と書かれている（『親玄僧正日記』『鎌倉年代記裏書』など）。

明応の鎌倉大地震

一四九五年（明応四）の大地震と大津波（一四九八年〈明応七〉とする説もある）は由比ヶ浜から千度檀（段《だん》葛《かずら》）に海水がのぼって、溺死者二百人という記録が残る（『鎌倉大日記』）。

元禄の大地震

一六九七年（元禄十）と一七〇三年（元禄十六）に二つの「関東大地震」が発生。鎌倉では民家や多くの寺社に被害があった。津波も発生した。地震と津波による死者行方不明者は六百人ともいわれる。

大正関東地震（関東大震災）

一九二三年（大正十二）、相模《さがみ》湾を震源とするマグニチュード七・九の大

大正関東地震後の鎌倉駅前

地震が発生。『鎌倉震災誌』などによると、神奈川県内では横浜と鎌倉が最も揺れが大きく、鎌倉では全戸数四千百八十三戸のうち約三千戸が倒壊、さらに火災と津波が襲い、死者四百十二人、重傷者三百四十一人と大きな被害を受けた。海岸付近の波は五～六メートルも高くなり、相模湾の海底は地殻変動によって一～二メートルも隆起《りゅうき》したといわれている。津波は滑川《なめりがわ》を遡《そ》上《じょう》し、延命寺《えんめいじ》付近まで達している。流失家屋《かおく》は材木座と長谷《はせ》でそれぞれ三十戸、坂ノ下で五十三戸、腰越では漁船が全壊した。

大正関東地震後の鶴岡八幡宮

これまでの震災の記録を顧みると、長い海岸線を有する鎌倉は、特に津波対策を整備するとともに二次災害の火災予防に努めなければならない。また、鎌倉の地形、地質の関係から考慮すると、崖崩れの防止も重要である。

二〇一一年（平成二十三）三月に起きた東北地方太平洋沖地震（東日本大震災）以降、鎌倉でもあらためて津波を想定した観光客の避難誘導を含めたガイドラインを作成し、避難経路をまとめた「津波ハザードマップ」が作られている。

また、二〇〇四年（平成十六）の台風二十二号は、市内各所に大きな爪痕を残した。被害は、床上浸水五百七十三カ所、床下浸水二百十カ所、崖崩れ三百六十四カ所などで、若宮大路《わかみやおおじ》の横《よこ》須賀《すか》線ガード下や、大船《おおふな》駅東口、西口などが冠水、崖崩れによる死者一名を出している。台風災害として、近年にはない被害を受けた。

市では河川の改修、急傾斜地崩壊危険区域の防災工事の促進や、地域住民が助け合う自主防災組織の育成などを行い、災害予防に努めている。

鎌倉市は災害時の避難所（ミニ防災拠点）として市内全域に二十五カ所を指定している。また避難所が危険になった場合の広域避難場所は、市内に十八カ所定められている。さらに、津波来襲時の避難先として屋内（津波避難ビル）二十九カ所、屋外（避難空地）二十四カ所を指定している。

産業・生活

名産

鎌倉を代表する名産品の一つ鎌倉彫の歴史は、源頼朝《みなもとのよりとも》が幕府を開いたころにさかのぼる。起源については定かではないが、東大寺南大門の金剛《こんごう》力士像を造った運慶《うんけい》の子の康運《こううん》が、宋《そう》の工人、陳和卿《ちんなけい》の持ってきた彫漆《ちょうしつ》工芸（漆を幾重にも塗り重ねたものに彫刻を施す工芸）を真似て仏具を作ったのが最初と考えられている。鎌倉に禅宗《ぜんしゅう》寺院が建立され、造仏のために奈良から来た仏師たちが、宋文化に影響された須《しゅ》弥壇《みだん》や前机《まえづくえ》、香合などの什器《じゅうき》類も作り、それが鎌倉仏師にも受け継がれていったようである。国の重要文化財になっている、建長寺《けんちょうじ》の須弥壇や円覚寺《えんがくじ》の大香合は鎌倉彫の原型とされる。

その後、茶道の普及によって茶入、香合、香盆などの茶道具も「鎌倉物」として珍重され、江戸時代には、茶器、硯《すずり》台など身近の調度品も作られるようになった。明治時代になると廃仏毀《はいぶつき》釈《しゃく》で仏師たちは職を失い、本来の仏像制作から生活の中の工芸品作りへと移行していった。やがて鎌倉が別荘地、保養地として栄えるようになると、茶托、盆、菓子皿など、今日の日用品としての需要も多くなり、今日の鎌倉彫の姿となった。現在の鎌倉彫で、鎌倉仏師の流れを受け継いでいるのは三橋《みつはし》家と後藤家のみである。一九七九年（昭和五十四）に県内で初めて国の伝統的工芸品の指定を受けている。

鎌倉彫を作る様子

鎌倉彫と並ぶ、歴史のある工芸品に名刀正宗《まさむね》で名高い正宗工芸がある。

鎌倉時代末期の刀工、五郎入道《にゅうどう》正宗は、新藤五国光《しんとうごくにみつ》に師事し、諸国を行脚《あんぎゃ》して修業し、鎌倉に「相州伝《そうしゅうでん》」を完成させた鍛冶《かじ》として知られる。門下には貞宗《さだむね》など多くの名工がいる。佐助ヶ《さすけが》谷《やつ》の入口近くに、屋敷があったと伝えられる。近くには、正宗の井戸、正宗稲荷と呼ばれる刃《やいば》稲荷が。江戸時代以降、正宗家（現在の山村家）が、名工正宗の相州鍛冶として刀剣作りをしてきた。明治期には軍刀などを作ってい

刃稲荷

たが、第二次大戦後は、この技術を生かし刃物や鉄工芸品を作っている。正宗から二十四代目が伝統を継承し、正宗美術工芸として現在に至っている。

食品では、鎌倉ハムが全国に知られる。日本におけるハム製造のルーツは、明治時代にイギリス人のウィリアム・カーティスが鎌倉郡川上村（現在の横浜市戸塚区の一部）で外国人向けに製造したことにある。カーティスはその製法を秘密にしたが、地震で工場から出火した際、村人が消火活動をしてくれたことに恩義を感じ、初めて日本人に製法を伝授した。製法を学んだ一人で、現在も駅弁を作っている「大船軒」の経営者だった富岡周蔵は、一八七一年（明治四）に欧米を視察し、のち首相となった黒田清隆からサンドイッチの話を耳にし、カーティスからハムを仕入れ、一八九九年（明治三十二）に大船駅でサンドイッチを販売した。これが人気を博したので、富岡は「鎌倉ハム　富岡商会」を設立し、ハム製造を始めた。その後、ハムの製法は日本中に広まったが、本格手作りハムの伝統を受け継ぐ企業である「鎌倉ハム」は、ハム発祥の地名を冠した商標となった。

鎌倉を代表するお菓子の一つに「鳩サブレー」がある。

明治時代に入ると日本にもバターやチーズ、ビスケットなど洋風の食品が輸入されるようになり、明治末期、バターを使った鳩サブレーが誕生した。だが、日本人はバターの匂いを受け付けなかったので、当初はほとんど売れなかった。大正時代に入ると、小児医学博士がこのサブレーを離乳期の幼児食に最適であると推薦したことから、御用邸《ごようてい》各宮家からも用命を受け、徐々に人気を博していった。

ちなみに発売当初、サブレーは丸い形をしていた。鳩の形となったのは、鳩サブレーを販売する豊島屋の初代久保田久次郎が、日ごろから崇拝していた鶴岡八幡宮《つるがおかはちまんぐう》本殿の掲額《けいがく》の「八（鳩が抱き合わせになった形）」の字や、境内の宮鳩からヒントを得たことによる。

その他、鎌倉では、イワシやシラスがよく獲れることから、海産物店では「タタミイワシ」や「釜揚《かまあ》げシラス」が、ほかにもワカメ、アカモクなどが名産品として売られている。

また近年、地ビールや鎌倉産の梅を使ったワイン、サツマイモを原料にした焼酎などが発売されたりと、鎌倉産品推奨委員会が認定している「かまくら推奨品」も注目されている。

行事

祭りと行事――200
おもな祭りと行事一覧――210

行事

祭りと行事

鎌倉で行われる法会《ほうえ》や神事、観光行事には、京都のように全国的な規模で多くの人を集める絢爛豪華なものはほとんどない。しかしながら、鎌倉の象徴・鶴岡八幡宮《つるがおかはちまんぐう》や鎌倉五山《ござん》第一位の建《けん》長寺《ちょうじ》を中心に、驚くほどたくさんの興味深い行事が一年を通して途切れることのないくらい催されている。

規模とは別に、古くは源頼朝《みなもとのよりとも》の時代に起源を持つ、古式ゆかしい行事も数多くあり、それぞれの行事が持っている本来の意味を多少でも知っていれば、観光イベントという色彩があまりないだけに、かえって純粋に武家の古都の雰囲気が感じられる。歴史の町鎌倉が持っている多面的な魅力の一つとして、ぜひ注目してみたい。

一月

一月一日●万灯祈願会／長谷寺《はせでら》

新年を迎える深夜に行われる法要。観音堂横の寺庭一面に置かれた、約五千基の祈願ロウソクに灯が点され、僧侶による読経が行われ、新しい年の国家の安寧、五穀豊穣とともに、参拝者の除災招福を祈願する。

一〜三日●初《はつ》えびす／本覚寺《ほんがくじ》

本覚寺では正月元旦から三日まで、初えびすが行われる。えびす神は源頼朝により幕府の守神として祀られたといわれる。現在ではえびす神は、商売の神様といわれ、年初の初えびすはとくに参拝者が多い。福娘から福銭や御《お》神酒《みき》の振舞いがある。また、十日には本えびすが行われる。

二日●船《ふな》おろし／坂ノ下《さかのした》海岸ほか

坂ノ下海岸や材木座海岸の漁師による仕事始めの行事。大漁旗を掲げた漁船が海岸に集結し、船内に祀られた船《ふな》霊《だま》に御神酒を供え、昨年の漁の無事に感謝し、この一年の豊漁と安全を祈願する。船主が船の上から日ごろの感謝をこめて船霊に祈念し、海に向かってミカンをまく。腰越漁港でも一月四日に船祝いが行われる。

四日●手斧《ちょうな》始式《はじめしき》／鶴岡八幡宮

一一九一年（建久二）の大火で焼けた社殿を源頼朝が再建する際、船から上げられた用材を由比ヶ浜《ゆいがはま》より運んで木造りしたという御柱引きの故事に因《ちな》む神事。古儀保存の意味と、年間を通して行われる営繕の事始めの儀式として、さらには鎌倉全市の大工や鳶職など建築関係者の工事始めの式としての意味も加わって営まれている。二の鳥居より段葛《だんかずら》を神職の先導の下に鳶職が木遣《きやり》唄も勇ましくご神木を運ぶところから神事は始まり、舞殿前では烏帽子《えぼし》直垂《ひたたれ》姿の幣振《へいふり》役・工匠・鋸役・墨打役・手斧役・槍かんな役がそれぞれ、現在では目にふれる機会の少ない所作を古式ゆかしく再現する。

五日●除魔《じょま》神事／鶴岡八幡宮

源頼朝が幕府において「御的始」「御弓始」と称して行った武家の事始めを起源とする、鎌倉時代から続く武士の新年行事で、同時に年中の除魔を目的とした神事。直径五尺二寸（一・五六メートル）の大的の裏に「鬼」という字を封じ込めて矢を射ることから、「大的式」とも呼ばれる。的から四十メートル離れた場所で、まず神職二人が祭射し、続いて烏帽子に直垂姿の射手六人が二人ずつ、順番に矢を射る。

除魔神事（鶴岡八幡宮）

十一日●潮神楽／由比ヶ浜海岸

海岸に祭壇を設けて海神を鎮め、新しい年の豊漁と航海の安全を祈願し、湯立神楽（鎌倉神楽）を奉納する。坂ノ下海岸では同様の汐《うしお》まつりが行われる。

年初の巳の日●初巳《はつみ》祭／銭洗弁財天《ぜにあらいべんざいてん》宇賀福《うがふく》神社

新年最初の巳の日に行われる。祭神の宇賀福神が人頭蛇身であることから、巳の日に参拝すると商売繁盛のご利益《りやく》が大きいといわれ、初巳の日はとくに商業関係者の参拝が多い。

十五日●左義長《さぎちょう》神事／鶴岡八幡宮・鎌倉宮《かまくらぐう》ほか

一年の始めにあたり、穢《けが》れを祓い清めて、暖かい春の到来とその年の豊かな収穫を祈る火祭。古来日本全国で行われ、地方によって「とんど焼き」とか「さいと焼き」と呼ばれている。神社に納められた門松、注連縄《しめなわ》、古神札などを積み重ねて祭典を執り行い、浄火で焚き上げる。

二十五日●初天神（筆供養）／荏柄《えがら》天神社

祭神の菅原道真《すがわらみちざね》に因んで始まった神

事。書家や歌人をはじめ一般の参拝者が持ち寄った愛用の古い筆や鉛筆を拝殿前に供えて焚き上げ、供養して、書道や字の上達を願う。

二月

立春の前日●節分祭・節分会／鶴岡八幡宮・建長寺・長谷寺・鎌倉宮ほか

立春の前日、直垂や裃《かみしも》姿の年男・年女が福豆をまき、参詣者に福を分け与える。鶴岡八幡宮では、豆まきに先立ち、衣冠《いかん》装束に身を正した神職が、矢をつがえていない弓の弦を鳴らし、その音で魔を祓う鳴弦《めいげん》式が行われる。建長寺では、豆まきに先立ち方丈《ほうじょう》で大般若経転読会《てんどくえ》が行われ、かっぽれの奉納もある。長谷寺では、力士や有名人による豆まきが行われる。鎌倉宮では、豆まきに先立ち拝殿で鐘や太鼓を打ち鳴らして鬼を祓う鬼やらいが行われる。

一日に大船観音寺《おおふなかんのんじ》でも行われる。

八日●針供養《はりくよう》／荏柄天神社

使い古した針にねぎらいと感謝を込め行う神事。まず拝殿で神事が執り行われた後、拝殿前の三方の上に置かれた豆腐に針を刺して供養する。市内や近隣の裁縫関係者などで賑わう。

十一日●大國禱会《だいこくとうえ》成満祭／長勝寺《ちょうしょうじ》

前年の十一月から千葉県の中山法華経寺の道場にこもり百日の間「寒の荒行」を積んできた修行僧が、最後の水行で満了を示す。白い行者姿の僧がうちわ太鼓に導かれて水行場に向かい、褌《ふんどし》姿になって寒風のなか大声で経文を唱えながら頭から冷水をかぶり、国の安泰、世界の平和を祈念する。

十五日●涅槃会《ねはんえ》／各寺

降誕会《ごうたんえ》、成道会《じょうどうえ》、開山《かいさん》忌とともに、仏教の主要法会の一つで、釈迦の入滅の日に行われる追善報恩の法会。建長寺では法堂《はっとう》の須弥壇《しゅみだん》に涅槃図を掲げ、

大國禱会成満祭（長勝寺）

一山《いっさん》の僧侶が集まり読経《どきょう》を行う。

三月

最終の土曜または日曜●献詠披講式《けんえいひこう》／鶴岡八幡宮

平安時代より宮中に伝わってきた古式ゆかしい行事で、鎌倉時代にも源頼

献詠披講式

朝が管弦詩歌《しいか》の儀を行ったという故事をもとに、二〇〇五年（平成十七）より神前に和歌を献詠する神事として執り行われ、直垂に引立烏帽子《ひきたてえぼし》の神職が、読師《どくじ》、講師《こうじ》、発声《はっせい》、講頌《こうしょう》の諸役を務める。披講《ひこう》とは詩歌に曲節をつけて詠み上げることで、本来、和歌は披講することを前提としているので、講師が節をつけずに詠み上げた後、発声の先導によって講頌が唱和する。

四月

八日●降誕会《ごうたんえ》／各寺

仏教の主要法会の一つで、灌仏会《かんぶつえ》、仏誕会《ぶったんえ》、仏生会《ぶっしょうえ》などともいい、釈迦の誕生を祝う。一般には花祭りの名で親しまれている。花御堂《はなみどう》のなかに甘茶を入れた水盤を置き、中央に安置した釈迦像に甘茶をかけて入浴させる。釈迦が誕生したときに、天から龍が下り、香湯のなかへ入浴させたという言い伝えがルーツとなっている。建長寺では、一山の僧侶が法堂に集い、中国宋様式の法要が行われる。また、長谷寺では観音堂横のサクラの木の下に花御堂をしつらえて行われる。鎌倉仏教会主催の法要は、市内寺院のもちまわり。

第二日曜～第三日曜●鎌倉まつり／鶴岡八幡宮ほか

鎌倉市観光協会主催で、一九五九年（昭和三十四）から続いている鎌倉を代表する観光行事。初日には、若宮大路《わかみやおおじ》で市内各所の神輿などが参加する行列巡行と、鶴岡八幡宮舞殿で静《しずか》の舞が行われ、最終日には武田流司家により勇壮な流鏑馬《やぶさめ》が行われる。静の舞は、源義経《よしつね》の愛妾《あいしょう》静御前が頼朝に所望さ

鎌倉まつり・静の舞（鶴岡八幡宮）

れ、鶴岡八幡宮若宮回廊で「よしの山みねの白雪ふみ分けて入りにし人のあとぞこひしき」「しづやしづしづのをだまきくりかへし昔を今になすよしもがな」と舞った故事を古式ゆかしく再現する。

第三土曜●義経まつり／満福寺《まんぷくじ》

平家を滅ぼし鎌倉に凱旋したものの、兄・源頼朝に鎌倉入りを拒絶された義経が逗留し、「腰越状《こしごえじょう》」をこの寺で書いたというゆかりから、その遺徳をしのぶ法会。本堂で法要が営まれた後、腰越の龍口寺前から静御前や弁慶など、ゆかりの装束を身につけて腰越商店街を寺までパレードする。

五月

五日●菖蒲《しょうぶ》祭／鶴岡八幡宮

三月三日の女児の雛祭と並び、「端午の節句」「菖蒲の節句」といわれる、主として男児の祝い日。宮中では古くより競馬・騎射などが行われ、節会も盛んに催されていた。また、昔は尚武祭ともいい、武芸の奨励もされていた。まず、舞殿で祭典が執行され、続いて舞楽が奉納される。鶴岡八幡宮の舞楽の歴史は古く、鎌倉時代にまで遡る。当時の舞楽面が今も残されており、国重文に指定されている。

五日●草鹿《くさじし》／鎌倉宮

一一九四年（建久五）、源頼朝が富士の巻狩《まきがり》を催した際、草を束ねて鹿の形を作り、稽古したのが起源。五人ずつ二組に分かれた射手が、古式にのっとり鹿の形をした的を射て、組ごとの合計点数を競う神事。勝ち組の大将には神職から菖蒲が授与される。

後半の土・日曜●鎌倉ビーチフェスタ／由比ヶ浜海岸

鎌倉の海の素晴らしさを知ってもらうために鎌倉商工会議所が中心になって始めた行事。海岸の特設舞台で、フラダンスやビーチライブを行い、浜では砂像のコンテストや模擬店など、参加・体験型のイベントが開催される。

六月

上旬●蛍放生《ほうじょう》祭／鶴岡八幡宮

蛍の生育と放生を通じて豊かな四季と生命の尊さを思い、その中で生きることを神々に感謝する祭り。当日は夕刻より舞殿で神事が行われ、蛍が神前に供えられる。その後、柳原神池《やなぎはらしんち》の畔で、宮司以下神職の手によって放たれた蛍が、境内に飛び立つ。

三日●葛原岡《くずはらおか》神社例祭／葛原岡神社

後醍醐《ごだいご》天皇に仕えた貴族の日野俊基《ひのとしもと》を祀る、由比ヶ浜の鎮守でもある神社の祭礼。鎌倉ではこの祭を夏祭りの先駆けと呼んでいる。一方、八月十六日円應寺で行われる閻魔《えんま》縁日で夏祭りが終わるといわれている。

十六日●瑞賢忌《ずいけん》／建長寺

河村瑞賢は江戸時代初期の土木事業家で、奥州航路の廻船開発の海運や淀川の治水工事で活躍し、巨万の富を築いた。建長寺の裏に別荘を持っていたことや禅への信仰が深かったことから、墓前で法要が行われる。

三十日●大祓式《おおはらえ》／鶴岡八幡宮・鎌倉宮

日常生活で、知らず知らずのうちに犯した罪や穢れを「大祓」により祓い去り、活力を失った心身に生気を甦らせるための神事。人形に息を吹きかけ身体を撫で、この人形を身代わりとしたお祓いもしている。式後には祭員をはじめ参列者は茅《ち》の輪《わ》をくぐり、「おはらひさん」と呼ばれる輪飾りが希望者に授与される。

大祓式は大晦日にも行われる。

七月

七日●七夕祭／鶴岡八幡宮

もともとは、一芸の上達を祈る行事で、大陸の乞巧奠《きっこうでん》と呼ばれる星祭《ほしまつり》を移入したもの。幕末まで宮中では短冊に願いを書いて笹に吊したり、梶の葉に歌を書いて水に浮かべ、書や技芸の上達を星に願ったりした。乞巧奠の行事は今も京都の冷泉家に伝えられている。これらを参考に、二〇〇四年（平成十六）から新たに催されることになったのが七夕祭。舞殿には五色に染められた絹糸や絹布、梶の葉などが供えら

コラム

「鎌倉の町衆《まちしゅう》と祇園祭《ぎおんまつり》」

鎌倉にも「祇園祭」があった。室町時代の中ごろ、鎌倉公方《くぼう》足利成氏は築地《ついじ》の上に造られた桟敷《さじき》で奥方たちと見物している。旧暦の六月十四日、初夏を迎えた鎌倉は蒸し暑く、疫病を防ぐ願いを持つ祭りである。伝承では新羅三郎《しんらさぶろう》（源《みなもとの》）義光《よしみつ》が京都祇園社から鎌倉大町の八雲神社に勧請《かんじょう》してきたという。その伝統を引き継ぎ、祭りを進行させていった人々が「町衆」と呼ばれるのである。八雲神社に残る江戸時代の祭礼史料には、大町の月番《つきばん》として米町・辻町・魚町・傘町・名越《なごえ》・松殿《まつどの》・町小路・中座《なかざ》の町名が記されている。地域の商業者や職人たちがその中心になっていたのである。

一五八六年（天正十四）六月に後北条氏から八雲神社宛てに禁制《きんぜい》が出された。「鎌倉祇園祭」の日には喧嘩や口論をしてはいけない、とある。祭りの日にはこうしたことがよく起こったことを物語っている。

れる。

七～十四日の間の土曜から三日間●八雲《やくも》神社例祭（大町まつり）／八雲神社（大町）

もとは大町八雲神社の例祭で、「大町まつり」として地元住民に親しまれている。昼は四基ある八雲神社の神輿を白装束（白丁姿）の町衆がかつぎ、天《てん》王唄《のううた》を歌いながら町内を練り歩く。夜は神輿に提灯《ちょうちん》が取り付けられ「神輿ぶり」を披露する。宵闇《よいやみ》の中、大町四ツ角で四社が連結されて回転する姿は勇壮。

第一日曜～第二日曜●天王祭／腰越町全体

期間中は腰越各町内の五カ所に須佐《すさ》之男命《のおのみこと》、義経と弁慶、頼朝などの人形が飾られる。最終日には、両社の神輿がそれぞれ片瀬東浜の腰越側と江の島側で海上渡御を行った後、龍口寺で合流する行合祭《ゆきあいさい》が行われる。神輿が併用軌道上を神幸する間、江ノ電は区間運休する。

十五日●三門梶原施餓鬼会《せがきえ》／建長寺

餓鬼道で苦しむ一切の衆生《しゅじょう》に食物を与えて供養する法会が施餓鬼会。建長寺では、三門の下に一山の僧侶が集まり行う施餓鬼会に引き続いて、梶原景《かじわらかげ》時《とき》の亡霊を弔うために、もう一度施餓鬼会を行うのがしきたりになっている。

三門梶原施餓鬼会（建長寺）

海の日●石上神社例祭／御霊《ごりょう》神社（坂ノ下）

石上神社は御霊神社の境内社。かつて神社前の海中に岩礁があり、海難事故が絶えなかった。そこで、岩の一部を引き上げ海難がなくなるように境内に祀った。海神を鎮め、海で遭難した人の霊を慰める神事がこの例祭。船に乗せられた神輿とともに、神前に供えた御供《ごく》（赤飯）を捧げながら、若者が岩礁のあった場所まで泳いでいき、海に御供を流すので「御供流し」とも呼ばれている。

二十三～二十四日●開山忌／建長寺

開山・蘭渓道隆《らんけいどうりゅう》（大覚《だいがく》禅師）は一二四九年（建長元）に五代執権北条時頼《ときより》が中国の宋から招いた高僧。派内の僧侶が集まって宋朝様式の大法要が行われる。仏殿に安置されている大覚禅師の坐像が輿に乗せられ、法堂に遷される。翌日は、前日を上回る法要を行い前日の逆回りで禅師の像は仏殿に納められる。その後方丈で、四頭《よつがしら》と十万人講施餓鬼会が行われる。新盆を迎えた家の霊、祖先の霊を慰めるもので、参拝者は早朝から訪れる。

八月

立秋の前日〜九日●ぼんぼり祭／鶴岡八幡宮

夏越《なごし》祭に始まり、立秋祭、実朝《さねとも》祭までの三日間（年によっては四日間）行われる。鎌倉在住の画家、書家、学者など著名人が手書きした約四百点のぼんぼりが境内に掲揚され、夕刻になると巫女の手によって明かりが灯される。

夏越祭は源氏池の畔で古式祓神事を行う。夏から秋への季節の変わり目の時期には古くより祓《はらえ》が行われ、大祓とも似た意味を持っている。その後、神職は社務所前で茅の輪をくぐり、舞殿に進み神事を執り行う。翌日の立秋祭は、実りの秋を言祝《ことほ》ぎ、夏の間の無事を感謝する神事。鈴虫の虫篭を神前に供え、舞殿において神事を執り行う。最終日の実朝祭は『金槐《きんかい》和歌集』など文化芸術と縁の深い三代将軍源実朝の誕生日に行われる。遺徳を顕彰して短歌や俳句、茶道、華道の奉献者たちが多数参列して神事が執行され、神前にはこの祭典のために選ばれた短歌や俳句などが献上される。

十日●黒地蔵縁日《くろじぞうえんにち》／覚園寺《かくおんじ》

黒地蔵は、地獄に落ちた罪人にも情を示し、苦しみから助けようと、獄卒《ごくそつ》に代わって火を焚いたため、黒くすすけたと伝えられる黒ずんだ木造の地蔵菩薩立像。別名、「火焚き地蔵」ともいわれる。お盆を前に先祖供養に訪れる参拝者のために、寺は午前零時から開門している。

十日●四万六千日／杉本寺・長谷寺・安養院《あんよういん》ほか

観世音菩薩の結縁《けちえん》日で、この日に参詣すると四万六千日分の功徳があるといわれている。深夜から早朝に訪れると良いとされることから、「朝詣《あさまいり》」の別名でも呼ばれる。日数を年に換算すると百年以上になることから、一生功徳があるとされている。

九月

十四〜十六日●例大祭／鶴岡八幡宮

旧暦の八月十五日に行われていた放《ほう》生会《じょうえ》が新暦に換算して行われている。初日の早朝、由比ヶ浜で神職全員が海に入り禊《みそ》ぐ浜降式《はまおりしき》が行われ、二日目には本宮で例大祭が執行された後、若宮大路で神幸祭と八乙女《やおとめ》の舞が行われる。最終日には流鏑馬《やぶさめ》道で小笠原流宗家により流鏑馬神事が奉仕される。流鏑馬は、一一八七年（文治三）の放生会に奉納したのが始まりと伝えられる。武術と弓術をあわせもった最高の武術とされ、平安末期から鎌倉時代に武士の間で盛んに行われていた。鎌倉時代の狩装束をまとった武者が馬に乗って走りながら、約七十メートルごとに立てられた三的《みつまと》を次々に射る。

十八日●例祭／御霊神社（坂ノ下）

境内で鎌倉神楽とも呼ばれる湯立《ゆたて》神楽を奉納した後、奈良時代から伝わる伎楽《ぎがく》面や田楽《でんがく》面をつけた面掛《めんかけ》十人衆が坂ノ下町内を練り歩き、豊作・豊漁を祈願する行事。爺《じい》・鬼《おに》・異形《いぎょう》・鼻《はな》長《なが》・烏天狗《からすてんぐ》・翁《おきな》・火吹男《ひふきおとこ》・福禄寿《ふくろくじゅ》・阿《お》亀《かめ》・女の順で練り歩く。鶴岡八幡宮寺放生会の舞楽《ぶがく》面の行列をまねて作られたといわれ、二百年以上昔から行われているらしい。鎌倉で唯一の県無形文化財。

御霊神社例祭（面掛行列）

秋（予定）●鎌倉花火大会／由比ヶ浜・材木座海岸

一九四九年（昭和二十四）から始まった鎌倉花火大会実行委員会主催の観光行事。数千発の花火が由比ヶ浜沖の台船から打ち上げられる。なかでも移動する船から海中に投げ入れられ、水上で開く水中花火は人気がある（二〇一七年〈平成二十九〉十二月現在の予定）。

十月

上旬●鎌倉薪能《たきぎのう》／鎌倉宮

鎌倉市観光協会主催の、鎌倉を象徴する観光行事の一つ。境内を夕闇が包み始めると火入れ式が行われ、篝火《かがりび》に浮かび上がるように、能の幽玄な美の世界が繰り広げられる。二〇〇四年（平成十六）から有料化されたが、全国各地から観覧の申し込みが殺到する。

三日●開山国師毎歳《まいさい》忌／円覚寺《えんがくじ》

開山の無学祖元《むがくそげん》（仏光《ぶっこう》国師）は、二度にわたる元の来襲に際して、八代執権北条時宗《ときむね》の相談役だったといわれている。一山の僧侶が舎利殿に集まり、宋朝様式の古式ゆかしい法会を行う。この後、開山像を祀る仏殿でも盛大な法要を営む。四年に一度、閏《うるう》年に開山像を輿に乗せ、境内を巡堂する。

十二～十五日●十夜《じゅうや》法要《ほうよう》／光明寺《こうみょうじ》

十日十夜にわたり本堂で念仏を唱えると、千年の修行に値するといわれている。一四九五年（明応四）、後土御門《ごつちみかど》天皇から光明寺に十夜法要が勅許《ちょっきょ》され、これが現在全国の浄土宗の寺院で盛んに行われるもとになったとされている。現在は三日三晩に短縮され、植木市や夜店がたくさん並んで家族連れで賑わい、「お十夜」の名で市民にも親しまれている。

十夜法要（光明寺）

十一月

三日を含む三日間●宝物風入れ／建長寺・円覚寺

古書画や仏具など寺所蔵の貴重な宝物を、年一回虫干しを兼ねて方丈などに展示し、有料で一般に公開する。日ごろ見ることができない国宝や重要文化財などの寺宝が公開されるため、例年多くの拝観者がある。

十二月

十六日●御鎮座《ごちんざ》記念祭／鶴岡八幡宮

一一九一年（建久二）十一月二十一日、火災により焼失した鶴岡八幡宮寺を、現在の大臣山の中腹に再建し、社殿に京都石清水《いわしみず》八幡宮の神霊を迎える儀式を執り行った。この時、京都より招かれた楽人・多好方《おおのよしかた》が「宮人曲《みやびとのきょく》」を唱えたところ、神感の瑞相があり源頼朝の感激はひとしおであったと伝えられている。この日を新暦に換算して御鎮座記念祭が執り行われる。本殿にての祭典後、境内の明かりがすべて消され浄闇の中、舞殿北庭に篝火が焚かれる。この明かりだけの中で、四人の巫女《みこ》が「宮人曲」に合わせて舞い、神職による「人長舞《にんちょうのまい》」が奉納される。

十八日●歳《とし》の市《いち》／長谷寺

年の暮れに、正月の贈り物や新年から使う生活用品などを売るために特別に立つ市のことで、かつては鶴岡八幡宮、長谷寺、大船の塩釜《しおがま》神社、腰越方面などでも開かれていた。現在は長谷寺の歳の市だけとなり、達磨、熊手などの縁起物をはじめ、神棚や暦といった正月用品などの屋台が立ち並ぶ。

おもな祭りと行事一覧

月日	行事名	場所	詳細
一月一日	万灯祈願会	長谷寺《はせでら》	新年を迎え奉納されたロウソクに火を灯し読経する。
一月一日	神楽《かぐら》始式《はじめしき》	鶴岡《つるがおか》八幡宮《はちまんぐう》	新年を迎え舞殿《まいでん》で、地元小学生による「八乙女《やおとめ》の舞」が奉仕される。
一月一～三日	初えびす	本覚寺《ほんがくじ》	えびす神の年初の祭り。商売繁盛を祈願する福笹が授与される。
一月一～六日	御判《ごはん》行事	鶴岡八幡宮	神印を参拝者の額に押し当て、病気平癒、厄除《やくよ》け、無病息災を祈念する。
一月二日	船《ふな》おろし	坂ノ下海岸ほか	坂ノ下や材木座の漁師による仕事始め。大漁と航海安全の祈願。
一月四日	船祝い	腰越《こしごえ》漁港	腰越の漁師による仕事始め。大漁と航海安全の祈願。
一月四日	手斧《ちょうな》始式《はじめしき》	鶴岡八幡宮	建築関係者の事始め。手斧や槍かんななどで古式ゆかしい建築の所作が奉じられる。
一月五日	除魔《じょま》神事	鶴岡八幡宮	鎌倉時代から続く武士の事始めの儀式。裏に「鬼」の文字が書かれた大的を弓矢で射て邪を祓う。
一月八日	大《おお》注連《しめ》祭《まつり》	白山《はくさん》神社《じんじゃ》	毘沙門天《びしゃもんてん》の使いといわれるハガチ（百足《むかで》）を模した大注連縄《しめなわ》を奉納し、豊作と村内安全を祈願する。

一月十日	本えびす	本覚寺	商売繁盛の神・えびす神の祭り。烏帽子《えぼし》を付けた福娘が福銭、御神酒《おみき》を振舞う。
一月十一日	潮神楽	材木座海岸	海神を鎮め、航海の安全・豊漁を祈願し神楽《かぐら》を奉納する。
一月十一日	汐《うしお》まつり	坂ノ下海岸	海神を鎮め、航海の安全・豊漁を祈願し神楽を奉納する。
年初の巳の日	初巳《はつみ》祭	銭洗弁財天《ぜにあらいべんざいてん》宇賀福《うがふく》神社	新年の最初の巳の日に行われる。商売繁盛のご利益で知られるため、商業関係者の参拝が多い。
一月十三日	白旗《しらはた》神社例祭	白旗神社	源頼朝《みなもとのよりとも》の持仏堂《じぶつどう》跡といわれる場所に建つ白旗神社の例祭。
一月十三日	護摩《ごま》焚き供養	虚空蔵堂《こくうぞうどう》	虚空蔵菩薩が開帳され、僧侶が護摩を焚き読経する。五・九月十三日にも行われる。
成人の日	成人祭	鶴岡八幡宮	新成人が舞殿で無事成長できたことを感謝し、大人としての責任を果たすことを誓う祭り。
一月十五日	左義長《さぎちょう》神事	鶴岡八幡宮ほか	返納された門松、注連縄、古神札などを集め積み重ねて焼納する。一般に「とんど焼き」と呼ばれる火祭り。
一月十六日	閻魔《えんま》縁日	圓應寺《えんのうじ》	地獄の釜のふたが開き、すべての餓鬼が解放される日。八月十六日にも行われる。「水施餓鬼《みずせがき》」とも呼ばれる。
一月二十二日	聖徳太子《しょうとくたいし》講	宝戒寺《ほうかいじ》	市内の建築関係者、植木屋、石屋等を営む人たちが集まり、護摩供養・読経し、木遣《きやり》唄などが奉納される。

月日	行事名	場所	詳細
一月二十五日	初天神（筆供養）	荏柄《えがら》天神社	祭神の菅原道真《すがわらのみちざね》は学問の神。学問・書道の向上を祈願するため、古筆などを焚き上げて供養する。
一月二十五日	文殊祭《もんじゅさい》	常楽寺《じょうらくじ》	知恵の仏といわれる文殊菩薩を供養する。この日は秘仏の木造文殊菩薩坐像が開帳され法会《ほうえ》が行われる。
一月二十八日	初不動	明王院《みょうおういん》	鎌倉幕府の鬼門除けの不動明王《ふどうみょうおう》。無病息災や交通安全を祈り護摩焚き供養が毎月二十八日に行われる。
立春の前日	節分祭・節分会	各寺社	立春の前日、邪気の訪れを防ぎ旧年中の穢《けが》れを祓う。直垂《ひたたれ》や裃《かみしも》姿の年男・年女が福豆をまいて、参詣者に福を授ける。
二月初午の日	初午祭《はつうまさい》	丸山稲荷社《いなりしゃ》（鶴岡八幡宮）・佐助《さすけ》稲荷神社	春の農作業開始を前に農業神の稲荷の大神に豊作を祈願する。
二月八日	針供養《はりくよう》	荏柄天神社	使い古した針にねぎらいと感謝を込めて、拝殿前の三方の上に置かれた豆腐に針を刺して供養する。
二月十一日	大國禱会《だいこくとうえ》成満祭《じょうまんさい》	長勝寺《ちょうしょうじ》	千葉県の法華経寺で百日の荒行《あらぎょう》を終えた修行僧が立正安国《りっしょうあんこく》を祈願し、境内で冷水を浴びて寒中荒行を奉じる。
二月十五日	涅槃会《ねはんえ》	各寺	釈迦の入滅日に遺徳をしのぶ法会。
二月十七日	祈年祭	鶴岡八幡宮	五穀豊穣を祈念する祭り。

春分の日を中日とした七日間	彼岸会《ひがんえ》	各寺	春の彼岸の七日間に行う仏事。『吾妻鏡《あずまかがみ》』には鶴岡八幡宮寺で放生会《ほうじょうえ》を行い、その間、東国一帯で殺生を禁じたことが記されている。
三月最終の土曜または日曜	献詠披講《けんえいひこう》式	鶴岡八幡宮	神前に和歌を献詠する古式ゆかしい神事。
三月下旬	動物慰霊祭	光則寺《こうそくじ》	境内の動物埋葬塚で犬や猫などペットとして飼われた動物の彼岸供養法要を行う。九月下旬にも行われる。
四月二日	由比若宮例祭	由比若宮（元八幡）	京都石清水八幡宮《いわしみずはちまんぐう》の神を源氏の氏神として勧請《かんじょう》した最初の場所である若宮の例祭。
四月四日	開基毎歳忌《かいきまいさいき》	円覚寺塔頭佛日庵《えんがくじたっちゅうぶつにちあん》	円覚寺を建立した八代執権北条時宗《ほうじょうときむね》の命日に行われる法要。管長が導師《どうし》となり、一山《いっさん》の僧侶で半斎式をあげる。
四月七日～九日	極楽寺《ごくらくじ》本尊開扉	極楽寺	秘仏の清凉寺式釈迦如来《しゃかにょらい》立像を特別開扉する。
四月八日	忍性《にんしょう》墓特別公開	極楽寺	奥ノ院にある開山の墓、忍性塔を公開。この塔は高さ約三・九メートルの五輪塔。国の重要文化財に指定されている。
四月八日	降誕会《ごうたんえ》	各寺	釈迦の誕生を祝う法会。
四月第二日曜～第三日曜	鎌倉まつり	鶴岡八幡宮ほか	十三日には源頼朝公墓前祭も行われる。前後の日曜日から八日間、初日に静《しずか》の舞《まい》、最終日に流鏑馬《やぶさめ》が奉納される。
四月第二日曜	行列巡行	若宮大路《わかみやおおじ》	市内各所の神輿《みこし》、囃子団体などによる行列巡行。

月日	行事名	場所	詳細
四月第二日曜	静の舞	鶴岡八幡宮舞殿	吉野山での源義経《よしつね》との別れの悲しみを訴えた静の舞にちなみ、舞殿で奉納される。
四月十三日	源頼朝公墓前祭	源頼朝墓前	源頼朝の墓前で行う供養。
四月第三土曜	義経まつり	満福寺《まんぷくじ》	源義経の遺徳をしのぶ法会の後、腰越商店街をパレード。
四月第三日曜	流鏑馬	鶴岡八幡宮	武家の古都に相応しい装束で馬上から三的を射る。
五月五日	菖《しょう》蒲《ぶ》祭	鶴岡八幡宮	かつて武士に大切にされた「尚武」にちなんで菖蒲を使い、男子が健やかに育つよう祈願する。舞殿で舞楽が奉納される。
五月五日	草鹿《くさじし》	鎌倉宮《かまくらぐう》	鎌倉時代の武士の射術鍛錬とされ、鹿の形をした的に向かって矢を放つ。
五月五日	清正《きよまさ》公祭	妙法寺《みょうほうじ》（大町）	加藤清正像の祀《まつ》られた大覚殿で法要が行われる。その後お守りが配られる。
五月二十二日	徳崇大権現会《とくそうだいごんげんえ》	宝戒寺	北条一族を供養し弔う。
五月後半の土・日曜	鎌倉ビーチフェスタ	由《ゆ》比《い》ヶ《が》浜《はま》海岸	フラダンスやライブなどが行われ、模擬店も出店する海浜の祭り。砂像づくりを体験できるイベントも。

五月第三日曜	秋葉《あきば》山三尺坊大権現《だいごんげん》例祭	秋葉権現（光明寺《こうみょうじ》）	防災の神様として古くから信仰されている。かつては、山伏姿の修験道《じゅげんどう》行者による火渡り神事が行われた。
五月二十八日	白旗神社例祭	白旗神社（鶴岡八幡宮）	源頼朝・実朝《さねとも》を祭神とする白旗神社の例祭。
六月上旬	蛍放生《ほうじょう》祭	鶴岡八幡宮	境内の柳原神池《やなぎはらしんち》のほとりで神職により蛍が放生され、その後、境内が夜間開放される。
六月三日	葛原岡《くずはらおか》神社例祭	葛原岡神社	日野俊基《ひのとしもと》が祀られている。神輿は第一日曜に出て、氏子が由比ヶ浜、佐助《さすけ》一帯をまわる。
六月第二日曜	五所《ごしょ》神社例祭	五所神社	材木座の氏神として町内の五つの神社を併せて祀ったことから五所神社と命名。町内を神輿が練り歩き、海上渡御《とぎょ》が行われる。
六月十六日	瑞賢《ずいけん》忌	建長寺《けんちょうじ》	江戸時代初期の土木事業家。建長寺の裏に別荘を持っていたことや禅への信仰が深かったことから、墓前で法要が行われる。
六月三十日	大祓《おおはらえ》式	鶴岡八幡宮・鎌倉宮	正月から半年間の罪や穢れを祓い清め無病息災を祈念する。鶴岡八幡宮では、舞殿前に設けられた大きな茅の輪をくぐる。
七月一日	海開き	由比ヶ浜海岸ほか	海岸に祭壇を設け、神職によるお祓いの後、巫女《みこ》による舞が奉納される。
七月五～十二日の間の土・日曜	八坂大神《やさかおおかみ》例祭	八坂大神	初日に宵宮祭《よいみやさい》を行い、翌日の例祭には神楽が奉納される。

月日	行事名	場所	詳細
七月七日	七夕祭	鶴岡八幡宮	京都冷泉《れいぜい》家の儀式にならい、舞殿に五色の絹糸や絹布、梶の葉などが供えられる。
七月七〜十四日の間の土曜から三日間	八雲神社例祭（大町まつり）	八雲神社（大町）	初日に神輿渡御。この神輿を拝観すると疫病も退散するといわれる。
七月第一日曜〜第二日曜日	天王祭	腰越町全体	八日間にわたり、江の島の八坂神社と腰越の小動《こゆるぎ》神社とで同時開催される。最終日には、八坂神社の神輿が海上渡御を行った後、小動神社下にて式典が開かれる行合祭《ゆきあいまつり》。
七月中旬の一週間	八雲神社例祭	八雲神社（山ノ内）	神輿渡御は「行合祭」と呼ばれ、神輿は建長寺、円覚寺、浄智寺《じょうちじ》他にて読経を受けつつ神幸した後、山崎《やまざき》の北野神社の神輿と合流し、行合神事を行う。
七月十五日	三門梶原施餓鬼会《せがきえ》	建長寺	三門（山門）の下で早朝から行われる施餓鬼会の後、梶原景時《かじわらかげとき》の慰霊のため、再度、施餓鬼会が行われる。
海の日	石上神社例祭	御霊《ごりょう》神社（坂ノ下）	海上の安全祈願をする神事。神輿を船に乗せ、海上で御供《ごく》を流す。
七月二十三〜二十四日	開山忌《かいさんき》	建長寺	開山蘭渓道隆《らんけいどうりゅう》（大覚《だいがく》禅師）の坐像を法堂《はっとう》に遷し、法要を行う。二十四日には、十万人講施餓鬼会が行われる。
七月二十四日	本尊地蔵大施餓鬼会	宝戒寺	本尊の地蔵菩薩の縁日に施餓鬼法要が行われる。

七月二十五日	荏柄天神社例大祭	荏柄天神社	年に一度の祭典。例大祭の数日前には神輿の出る神幸祭《しんこうさい》が、前日には宵宮祭が行われる。神輿は一六九二年（元禄五）に造られたもの。
七月下旬	献灯会	光明寺	境内に提灯が立ち並び、夜になると先祖供養として献灯がなされる。法要では水難者の供養も行われる。
立秋の前日〜九日	ぼんぼり祭	鶴岡八幡宮	鎌倉在住の文化人の書画をぼんぼりに仕立てて、境内の参道に飾り、夕暮れとともに点火する。夏の風物詩。
立秋前日	夏越《なごし》祭	鶴岡八幡宮	夏の邪気を祓うため、源氏池《げんじいけ》畔の神事の後、茅の輪くぐりを行って無病息災を祈願する。
立秋の日	立秋祭	鶴岡八幡宮	二十四節気の一つ。夏の間の無事を感謝し、実りの秋の訪れを奉告する。神前には神域で生育した鈴虫が供えられる。
八月九日	実朝祭	白旗神社（鶴岡八幡宮）	鎌倉幕府三代将軍で和歌に長《た》けた源実朝をしのぶ。献茶・短歌・俳句の会を開催。
八月十日	黒地蔵縁日《くろじぞうえんにち》	覚園寺《かくおんじ》	覚園寺の黒地蔵尊（国重文）の縁日。午前零時から正午まで参拝できる。
八月十日	四万六千日	杉本寺《すぎもとでら》・長谷寺・安養院《あんよういん》ほか	観音菩薩を参詣する縁日。この日に参詣すると四万六千日間参詣したのと同じご利益を授かるといわれ、観音霊場を順にまわる習わしがある。
八月十九日	玉縄首塚《たまなわくびづか》まつり	岡本郵便局手前の首塚	玉縄城主北条氏時《うじとき》が築いた首塚を供養する祭り。玉縄史蹟顕彰会が主催している。
八月二十日	鎌倉宮例祭	鎌倉宮	十九日に前夜祭、二十日に例祭、二十一日に後鎮祭が行われる。琵琶・詩吟の奉納、剣道・柔道の奉納、納涼踊りの他、楽市や子ども神輿、お囃子《はやし》が開かれる。

月日	行事名	場所	詳細
九月第一土・日曜	十二所《じゅうにそ》神社例祭	十二所神社	氏子連や子ども会、婦人会など地域の組織が世話をし、ふだんは静かな境内がにぎわう。
九月十二日	龍口法難会（ぼたもち供養）	常栄寺《じょうえいじ》	日蓮《にちれん》が龍ノ口刑場に引かれていく時、桟敷尼《さじきに》がゴマのぼたもちを差し上げたことから、この日に日蓮像にぼたもちを供えて参詣の人々にも供する。
九月十四〜十六日	鶴岡八幡宮例大祭	鶴岡八幡宮	十四日には、海中に入って身を清める浜降式・宵宮祭、十五日に例大祭・神幸祭、十六日に流鏑馬神事を行う。
九月十四日	甘縄神明《あまなわしんめい》神社例祭	甘縄神明神社	長谷《はせ》町内各所に御神酒《おみき》所が用意され、夕方には祭り囃子が。神輿は十四日に近い日曜、山車《だし》とともに長谷をまわる。
九月十八日	御霊神社例祭	御霊神社（坂ノ下）	湯立神楽《ゆだてかぐら》の後、面掛《めんかけ》行列が行われる。伎楽面や田楽面をつけた面掛十人衆が、坂ノ下を練り歩く。県指定無形民俗文化財。
秋分の日を中日とした七日間	彼岸会	各寺	秋の彼岸に行われる先祖を供養する法会。
秋（予定）	鎌倉花火大会	由比ヶ浜・材木座海岸	一九四九年（昭和二十四）から始められた海岸での花火大会。数千発の花火が上がる。特に華麗な水中花火が有名（二〇一七年十二月現在の予定）。
十月三日	開山国師毎歳忌《まいさいき》	円覚寺	開山無学祖元《むがくそげん》（仏光国師《ぶっこうこくし》）忌。宋朝様式の古式ゆかしい法会が行われる。
十月上旬	鎌倉 薪能《たきぎのう》	鎌倉宮	一九五九年（昭和三十四）より鎌倉市観光協会主催で始まった行事。境内の特設能舞台で、夕暮れから篝火を焚いて行われる能。有料。

十月第一日曜　人形供養　本覚寺　古くなった人形や玩具などを集めて供養し焚き上げる。受付期間は九月一～三十日。

十月中旬　鎌倉郷土芸能大会　鎌倉市生涯学習センターほか、年により変更　民俗芸能など伝統文化の保存と育成のために行われてきた。鎌倉神楽、田植え唄、祭り囃子など郷土芸能の大会。

十月十二～十五日　十夜法要　光明寺　浄土宗の信徒が集まり、夜を徹して本堂で念仏や御詠歌《ごえいか》を唱える念仏会。境内には露店が並ぶ。

十月十五日　舎利《しゃり》講式　円覚寺　舎利殿に納めてある仏舎利を方丈に移し、法要を営む。

十月二十八日　白旗神社文墨祭　白旗神社（鶴岡八幡宮）　三代将軍で歌人としても知られた源実朝の文徳をしのび、俳句会、歌会、茶会、書画奉納展覧会が催される。

十一月三日を含む三日間　宝物風入れ　建長寺・円覚寺　文化の日を含む三日間、虫干しを兼ねて寺所蔵の貴重な古書画、仏像などの寺宝が有料公開される。

十一月八日　丸山稲荷社火焚祭　丸山稲荷社（鶴岡八幡宮）　五穀豊穣を感謝し、社殿の前で来年の豊作を祈願する。鎌倉神楽を奉納する。

十一月十五日　七五三祈請祭《きしょうさい》　鶴岡八幡宮、鎌倉宮ほか　男子三歳・五歳、女子三歳・七歳に氏神に詣でて成長を祝う、七五三の宮参り祭事。

十二月十六日　御鎮座《ごちんざ》記念祭　鶴岡八幡宮　舞殿北庭に篝火が焚かれ、四人の巫女による「宮人曲」に合わせた舞や神職による「人長舞」が奉納される。

月日	行事名	場所	詳細
十二月十八日	歳《とし》の市《いち》	長谷寺	参道に露店が並び達磨や熊手など正月を迎えるための縁起物が売られる鎌倉唯一の歳の市。
十二月三十一日	大祓式	鶴岡八幡宮・鎌倉宮	一年の罪や穢れを清め祓う神事。
十二月三十一日	除夜の鐘	各寺	鐘を百八鳴らして一年間の煩悩《ぼんのう》を祓い、新年を迎える。

資料

鎌倉人物小事典――222
鎌倉略年表――235
系図――248
鎌倉市内地図――250

鎌倉人物小事典

100人に見る鎌倉の歴史と文化

この項では、鎌倉にゆかりの深い歴史上の人物や、各界で活躍した故人の中から、この本の制作にご協力いただいた皆さんの意見を参考に、百人を任意で選び、そのプロフィールを紹介しています。

芥川龍之介（あくたがわ・りゅうのすけ）
１８９２年（明治25）～１９２７年（昭和2）。小説家。横須賀の海軍機関学校の教師時代、由比ヶ浜《ゆいがはま》に下宿。１９１８年（大正7）、1年ほど材木座で新婚生活。１９２３年（大正12）夏、鎌倉駅近くの平野屋に逗留。作品に『鼻』『羅生門《らしょうもん》』『河童《かっぱ》』など。

足利尊氏（あしかが・たかうじ）
１３０５年（嘉元３）～１３５８年（延文３・正平13）。足利貞氏《さだうじ》の子。室町幕府初代将軍。初名は高氏。後醍醐《ごだいご》天皇とともに鎌倉幕府を倒した。のち光明《こうみょう》天皇を擁立、１３３８年（暦応元・延元３）、京都に室町幕府を開いた。建長寺《けんちょうじ》境外塔頭《たっちゅう》長壽寺《ちょうじゅじ》に墓とされる供養塔がある。

足利基氏（あしかが・もとうじ）
１３４０年（暦応３・興国元）～１３６７年（貞治６・正平22）。足利尊氏の子で、南北朝時代の武将。１３４９年（貞和５・正平４）、鎌倉に入り初代鎌倉公方《くぼう》となる。瑞泉院《ずいせんいん》を中興し、瑞泉寺を建て、以後、鎌倉公方代々の菩提寺とする。28歳で死去し、瑞泉寺に葬られる。

安達泰盛（あだち・やすもり）
１２３１年（寛喜３）～１２８５年（弘安８）。鎌倉幕府の有力御家人。妹（後の覚山尼《かくさんに》）を８代執権北条時宗《ほうじょうときむね》に嫁がせ、北条氏との結びつきを強めたが、内管領《うちかんれい》平頼綱との争いに敗れ、一族もろとも滅ぼされた。

阿仏尼（あぶつに）
？～１２８３年（弘安６）。鎌倉時代中期の歌人。藤原為家《ふじわらのためいえ》（定家《ていか》の子）の側室。為家の死後、領地相続をめぐって、正妻の子為氏《ためうじ》と争う息子為相《ためすけ》の正当性を幕府に訴えるため鎌倉に下向した。その旅の記録であり、鎌倉滞在記である『十六夜《いざよい》日記《にっき》』を著した。

有島生馬（ありしま・いくま）
１８８２年（明治15）～１９７４年（昭和49）。画家、小説家。１９２０年（大正９）に稲村ガ崎《いなむらがさき》の新渡戸稲造《にとべいなぞう》の別荘に移転。翌年、「松の屋敷」といわれる邸宅へ移り、没年まで居住。兄・有島武郎、弟・里見弴《さとみとん》とともに「白樺《しらかば》」同人。セザンヌを初めて日本に紹介した。二科会を創設。

小説に『蝙蝠《こうもり》の如く』など。

有島武郎（ありしま・たけお）

1878年（明治11）～1923年（大正12）。小説家、評論家。弟に有島生馬、里見弴。1919年（大正8）3～4月、『或《あ》る女』後編の執筆のため円覚寺《えんがくじ》塔頭《たっちゅう》松嶺院《しょうれいいん》に滞在。「白樺」同人。『カインの末裔《まつえい》』『生れ出《い》づる悩み』など。

石橋湛山（いしばし・たんざん）

1884年（明治17）～1973年（昭和48）。言論人・政治家。大正時代から鎌倉に住み、町会議員を務めた。戦前は「東洋経済新報」記者として活躍し、戦後政界入り。1956年（昭和31）、第55代内閣総理大臣となるが、翌年、病気のため辞職。

伊勢宗瑞（北条早雲）（いせ・そうずい〈ほうじょう・そううん〉）

1432（永享4）、または1456年（康正2）～1519年（永正16）。生年は後者が有力。室町時代中後期の武将。後北条氏（小田原北条氏）の祖。備中国《びっちゅうのくに》（現岡山県）伊勢氏の出身とされる。15世紀末、関東の混乱に乗じ小田原城を支配、その後、相模国を支配し鎌倉に玉縄《たまなわ》城を築いた。北条姓は嫡男氏綱《うじつな》から名乗ったとされる。

一遍（いっぺん）

1239年（延応元）～1289年（正応2）。時宗《じしゅう》の開祖。踊《おどり》念仏を行いながら全国を遊行。鎌倉入りを目指したが、北条時宗を警護する武士によって阻止され、周辺の片瀬などで布教活動を行った。

上杉謙信（うえすぎ・けんしん）

1530年（享禄3）～1578年（天正6）。長尾景虎《かげとら》、上杉輝虎《てるとら》、政虎《まさとら》、のちに謙信と改名。越後の武将で、1560年（永禄3）に北条氏の支配する鎌倉を攻め落とすと、同族である山内《やまのうち》上杉氏の名跡を継ぎ、鶴岡八幡宮で関東管領《かんれい》を拝命した。小田原城に籠城する伊勢宗瑞（北条早雲）の子、北条氏綱をあと一歩まで追いつめた。

上杉憲顕（うえすぎ・のりあき）

1306年（徳治元）～1368年（正平23・応安元）。鎌倉末から南北朝期の武将。初代関東管領。足利尊氏とは従兄弟の関係。初代鎌倉公方足利基氏を補佐し、鎌倉府の体制を築いた。

上杉憲方（うえすぎ・のりかた）

1335年（建武2）～1394年（応永元）。上杉憲顕の子。関東管領として鎌倉公方足利氏満《うじみつ》を補佐した。山内上杉氏の始祖とされる。明月院《めいげついん》の開基で墓所は明月院やぐらにある。また極楽寺坂付近にある七層塔も憲方の墓と伝わる。

運慶（うんけい）

?～1223年（貞応2）。仏師《ぶっし》。「鎌倉新様式」を築いた鎌倉仏師の祖とされる。勝長寿院《しょうちょうじゅいん》本尊五大尊像《ごだいそんぞう》などを幕府の注文により制作したとされる。また、北条時政《ときまさ》が建立した静岡の願成就院《がんじょうじゅいん》、御家人和田義盛《わだよしもり》が建立した横須賀の浄楽寺《じょうらくじ》などにも諸像が現存する。

エリアナ・パブロバ
１８９９年～１９４１年。ロシア人バレリーナ。ロシア革命後、動乱の祖国を逃れて来日。１９２４年（大正13）から鎌倉に住み、七里《しちり》ヶ浜《がはま》にバレエスクールを開設、「日本バレエ発祥の地」となる。日本の国籍を取得、霧島エリ子と名乗る。南京で病死。

エルウィン・ベルツ
１８４９年～１９１３年。ドイツ人医学者。１８７６年（明治９）、東京医学校（現東京大学医学部）教師となり、保養の思想を普及させ、鎌倉が結核の療養に適した土地であることを唱えた。

大江広元（おおえの・ひろもと）
１１４８年（久安４）～１２２５年（嘉禄元）。式部少輔《しきぶのしょう》大江維光《おおえのこれみつ》の子。源頼朝の招きにより、１１８４年（元暦元）、鎌倉に下向。鎌倉幕府の公文所《くもんじょ》・政所《まんどころ》別当《べっとう》となり、頼朝の政務全般を補佐し、信頼を得る。頼朝死後も北条氏に協力し鎌倉幕府の基礎を固めた。

太田道灌（おおた・どうかん）
１４３２年（永享４）～１４８６年（文明18）。室町時代の武将。扇谷《おうぎがやつ》上杉家の家宰《かさい》。幼年は鎌倉五山で学問を修め、足利学校に学んだとされる。扇谷上杉家を扶《たす》け関東地方に勢力を示すため江戸城を築いた。また和歌にも精通していたといわれる。最後は力を持ち過ぎた道灌に対し、嫌疑を抱いた当主上杉定正《さだまさ》に粕屋《かすや》の館（伊勢原市）で暗殺された。現在の英勝寺《えいしょうじ》付近は道灌の屋敷跡とされ、英勝寺裏山には道灌の首塚が残る。

小倉遊亀（おぐら・ゆき）
１８９５年（明治28）～２０００年（平成12）。日本画家。山岡鉄舟《やまおかてっしゅう》の高弟小倉鉄樹と結婚、北鎌倉に住む。女性として三人目の文化勲章受章者。鎌倉市名誉市民。作品に「浴女《よくじょ》」「受洗《じゅせん》を謳《うた》う」など。

大佛次郎（おさらぎ・じろう）
１８９７年（明治30）～１９７３年（昭和48）。小説家。１９２１年（大正10）から長谷《はせ》、材木座、１９２９年（昭和４）から没年まで雪ノ下《ゆきのした》に。鎌倉の風致《ふうち》保存に力を注いだ。小説『鞍馬天狗《くらまてんぐ》』、ノンフィクション『ドレフュス事件』、史伝『天皇の世紀』など。

小津安二郎（おづ・やすじろう）
１９０３年（明治36）～１９６３年（昭和38）。映画監督。１９２３年（大正12）、松竹蒲田撮影所に入社。「東京物語」などの名作を生んだ。１９５２年（昭和27）から北鎌倉浄智寺《じょうちじ》近くに住み、里見弴ら鎌倉文士と親交を深めた。

覚山尼（かくさんに）
１２５２年（建長４）～１３０６年（嘉元４）。安達義景《よしかげ》娘。８代執権北条時宗の正室。時宗とともに禅宗に帰依し、時宗の没後、慰霊のため東慶寺《とうけいじ》を開山し、女性救済のための活動をしたことから、同寺は縁切り寺となったといわれている。

梶原景時（かじわら・かげとき）
？～１２００年（正治２）。平氏方の武将だったが、１１８０年（治承４）の石橋山の戦いで源頼朝を助け、信任を得た。頼朝の死後、結城朝光《ゆうきともみつ》を讒言《ざんげん》して弾《だん》劾《がい》にあい失脚。有力御家人たちに追われ、駿河《するが》で討たれた。深沢小学校裏手のやぐらは、梶原一族の墓といわれている。

華頂博信（かちょう・ひろのぶ）
1905年（明治38）～1970年（昭和45）。華族、軍人。華頂宮家は皇族の伏見宮家の分家にあたる。1929年（昭和4）に建てた浄明寺の邸宅は、1996年（平成8）に鎌倉市が取得。戦前の洋風住宅建築を代表する建物として、国の登録有形文化財に登録された。

鏑木清方（かぶらき・きよかた）
1878年（明治11）～1972年（昭和47）。日本画家。1946年（昭和21）、材木座に転居、のち雪ノ下へ。没後、旧居跡が鎌倉市鏑木清方記念美術館に。作品に「一葉女史《いちようじょし》の墓」「朝涼《あさすず》」「朝夕安居《ちょうせきあんきょ》」「にごりえ」「註文帖《ちゅうもんちょう》」「築地明石町」など。

川喜多長政（かわきた・ながまさ）
1903年（明治36）～1981年（昭和56）。映画事業家。妻のかしこと欧米名画の輸入配給、邦画の海外紹介に尽力した。1951年（昭和26）、ベネチア国際映画祭に黒澤明監督の「羅生門」を携えて参加。金獅子賞（グランプリ）を獲得。雪ノ下の川喜多邸は夫婦の死後、鎌倉市に寄贈され、現在、鎌倉市川喜多映画記念館となる。

川端康成（かわばた・やすなり）
1899年（明治32）～1972年（昭和47）。小説家。1935年（昭和10）、鎌倉に転入。1946年（昭和21）から没年まで、長谷に居住。『山の音』『千羽鶴』など多くの作品で鎌倉を描いた。他に『伊豆の踊子』『雪国』など。日本初のノーベル文学賞受賞者。初の鎌倉市名誉市民。逗子の仕事場で自殺。

岸田劉生（きしだ・りゅうせい）
1891年（明治24）～1929年（昭和4）。洋画家。黒田清輝《くろだせいき》に師事、「白樺」周辺の文化人と交流。大正関東地震後、京都へ移ったのち鎌倉の長谷へ転居。草土社《そうどしゃ》を結成。作品に「麗子像《れいこぞう》」「切通しの写生」など。

北大路魯山人（きたおおじ・ろさんじん）
1883年（明治16）～1959年（昭和34）。陶芸家。東京・麹町《こうじまち》に星岡茶寮《ほしがおかさりょう》を創業、食器や料理を自ら手がけた。1926年（昭和元）、北鎌倉山崎《やまざき》に星岡窯を築いた。重要文化財保持者（人間国宝）に指定されるも辞退。

九条（藤原）頼経
（くじょう〈ふじわら〉・よりつね）
1218年（建保6）～1256年（建長8）。鎌倉幕府4代将軍。公家の九条家出身で、源頼朝の妹の曽孫にあたる。実朝暗殺によって源家が途絶えたのち、2歳で鎌倉幕府に迎えられ、初の摂家《せっけ》将軍となる。後に北条氏と対立し、1246年（寛元4）、京都に追放された。

久米正雄（くめ・まさお）
１８９１年（明治24）～１９５２年（昭和27）。小説家、劇作家、俳人。１９２５年（大正14）、御成町《おなりまち》に転入。１９３０年（昭和５）から没年まで二階堂《にかいどう》に居住。鎌倉ペンクラブ結成や鎌倉文庫の運営など、鎌倉文士の中心的な存在。出版社鎌倉文庫社長、町議も。小説『破船』等。

黒田清輝（くろだ・せいき）
１８６６年（慶応２）～１９２４年（大正13）。洋画家、帝国美術院長。材木座の啓運寺《けいうんじ》をアトリエに「鎌倉にて」や「雲」を制作。印象派の影響を受けた作風を確立、外光派《がいこうは》と呼ばれた。作品に「湖畔」「智・感・情」など。

後藤俊太郎（ごとう・しゅんたろう）
１９２３年（大正12）～２００６年（平成18）。鎌倉彫の後藤家第28代当主。代々の鎌倉彫の伝統を引き継ぎ東京美術学校を卒業後、祖父運久《うんきゅう》の後を継ぎ、当主となる。鎌倉彫会館設立や鎌倉彫の伝統的工芸品の指定に尽力した。

小林秀雄（こばやし・ひでお）
１９０２年（明治35）～１９８３年（昭和58）。評論家。１９３１年（昭和６）、由比ガ浜に転入後、扇ガ谷《おうぎがやつ》、雪ノ下と移り住む。中原中也《なかはらちゅうや》らと交流。『様々なる意匠《いしょう》』以後、日本における近代批評を確立。著書に『無常《むじょう》といふ事』『本居宣長《もとおりのりなが》』など。多彩な文明批評を繰り広げた。

後深草院二条（ごふかくさいんのにじょう）
１２５８年（正嘉２）～？。鎌倉時代中期の日記作者で、後深草院に女房として仕えた。自伝的な日記『とはずがたり』には、宮中での行事、恋愛、鎌倉各地を探訪したことなどが綴られ、女流日記文学の傑作とされる。

今日出海（こん・ひでみ）
１９０３年（明治36）～１９８４年（昭和59）。小説家、評論家。『天皇の帽子』で直木賞。他に『吉田茂』など。文部省時代、芸術祭を創始。文化庁初代長官、国際交流基金初代理事長を歴任。１９３１年（昭和６）頃、小町に転入し、雪ノ下に移る。１９５１年（昭和26）から没年まで二階堂に居住。

西行（さいぎょう）
１１１８年（元永元）～１１９０年（文治６）。平安時代末期から鎌倉時代初期の歌人。鳥羽上皇に仕える北面の武士だったが、その後出家して旅を重ね、和歌を詠んだ。歌集に『山家集《さんかしゅう》』がある。『吾妻鏡《あずまかがみ》』に、東大寺再興の勧進のため、陸奥に赴く途中、鎌倉で源頼朝に謁見した逸話が残る。

三枝博音（さいぐさ・ひろと）
１８９２年（明治25）～１９６３年（昭和38）。科学史家・哲学者。鎌倉大学校（後の鎌倉アカデミア）開設に参画、校長を務める。日本科学史学会会長、横浜市立大学学長などを歴任した。国鉄鶴見事故で死去。著書に『日本哲学全書』『技術の哲学』など。

里見　弴（さとみ・とん）
１８８８年（明治21）～１９８３年

（昭和58）。小説家。有島武郎・生馬の弟。1924年（大正13）に鎌倉へ。1953年（昭和28）から没年まで扇ガ谷に居住。鎌倉ペンクラブ会長を務めるなど、鎌倉文士を代表する作家のひとり。「白樺」創刊に参加。作品に『極楽とんぼ』『安城家の兄弟』『多情仏心《たじょうぶっしん》』など。

静御前（しずかごぜん）
生没年不詳。平安後期～鎌倉時代の白拍子《しらびょうし》。源義経の愛妾《あいしょう》。源頼朝に追われた義経と逃げたが、捕らえられ鎌倉に送られた。鶴岡八幡宮《つるがおかはちまんぐう》で歌舞を演じた折、義経を慕う歌をうたって、頼朝の怒りを買い、義経との間に生まれた男児は前浜（坂ノ下海岸と由比ヶ浜）で殺された。その後は消息を絶つ。日本各地に自害の地とされる伝説が残る。

澁澤龍彦（しぶさわ・たつひこ）
1928年（昭和3）～1987年（昭和62）。仏文学者、評論家、小説家。マルキド・サド『悪徳の栄え』やジャン・コクトーの翻訳を手がけ、エッセー、美術・文化評論、幻想小説など幅広く執筆。1946年（昭和21）から小町、1966年（昭和41）から没年まで山ノ《やまの》内《うち》の明月谷戸に居住。浄智寺に眠る。

島崎藤村（しまざき・とうそん）
1872年（明治5）～1943年（昭和18）。詩人、小説家。「文學界」創刊に参加。詩集『若菜集《わかなしゅう》』で名声を得、小説『破戒《はかい》』により作家の地位を確立。『家』『新生』などで自然主義文学の代表的作家に。1893年（明治26）、円覚寺の塔頭帰源院《たっちゅうきげんいん》で過ごし、当時の体験を基に『春』を著した。

釈（洪嶽）宗演（しゃく〈こうがく〉・そうえん）
1859年（安政6）～1919年（大正8）。仏教学者、臨済宗《りんざいしゅう》僧。円覚寺派、建長寺派の管長を兼務。1893年（明治26）、シカゴの万国宗教大会で講演し、欧米に初めて禅を紹介した。夏目漱石《そうせき》ら知識人や政財界に多くの信奉者を持った。

菅原通済（すがわら・つうさい、本名・みちなり）
1894年（明治27）～1981年（昭和56）。実業家。江ノ島電鉄の経営に関わり江の島を開発。大船《おおふな》～江の島間の有料道路を敷設、深沢の丘陵を高級別荘地として開発し鎌倉山と名づけた。

鈴木大拙（すずき・だいせつ）
1870年（明治3）～1966年（昭和41）。仏教学者。釈（洪嶽）宗演の弟子となり、禅についての講演を英訳。『大乗起信論《だいじょうきしんろん》』を英文出版し、禅の思想を世界に普及させた。円覚寺の正伝庵《しょうでんあん》に住み、自ら創設した東慶寺の松ヶ岡文庫で研究生活を送った。

高田博厚（たかた・ひろあつ）
1900年（明治33）～1987年（昭和62）。彫刻家。渡仏し、ロダン、マイヨールの影響を受ける。1966年（昭和41）、稲村ガ崎に住居とアトリエを構えた。没後、作品の一部が鎌倉市に寄贈された。

高浜虚子（たかはま・きょし）
1874年（明治7）～1959年（昭和34）。俳人、小説家。1910年（明

治43）から没年まで由比ヶ浜に居住。正《まさ》岡子規《おかしき》に師事。俳誌「ホトトギス」に参加、のち継承、主宰。客観写生、花鳥《かちょう》諷詠《ふうえい》を唱える。句集『虚子句集』『五百句』、小説『鶏頭《けいとう》』『柿二つ』など。

高見　順（たかみ・じゅん）

１９０７年（明治40）～１９６５年（昭和40）。小説家、詩人。１９４３年（昭和18）から没年まで山ノ内に居住。鎌倉アカデミアの教壇にも立った。小説『故《こ》旧忘《きゅうわす》れ得《う》べき』、詩集『死の淵《ふち》より』など。『高見順日記』は昭和史の貴重な資料とされる。日本近代文学館設立に奔走。

竹山道雄（たけやま・みちお）

１９０３年（明治36）～１９８４年（昭和59）。評論家、独文学者。ゲーテ、ニーチェなどを翻訳し、戦後、小説『ビルマの竪琴』を発表。後に評論活動に専念し『昭和の精神史』『人間について』などを著す。１９４４年（昭和19）、扇ガ谷に転入し、１９４９年（昭和24）から没年まで材木座に居住。

立原正秋（たちはら・まさあき）

１９２６年（昭和元）～１９８０年（昭和55）。小説家。１９５０年（昭和25）、大町に転居。その後、没年まで梶原に居住。『薪能《たきぎのう》』『残りの雪』など、鎌倉を舞台にした作品を残した。他に『白い罌《け》粟《し》』『剣《つるぎ》ヶ《が》崎《さき》』など。

田中絹代（たなか・きぬよ）

１９０９年（明治42）～１９７７年（昭和52）。女優。１９２４年（大正13）に松竹に入社。「愛染《あいぜん》かつら」の大ヒットによりスター女優となる。「伊豆の踊子」「楢山節考《ならやまぶしこう》」など多数出演。１９７４年（昭和49）の「サンダカン八番娼館　望郷」で、ベルリン国際映画祭最優秀女優賞を受賞。１９３６年（昭和11）、鎌倉山旭ヶ丘移住。１９６５年（昭和40）に鎌倉山に新居を構える。

田村隆一（たむら・りゅういち）

１９２３年（大正12）～１９９８年（平成10）。詩人。１９７０年（昭和45）、材木座に転入。１９８８年（昭和63）から没年まで二階堂に。鮎川信夫《あゆかわのぶお》らと「荒地」創刊。詩集『四千の日と夜』を発表。他に『言葉のない世界』『僕が愛した路地《ろじ》』など。鎌倉の自然や人をテーマにした詩集等も多い。

千葉常胤（ちば・つねたね）

１１１８年（元永元）～１２０１年（建仁元）。平安末から鎌倉時代初期の武将。頼朝が石橋山の合戦で敗れた後、逃れた房総でその再起を扶けた。頼朝が鎌倉に入れたのは、この千葉氏の軍勢の扶けによるところが大きいとされている。鎌倉入りの後、奥州合戦にも従軍し大将に任じられ活躍。各地に所領を得た。

徳川光圀（とくがわ・みつくに）

１６２８年（寛永5）～１７００年（元禄13）。徳川御三家水戸家の第2代藩主。さまざまな廻国伝説を持つが、史実として生前の大規模な旅は鎌倉や蝦夷《えぞ》への旅くらいだったとされる。その時の鎌倉への旅の記録が『鎌倉日記』。またその後、家臣に命じまとめさせたのが『新編鎌倉志《しんぺんかまくらし》』とされる。

永井龍男（ながい・たつお）

1904年（明治37）〜1990年（平成2）。小説家。1934年（昭和9）、二階堂に転入。1953年（昭和28）から没年まで雪ノ下に居住。鎌倉文学館の初代館長を務めた。文藝春秋に入社し芥川・直木賞の「育ての親」に。作品に『一個』『青梅雨《あおつゆ》』など。

中原中也（なかはら・ちゅうや）

1907年（明治40）〜1937年（昭和12）。詩人。最晩年の2月、扇ガ谷の寿福寺《じゅふくじ》境内に転居、10月、鎌倉養生院（現清川病院）で死去。小林秀雄、大岡昇平らと交流。詩集『山羊《やぎ》の歌』『在りし日の歌』など。「四季」「歴程《れきてい》」同人。

中山義秀（なかやま・ぎしゅう）

1900年（明治33）〜1969年（昭和44）。小説家。横光利一《よこみつりいち》らと同人誌「塔」を創刊。『厚物咲《あつものざき》』で芥川賞。戦後は『残照』などの歴史小説に新境地を開いた。1943年（昭和18）から没年まで極楽寺に居住。

長与専斎（ながよ・せんさい）

1838年（天保9）〜1902年（明治35）。医師。江戸末期より西洋医学を学ぶ。内務省衛生局の初代局長。日本の衛生行政の確立に尽力する。1884年（明治17）に由比ヶ浜を海水浴に最適と紹介。自らも由比ガ浜に別荘を建て、サナトリウム「海浜院」を開設した。

夏目漱石（なつめ・そうせき）

1867年（慶応3）〜1916年（大正5）。小説家。1894年（明治27）、円覚寺の塔頭帰源院に参禅、後年『門』『夢十夜《ゆめじゅうや》』にその体験を生かした。1897年（明治30）夏、材木座に滞在。『こころ』では鎌倉の海を舞台に。『吾輩《わがはい》は猫である』『坊っちゃん』『それから』『三四郎』など。

西田幾多郎（にしだ・きたろう）

1870年（明治3）〜1945年（昭和20）。哲学者。1928年（昭和3）から没するまで稲村ガ崎に居住。七里ヶ浜に、海の風景を詠った記念碑がある。絶対無という東洋思想を根底に西洋哲学と融合した独自の西田哲学を構築。『善の研究』を刊行。『芸術と道徳』『思索と体験』など。

日蓮（にちれん）

1222年（承久4）〜1282年（弘安5）。日蓮宗の開祖。『立正安国論《りっしょうあんこくろん》』を5代執権北条時頼に上書した。過激な他宗批判、政治批判により、幕府に捕らえられたが、腰越の龍ノ口刑場で斬首される直前に奇怪な現象が起きて、佐渡に流刑となったとされる。赦免後、武蔵国池上にて没する。

新田義貞（にった・よしさだ）

1301年（正安3）〜1338年（建武5・延元3）。上野国《こうずけのくに》の河内源氏《かわちげんじ》一門、新田庄の領主。鎌倉〜南北朝時代の御家人。鎌倉へ進軍し、稲村ヶ崎から突破して幕府を滅亡させた。後醍醐天皇の建武の新政で重用されたが、足利尊氏と対立。朝廷軍の大将となって尊氏軍討伐を目指したが、越前の藤島の戦いで討ち死にした。

忍性（にんしょう）
１２１７年（建保5）～１３０３年（乾元2）。鎌倉時代、真言律宗の僧。極楽寺の開山となり、貧民救済のため、悲田《ひでん》院、施薬《せやく》院などの療養施設を開設。長谷の桑ケ谷《くわがや》療養所では粥の炊き出しなどを行った。道路や橋、井戸の修築など土木事業にも尽力した。

萩原朔太郎（はぎわら・さくたろう）
１８８６年（明治19）～１９４２年（昭和17）。詩人。詩集『月に吠える』『青猫』で口語自由詩による近代象徴詩を完成させた。１９１６年（大正5）、療養と『月に吠える』編集のため坂ノ下に滞在。１９２５年（大正14）から一年間、材木座に居住した。

畠山重忠（はたけやま・しげただ）
１１６４年（長寛2）～１２０５年（元久2）。平安末～鎌倉時代初期の武将。秩父氏（埼玉県秩父市）の一族で頼朝の挙兵後、鎌倉入りを扶け、幕府の重臣となる。怪力の持ち主、また銅拍子や鼓の演奏にも長けていたとされる。頼朝亡き後、北条氏の謀略によって、武蔵国二俣《ふたまた》川《がわ》（現横浜市旭区）で討ち死にする。

原節子（はら・せつこ）
１９２０年（大正9）～２０１５年（平成27）。女優。１９３５年（昭和10）、日活映画でデビュー。その後、小津安二郎監督の「晩春」や「東京物語」などに出演、国民的女優となる。晩年はメディアに出ることを避け、静かな余生を鎌倉で過ごす。

比企能員（ひき・よしかず）
?～１２０３年（建仁3）。源頼朝の乳母である比企尼《ひきのあま》の養子。平氏追討に加わり、頼朝の信任を得た。頼朝の死後、2代将軍頼家《よりいえ》と結び、権力を振るった。北条氏討伐を企てたが政子に知られ、名越の北条邸にて謀殺される。後に一族も北条氏によって滅ぼされた。

土方定一（ひじかた・ていいち）
１９０４年（明治37）～１９８０年（昭和55）。美術評論家、神奈川県立近代美術館館長。日本を代表する評論家として活躍、全国美術館会議会長を務めるなど、近代美術館の定着に尽力した。１９７６年（昭和51）から笛田《ふえだ》に住んだ。

平山郁夫（ひらやま・いくお）
１９３０年（昭和5）～２００９年（平成21）。日本画家。東京藝術大学の学長なども務めた。仏教伝来や、シルクロードを描いた作品が高く評価され、ユネスコの親善大使として国際的な遺跡の保存活動にも従事する。二階堂に自宅とアトリエを構え、亡くなるまで暮らした。鎌倉市名誉市民。

北条（金沢）実時（ほうじょう〈かねさわ〉・さねとき）
１２２４年（元仁元）～１２７６年（建治2）。執権北条氏の一門。8代執権北条時宗のもとで幕府の重役を務めるが、引退後、六浦庄《むつうらしょう》金沢（現横浜市金沢区）の地で余生を送る。蔵書を集め金沢文庫を設立。金沢流北条氏の実質的初代。

北条高時（ほうじょう・たかとき）

１３０３年（嘉元元）～１３３３年（元弘３）。鎌倉幕府14代執権。９代執権北条貞時の子。新田義貞の鎌倉攻めによって、一族とともに東勝寺《とうしょうじ》で自刃。鎌倉幕府は滅亡した。

北条時政（ほうじょう・ときまさ）

１１３８年（保延４）～１２１５年（建保３）。鎌倉幕府初代執権。北条政子の父。源頼朝を扶けて幕府創設に貢献。頼朝の死後、２代将軍の頼家を廃し、実朝を擁立。執権となって実権を握る。後に子の北条義時や政子と対立し、出家。伊豆に追放。

北条時宗（ほうじょう・ときむね）

１２５１年（建長３）～１２８４年（弘安７）。鎌倉幕府８代執権。５代執権北条時頼の次男。文永の役・弘安の役で元軍を撃退。禅宗に帰依し、蘭渓道隆《らんけいどうりゅう》（大覚《だいがく》禅師）、兀庵普寧《ごったんふねい》、大休正念《だいきゅうしょうねん》から教えを受ける。宋より無学祖元《むがくそげん》（仏光《ぶっこう》国師）を招き、元軍襲来の際の戦没者慰霊のために、１２８２年（弘安５）に円覚寺を創建した。

北条時頼（ほうじょう・ときより）

１２２７年（嘉禄３）～１２６３年（弘長３）。鎌倉幕府５代執権。３代執権北条泰時の孫。三浦一族を滅亡に追いやり（宝治合戦《ほうじかっせん》）、名越光時《なごえみつとき》らを失脚させる（宮騒動）など、反北条勢力を一掃し、北条氏の権力を堅固なものとした。寺社を保護し、禅を篤く信仰。蘭渓道隆を開山に招き、１２５３年（建長５）に建長寺を創建した。

北条政子（ほうじょう・まさこ）

１１５７年（保元２）～１２２５年（嘉禄元）。鎌倉幕府初代執権北条時政の長女、源頼朝の妻。頼朝の死後出家したが、源頼家、源実朝の後見として政務を担う。源氏が途絶えると、４代将軍に藤原頼経を迎え、政務を執った。北条執権政治の確立にも尽くし、尼将軍と称された。勝長寿院に葬られたが、壽福寺に墓と伝えられる五輪塔が、また安養院にも供養塔がある。

北条泰時（ほうじょう・やすとき）

１１８３年（寿永２）～１２４２年（仁治３）。鎌倉幕府３代執権。１２２１年（承久３）、承久《じょうきゅう》の乱で京都に攻め上り、初代六波羅探題北方《ろくはらたんだいきたかた》に就任した。２代執権であった父義時の死後、執権となり、１２３２年（貞永元）御成敗式目《ごせいばいしきもく》（貞永《じょうえい》式目《しきもく》）を制定して執権政治を確立した。

北条義時（ほうじょう・よしとき）

１１６３年（長寛元）～１２２４年（貞応３）。鎌倉幕府２代執権。北条時政の次男。姉の政子や子の泰時らとともに承久の乱を鎮圧。後鳥羽上皇らを流罪にし、京都に六波羅探題を設置した。幕府を安定させ、執権政治の土台を固めた。

前田利為（まえだ・としなり）

１８８５年（明治18）～１９４２年（昭和17）。旧加賀藩前田本家16代当主。貴族院議員を経て、陸軍大将となる。鎌倉別邸が火災で焼失したため、洋風に改築。鎌倉邸宅は後に鎌倉市に寄贈され、鎌倉文学館となり、２０００年（平成12）には国の登録有形文化財となった。

正宗（まさむね）

生没年不詳。鎌倉時代の刀工。新藤五《しんとうご》国光《くにみつ》に師事し、鎌倉時代末期に相州伝といわれる作風を完成。正宗十哲といわれる名工など、多くの門弟を輩出した。その伝統、技法は「正宗美術工芸」に受け継がれている。本覚寺《ほんがくじ》に供養塔がある。

三浦義澄（みうら・よしずみ）

1127年（大治2）～1200年（正治2）。頼朝の挙兵の際、三浦半島を支配していた三浦一族の当主。挙兵時から頼朝を扶けるが、石橋山の合戦には悪天候のため参戦できなかった。しかし水軍力でその後の頼朝の鎌倉入りを扶けた。義澄の孫の泰村《やすむら》は北条氏との争いに敗れ、一族とともに鎌倉の法華堂《ほっけどう》で自害している。

源実朝（みなもとの・さねとも）

1192年（建久3）～1219年（建保7）。鎌倉幕府3代将軍。源頼朝と北条政子の次男。鎌倉時代前期の万葉調の歌人として知られ藤原定家《ふじわらのていか（さだいえ）》に師事した。家集に『金槐《きんかい》和歌集』がある。右大臣拝《はい》賀《が》の儀《ぎ》の帰途、鶴岡八幡宮境内で甥の公《く》暁《ぎょう》に暗殺された。

源義経（みなもとの・よしつね）

1159年（平治元）～1189年（文治5）。兄頼朝と平氏を討つが、後に対立。逃れた平泉で藤原泰衡《ふじわらのやすひら》に急襲され自害。首は藤沢に埋められ、藤沢白旗神社に祀られたという。その悲劇は人々の同情を引き、弱者に同情する「判官贔屓《ほうがんびいき》」という言葉がつくられた。

源義朝（みなもとの・よしとも）

1123年（保安4）～1160年（平治2）。平安時代末期の武将。源頼朝の父。1156年（保元元）の保元《ほうげん》の乱で後白河天皇方につき、平清盛《たいらのきよもり》とともに勝利に貢献した。1159年（平治元）の平治の乱では清盛に敗れ、翌年、尾張で謀殺された。義朝の邸宅跡に、後に北条政子が壽福寺を建立したとされる。

源頼家（みなもとの・よりいえ）

1182年（寿永元）～1204年（元久元）。鎌倉幕府2代将軍。源頼朝の長男。頼朝の死後、家督を継ぐが、実権は北条氏に掌握された。伊豆修禅寺《しゅぜんじ》に幽閉され、後に暗殺された。

源頼朝（みなもとの・よりとも）

1147年（久安3）～1199年（建久10）。鎌倉幕府初代将軍。1159年（平治元）に平治の乱で敗れ、伊豆蛭ヶ小島《ひるがこじま》に流されたが、平家打倒の兵を挙げ、1185年（文治元）、壇ノ浦《だんのうら》で平家を滅亡させる。守護・地頭を設置、奥州《おうしゅう》藤原氏を滅亡させ、1192年（建久3）に征夷大将軍《せいいたいしょうぐん》となる。

無学祖元（むがく・そげん）

1226年（南宋宝慶2）～1286年（弘安9）。南宋から8代執権北条時宗に招かれた禅僧。仏光国師《ぶっこうこくし》とも呼ばれる。はじめは建長寺に入り、1282年（弘安5）に円覚寺開山となる。

夢窓疎石（むそう・そせき）
１２７５年（建治元）～１３５１年（観応2・正平6）。鎌倉時代末期から南北朝時代の禅僧。足利尊氏らに篤信《とくしん》された。鎌倉・瑞泉寺の開山に迎えられた後、京都・天龍寺などの開山ともなる。造園の設計でも知られる。五山《ござん》文学の発展にも寄与した。夢窓国師とも呼ばれる。著書に『夢中問答集《むちゅうもんどうしゅう》』がある。

陸奥廣吉（むつ・ひろきち）
１８６９年（明治2）～１９４２年（昭和17）。外交官。１９１５年（大正4）、洋画家の黒田清輝らと鎌倉同人会を結成。鎌倉国宝館《こくほうかん》の開設、松並木の保全など市民活動団体の先駆けとなった。鎌倉女学校（現鎌倉女学院）の初代理事長も務める。妻のイソは、イギリスの貴族出身。外国人のための鎌倉案内書を作るなどした。

護良親王（もりよししんのう）
１３０８年（延慶元）～１３３５年（建武2）。後醍醐天皇の皇子。天台座主。後醍醐天皇の鎌倉幕府倒幕運動に参戦。倒幕後、一時征夷大将軍に任命されるが、その後、足利尊氏や父後醍醐天皇との不和により解任。最後は二階堂の東光寺（現在は廃寺）にあった土牢に幽閉され、殺害されたという。現在その土牢は鎌倉宮に移設され保存されている。

文覚（もんがく）
１１３９年（保延5）～１２０３年（建仁3）。平安末から鎌倉時代初期の真言宗の僧、もとは武士。文覚上人とも。俗名は遠藤盛遠《もりとお》といわれる。伊豆国蛭《ひる》ケ《が》小《こ》島《じま》で頼朝の知遇を得、頼朝の鎌倉入りを扶けたといわれる。今も鎌倉に文覚ゆかりの像や屋敷跡などが残っている。頼朝の死後、後鳥羽上皇に謀反の嫌疑をかけられ、対馬へ流罪となる途上、客死した。

栄西（ようさい〈えいさい〉）
１１４１年（保延7）～１２１５年（建保3）。日本臨済宗の祖。延暦寺で天台宗を学んだ後、宋に渡った。帰国後、鎌倉へ。幕府の庇護を受け、壽福寺、京都の建仁寺《けんにんじ》の開山となる。中国から茶を紹介し、『喫茶養生記《きっさようじょうき》』を著した。ほかに『興禅護国論《こうぜんごこくろん》』がある。

横山隆一（よこやま・りゅういち）
１９０９年（明治42）～２００１年（平成13）。漫画家。『フクちゃん』で国民的人気を博す。１９９４年（平成6）、漫画家で初の文化功労者に。１９９６年（平成8）、鎌倉市名誉市民の称号を受ける。久米正雄らと鎌倉カーニバルを盛り立てた。１９３７年（昭和12）、鎌倉に転居。

与謝野晶子（よさの・あきこ）
１８７８年（明治11）～１９４２年（昭和17）。歌人。与謝野鉄幹《てっかん》（寛）の妻。雑誌「明星《みょうじょう》」で活躍。歌集『みだれ髪』が反響を呼び、明治浪漫主義に新時代を開いた。たびたび鎌倉を訪れ、多くの歌を詠んだ。長谷の高徳院には大仏を詠んだ歌碑がある。

吉野秀雄（よしの・ひでお）
１９０２年（明治35）～１９６７年（昭

和42）。歌人。鎌倉アカデミア（鎌倉大学校）で教鞭を執る。瑞泉寺に「死をいとひ生をもおそれ人間のゆれ定まらぬこころ知るのみ」の歌碑。敬愛する良寛についての『良寛《りょうかん》歌集』『良寛和尚の人と歌』などがある。

吉屋信子（よしや・のぶこ）

1896年（明治29）～1973年（昭和48）。小説家。1936年（昭和11）の新聞小説「良人《おっと》の貞操《ていそう》」で大衆文学の人気作家に。70歳を過ぎて歴史小説『徳川の夫人たち』を書く。現在、吉屋信子記念館になっている長谷の屋敷へ1962年（昭和37）に転居し、没年まで住んだ。作品に『鬼火《おにび》』など。

ラングドン・ウォーナー

1881年～1955年。アメリカの東洋美術研究家。鎌倉など古都を第二次大戦の空爆から救ったとされるが、本人は否定したといわれる。1986年（昭和61）の「古都における歴史的風土の保存に関する特別措置法」（古都保存法）制定20周年を記念して鎌倉駅西口前に記念碑が建った。ハーバード大学附属美術館東洋部長などを務めた。

蘭渓道隆（らんけい・どうりゅう）

1213年（南宋嘉定6）～1278年（弘安元）。南宋から渡来した禅僧。大覚禅師とも呼ばれる。1246年（寛元4）に来日。5代執権北条時頼の帰依《きえ》を受け、1253年（建長5）、建長寺の開山となる。京都の建仁寺、鎌倉の禅興寺《ぜんこうじ》などの住持にもなった。自筆とされる墨蹟『法語規則』は建長寺が所有し、国宝。

笠智衆（りゅう・ちしゅう）

1904年（明治37）～1993年（平成5）。俳優。「東京物語」など小津安二郎監督の多くの作品に出演した。松竹大船移転にともない、大船観音寺の近くに移り、没年まで居住。山田洋次監督の「男はつらいよ」シリーズの御前様《ごぜんさま》として親しまれた。

ロベルト・コッホ

1843年～1910年。ドイツの細菌学者。1908年（明治41）、弟子の北里柴三郎《きたさとしばさぶろう》の案内で極楽寺・霊山《りょうぜん》山を訪れた。霊山山上に来訪記念の碑が建てられたが、後に稲村ガ崎の海浜公園内に移された。「結核に関する研究」でノーベル生理学・医学賞受賞。

和田義盛（わだ・よしもり）

1147年（久安3）～1213年（建暦3）。鎌倉幕府初代の侍所《さむらいどころ》別当《べっとう》。平家追討や奥州《おうしゅう》合戦に参加し、源頼朝に信頼された。北条氏排斥《はいせき》計画に参加した子と甥に対する処罰に憤り、2代執権北条義時打倒を目指して挙兵するが敗れ、一族は滅亡。江ノ電和田塚駅近くに和田一族の墓があり、和田塚と呼ばれている。

鎌倉略年表

西暦	元号	事項
旧石器時代		粟船山《あわふね》・小袋谷《こぶくろや》からこのころの打製石器が出土(二万年前ころから人が生活していたことが判明)
五五二	欽明天皇十三	江島《えのしま》神社の本宮が建立されたといわれる
七一〇	和銅三	豪族染屋時忠《そめやときただ》が、長谷《はせ》の甘縄神明《あまなわしんめい》神社を創建したといわれる
七一二	五	献進された『古事記《こじき》』に「足鏡別王《あしかがみわけのみこ》は鎌倉之別《わけ》の祖《おや》」とある。鎌倉の名前が初めて見える
七三三	天平五	今小路《いまこうじ》西遺跡(御成《おなり》小学校敷地内)より出土した木簡《もっかん》に「糒《ほしいい》五斗天平五年七月十四日」とある
七三四	六	杉本寺《すぎもとでら》、光明皇后《こうみょうこうごう》の命で行基《ぎょうき》により創建される
七三五	七	『相模国封戸租交易帳《さがみのくにふこそこうえきちょう》』に鎌倉郷《ごう》・荏草《えがや》郷・尺度《さかど》郷が記されている
七三六	八	徳道《とくどう》が長谷寺《はせでら》を建立と伝わる
七四九	天平勝宝元	正倉院御物の古裂《こぎれ》に「鎌倉郡」の記載が見られる
七九四	延暦十三	京都に都が移った
八〇一	二十	坂上《さかのうえの》田村麻呂《たむらまろ》が鎌倉で荒神《こうじん》をまつったと伝えられる
八一九	弘仁十	空海《くうかい》(弘法大師《こうぼうだいし》)が青蓮寺《しょうれんじ》、浄泉寺《じょうせんじ》などを開いたとされる
一〇五一	永承六	源 頼義《みなもとのよりよし》・義家《よしいえ》父子が奥羽地方の豪族安倍氏を攻める(前九年《ぜんくねん》合戦)
一〇六三	康平六	源頼義、京都の石清水八幡宮《いわしみずはちまんぐう》を鎌倉由比《ゆい》郷に勧請《かんじょう》する(由比若宮)
一〇八三	永保三	後三年《ごさんねん》合戦始まる
一一〇四	長治元	荏柄《えがら》天神社創建
一一〇五	長治二	鎌倉権五郎景政《ごんごろうかげまさ》(正)、大庭御厨《おおばのみくりや》を開発

西暦	元号	事項
一一四五	天養二	源義朝《よしとも》が先祖からの土地である亀ヶ谷《かめがやつ》（扇ヶ谷《おうぎがやつ》）に住む
一一五六	保元元	保元《ほうげん》の乱が起こり、源義朝が父為義《ためよし》・弟為朝《ためとも》らを破る
一一五九	平治元	平治《へいじ》の乱が起こり、源義朝が平清盛《たいらのきよもり》に敗れる。頼朝《よりとも》は伊豆《いず》に流罪
一一六七	仁安二	平清盛が太政《だいじょう》大臣になる
一一六八	三	栄西《ようさい（えいさい）》が中国・宋に入る
一一七九	治承三	平清盛が後白河法皇を幽閉（治承三年のクーデター）
一一八〇	四	源頼朝が伊豆で挙兵。石橋山《いしばしやま》の合戦《かっせん》に敗れ、安房《あわ》へ。のち鎌倉に入り本拠地とする 鶴岡《つるがおか》若宮（由比若宮）を小林郷松ヶ岡に移す（鶴岡八幡宮寺《つるがおかはちまんぐうじ》）
一一八二	寿永元	源頼朝、鶴岡八幡宮寺の参道、段葛《だんかずら》を築かせ、源平池《げんぺいいけ》を造る 文覚《もんがく》が頼朝の願いにより、江の島に弁財天をまつる
一一八三	二	梶原景時《かじわらかげとき》が上総介広常《かずさのすけひろつね》を討ち、「梶原太刀洗水《たちあらいみず》」の伝説が生まれる
一一八四	元暦元	源範頼《のりより》・義経《よしつね》が木曽義仲《きそよしなか》を討ち、一ノ谷の戦いで平氏を破る 頼朝が公文所《くもんじょ》、問注所《もんちゅうじょ》を開設
一一八五	文治元	壇ノ浦《だんのうら》の戦いで、源範頼・義経が平氏を滅ぼす 頼朝が勝長寿院《しょうちょうじゅいん》を建てる。義経が頼朝に腰越状《こしごえじょう》を書くが、鎌倉入りを許されなかった 頼朝が諸国に守護《しゅご》・地頭《じとう》を設置
一一八六	二	静《しずか》御前が鶴岡八幡宮寺で舞う 西行《さいぎょう》が頼朝と面会
一一八七	三	頼朝、鶴岡八幡宮寺で流鏑馬《やぶさめ》を行う
一一八九	五	源義経、平泉で自害。頼朝が奥州《おうしゅう》藤原氏を討ち、奥州平定

一一九一	建久二	頼朝、鶴岡八幡宮寺の若宮を大臣山《だいじんやま》中腹の現在地に移し、本宮《ほんぐう》とする 頼朝が政所《まんどころ》を設置
一一九二	三	栄西が二度目の入宋から帰国、臨済禅《りんざいぜん》を広める 頼朝が征夷大将軍《せいいたいしょうぐん》に任命される 頼朝が永福寺《ようふくじ》を現在の二階堂《にかいどう》に建立
一一九三	四	頼朝が弟範頼を追放、伊豆で殺害
一一九九	正治元	源頼朝五十三歳で逝去。頼家《よりいえ》が家督を継ぐ
一二〇〇	二	梶原景時が暗殺される。北条政子《ほうじょうまさこ》が壽福寺《じゅふくじ》を建立
一二〇二	建仁二	頼家が征夷大将軍となる
一二〇三	三	北条時政《ときまさ》が比企能員《ひきよしかず》一族を滅ぼす。源頼家が流され、実朝《さねとも》が征夷大将軍となる
一二〇四	元久元	頼家、伊豆修禅寺《しゅぜんじ》で殺される
一二〇五	二	畠山重忠《しげただ》が北条氏に討たれる 北条時政が失脚し、二男義時《よしとき》が執権となる
一二一一	建暦元	鴨長明《かものちょうめい》が鎌倉へ下向し、実朝に謁見する
一二一三	建保元	北条義時が和田義盛《わだよしもり》の軍を下馬《げば》から由比ヶ浜《ゆいがはま》あたりの激戦で破り、侍所《さむらいどころ》別当となる
一二一四	二	栄西が良薬としてお茶を実朝に勧め、『喫茶養生記』を献上する
一二一九	承久元	将軍源実朝、公暁《くぎょう》に暗殺される
一二二一	三	承久《じょうきゅう》の乱《らん》。後鳥羽《ごとば》上皇《じょうこう》方を破り幕府方が勝利
一二二三	貞応二	道元が宋に入る
一二二四	元仁元	北条義時没、泰時《やすとき》が執権《しっけん》になる
一二二五	嘉禄元	北条政子没す。幕府が大倉から宇津宮辻子《うつのみやずし》へ移る
一二二六	二	藤原頼経《ふじわらのよりつね》が征夷大将軍になる

西暦	元号	事項
一二二七	安貞元	道元が帰国、曹洞禅を広める
一二三二	貞永元	北条泰時、御成敗式目《ごせいばいしきもく》（貞永式目《じょうえいしきもく》）を制定
		往阿弥陀仏《おうあみだぶつ》が和賀江嶋《わかえのしま（わがえじま）》を築く
一二三六	嘉禎二	将軍藤原頼経が若宮大路《わかみやおおじ》の幕府に移る
一二三八	暦仁元	深沢《ふかさわ》里（長谷）で大仏堂の建立が始まる
一二三九	延応元	後鳥羽上皇が没する
一二四一	仁治二	朝夷奈切通《あさいなきりどおし》完成
一二四二	三	北条泰時没
一二四六	寛元四	蘭渓道隆《らんけいどうりゅう》が宋から渡来し、常楽寺《じょうらくじ》に滞在する
一二四七	宝治元	北条時頼《ときより》・安達景盛《あだちかげもり》が三浦氏を討伐（宝治合戦《ほうじかっせん》）
一二五二	建長四	高徳院の大仏、鋳造が始まる
一二五三	五	北条時頼が、蘭渓道隆（大覚《だいがく》禅師）を開山に迎え、建長寺《けんちょうじ》を建立
		日蓮が安房《あわ》（今の千葉県）から鎌倉へくる
一二五六	康元元	北条時頼が出家
一二六〇	文応元	日蓮が『立正安国論《りっしょうあんこくろん》』を北条時頼に上書
一二六五	文永二	鎌倉の商人が商売のできる場所を大町・小町・魚町・大倉辻など九カ所とする
一二六七	四	忍性《にんしょう》が極楽寺に移住する
一二六八	五	中国・元の国書が鎌倉に届く
		北条時宗《ときむね》が執権になる
一二七三	十	一説では『吾妻鏡《あずまかがみ》』の前半が成立したとされる（一二七〇年代前半）

一二七四	十一	元の襲来（文永の役）
一二七五	建治元	北条実時《さねとき》が金沢文庫を創立
一二八〇	弘安三	大火により鶴岡八幡宮寺が焼失
一二八一	四	元の襲来（弘安の役）
一二八二	五	北条時宗が無学祖元《むがくそげん》（仏光《ぶっこう》国師）を開山に迎え、円覚寺《えんがくじ》を建立
一二八四	七	北条時宗が没する
一二八五	八	霜月騒動で安達泰盛一族が滅ぼされる
一二九三	永仁元	大地震。建長寺など焼ける
一二九七	五	徳政令が発布される。御家人の所領を保護
一三〇一	正安三	円覚寺の梵鐘が造られる
一三〇四	嘉元二	一説では『吾妻鏡』の後半が成立したとされる（一二九〇～一三〇〇年代前半）
一三一九	元応元	夢窓疎石《むそうそせき》（国師）が鎌倉に入る
一三二四	正中元	正中の変。倒幕計画が露見、日野資朝《すけとも》・俊基が捕らえられる
一三三一	元弘元	後醍醐《ごだいご》天皇が鎌倉幕府討伐を計画（元弘の変）。楠木正成《くすのきまさしげ》が挙兵
一三三二	二	日野《ひの》（藤原）俊基《としもと》が葛原ケ岡《くずはらがおか》で処刑される
一三三三	三	新田義貞《にったよしさだ》の鎌倉攻め。北条高時《たかとき》をはじめ北条一族が東勝寺《とうしょうじ》で自害し、鎌倉幕府滅びる
一三三四	建武元	大塔宮護良親王《おおとうのみやもりよししんのう》、足利尊氏《あしかがたかうじ》により鎌倉へ配流。幽閉される
一三三四	建武元	後醍醐天皇による建武の新政が始まる
一三三五	二	中先代の乱。護良親王が足利直義《ただよし》の家臣淵辺義博《ふちのべよしひろ》に討たれる
一三三六	三・延元元	南北朝に分かれる
一三三八	暦応元・三	足利尊氏が征夷大将軍となり、幕府を開く
一三三九	二・四	後醍醐天皇が没する

西暦	元号	事項
一三四二	康永元・興国三	幕府が五山十刹《ござんじっさつ》制を定める
一三四九	貞和五・正平四	足利基氏《もとうじ》、鎌倉公方《くぼう》となる
一三五六	延文元・　十一	寺分《てらぶん》に泣塔《なきとう》が造られたと伝えられる
一三九二	明徳三	南北朝統一
一四〇五	応永十二	永福寺焼失
一四一六	二十三	上杉禅秀《ぜんしゅう》が乱を起こしたが、鎌倉公方足利持氏《もちうじ》に敗れて自害する
一四三六	永享八	持氏が本覚寺《ほんがくじ》を建立したとされる
一四三八	十	永享の乱。持氏が幕府に攻められ、翌年自害する
一四五五	康正元	鎌倉公方足利成氏《しげうじ》、下総《しもうさ》・古河《こが》に逃れ、古河公方となる
一四五七	長禄元	太田道灌《おおたどうかん》が江戸城を築く
一四六七	応仁元	応仁の乱
一四八六	文明十八	上杉定正《さだまさ》が道灌を殺害
一五一二	永正九	伊勢宗瑞《いせそうずい》（北条早雲《そううん》）が玉縄《たまなわ》城を築いたとされる
		早雲が住吉城に籠る三浦道寸《みうらどうすん》（義同《よしあつ》）を破る
一五一八	十五	北条氏綱《うじつな》が鎌倉検地を行う
一五二六	大永六	安房の里見氏が鎌倉を攻め、氏綱の兵と戦う
一五五三	天文二十二	浜大鳥居が完成する
一五六一	永禄四	長尾景虎《ながおかげとら》が鶴岡八幡宮寺で上杉氏を名乗る拝賀式
		上杉謙信が玉縄城を攻撃
一五九〇	天正十八	豊臣秀吉《とよとみひでよし》が小田原の北条氏を滅ぼす。玉縄城主北条氏勝《うじかつ》が、秀吉に攻められて降伏

		秀吉が鶴岡八幡宮寺、建長寺、円覚寺、東慶寺《とうけいじ》に所領を保証する
一六〇三	慶長八	徳川家康《とくがわいえやす》が征夷大将軍となり徳川幕府を開く
一六一九	元和五	玉縄城廃城
一六二五	寛永二	柏尾川から岡本耕地へ水を引く丑堰《うしぜき》を造営
一六三六	十三	水戸の徳川頼房の猶母英勝院尼が太田道灌屋敷跡に英勝寺《えいしょうじ》を建立
一六六五	寛文五	山ノ内の八雲神社に庚申塔《こうしんとう》が建てられる
一六六八	八	鶴岡八幡宮寺の石造の一の鳥居が建てられる
一六七四	延宝二	徳川光圀《みつくに》、『鎌倉日記』を著す
一六八一	天和元	大津波により妙長寺《みょうちょうじ》が流され、現在地に移る
一六九二	元禄五	このころ松尾芭蕉《まつおばしょう》が鎌倉を訪れ、句を詠んだとされる
一七七五	安永四	建長寺三門が再建される
一八一五	文化十二	腰越の勧行寺《かんぎょうじ》に海中出現文殊菩薩《もんじゅぼさつ》がまつられる
一八五三	嘉永六	ペリー来航
一八六四	元治元	下馬《げば》で英国軍人殺害事件が発生
一八六八	明治元	明治維新。神仏分離令。鎌倉は神奈川県に属する
一八六九	二	明治天皇の勅命により鎌倉宮創建
一八七一	四	寺社領の村が上知令により神奈川県へ
一八七二	五	学制発布。寺に小学校の前身となる学舎が造られはじめる
一八七五	八	鎌倉郵便局開設
一八八〇	十三	ベルツ博士が「鎌倉は健康によい地」と紹介
一八八四	十七	長与専斎《ながよせんさい》が鎌倉の浜辺は理想的な海水浴場と紹介
一八八九	二十二	横須賀《よこすか》線の大船《おおふな》―横須賀間が開通。鎌倉駅ができる

西暦	元号	事項
一八九二	二十五	無常堂塚（和田塚）から埴輪や人骨が出土
一八九三	二十六	正岡子規《まさおかしき》、島崎藤村《しまざきとうそん》が鎌倉を訪れる
一八九四	二十七	町制施行で鎌倉町誕生 日清戦争がはじまり、翌年終わる
一八九七	三十	円覚寺舎利殿が国宝に指定される
一八九九	三十二	鎌倉御用邸《ごようてい》ができる（現御成《おなり》小学校の地）
一九〇二	三十五	江ノ電（江ノ島電鉄）が藤沢—片瀬間で開通
一九〇四	三十七	日露戦争がはじまり、翌年終わる
一九一〇	四十三	江ノ電が鎌倉駅（現ＪＲ鎌倉駅東口、生涯学習センター付近）まで開通 逗子開成中学の生徒らが七里ヶ浜で遭難
一九一五	大正四	鎌倉同人会《かまくらどうじんかい》発足
一九一七	六	鎌倉駅前でハイヤーの営業始まる
一九二三	十二	大正関東地震。鎌倉の死者四百十二名、家屋の倒壊は全半壊合わせて約三千戸
一九二五	十四	横須賀線の電化工事が完成
一九二八	昭和三	鎌倉国宝館《こくほうかん》完成
一九三〇	五	大船—片瀬間に自動車専用道路が開通。鎌倉山が住宅地として開発される 横須賀線北鎌倉駅が開設
一九三一	六	鎌倉御用邸が廃止、鎌倉町に払い下げられ、小学校用地になる（現御成小学校）
一九三四	九	久米正雄《くめまさお》や大佛《おさらぎ》次郎らが鎌倉カーニバルを開始
一九三六	十一	松竹大船撮影所《しょうちくおおふなさつえいじょ》完成。鎌倉ペンクラブ誕生

一九三八	十三	燈火管制訓練開始。戦時色強まる
一九三九	十四	市制施行。鎌倉町と腰越町が合併して鎌倉市が誕生
一九四一	十六	太平洋戦争が始まる
一九四五	二十	鎌倉文士運営による貸本屋「鎌倉文庫」が開店
		八月十五日終戦。鎌倉は空爆を受けることはなかった
一九四六	二十一	光明寺《こうみょうじ》に鎌倉大学校（のちに鎌倉アカデミアと改称）開校
		鎌倉商工会議所設立
一九四九	二十四	江ノ電が鎌倉駅を国鉄鎌倉駅西口に移す
		鎌倉花火大会始まる
一九五〇	二十五	鎌倉市商店街連合会結成
一九五一	二十六	神奈川県立近代美術館、鶴岡八幡宮境内に開館
一九五二	二十七	市章がササリンドウに決定
一九五三	二十八	建長寺・円覚寺の梵鐘《ぼんしょう》が国宝になる
一九五六	三十一	湘南有料道路（現国道一三四号線）が開通
一九五八	三十三	高徳院の大仏が国宝になる
		鎌倉市が平和都市宣言
一九五九	三十四	鎌倉薪能《たきぎのう》始まる
一九六〇	三十五	大船観音が完成する
一九六二	三十七	市庁舎（小町）全焼
		玉縄に県立フラワーセンター大船植物園開園
		交通事情により鎌倉カーニバルがこの年を最後に終了
一九六四	三十九	御谷《おやつ》騒動。財団法人鎌倉風致保存会《かまくらふうちほぞんかい》創設

西暦	元号	事項
一九六五	昭和四十	鎌倉青年会議所発足
一九六六	四十一	「古都における歴史的風土の保存に関する特別措置法」（古都《こと》保存法《ほぞんほう》）制定
		フランス・ニース市と友好都市提携
		二階堂永福寺跡発掘のための調査が始まる
一九六八	四十三	鎌倉彫会館が開館
一九六九	四十四	市役所新庁舎が御成町に完成
		前年ノーベル文学賞を受賞した川端康成《かわばたやすなり》が名誉市民となる
一九七〇	四十五	湘南モノレールの大船—西鎌倉間開通。翌年、江の島まで開通
一九七四	四十九	吉屋信子《よしやのぶこ》記念館開館
一九七五	五十	市の木にヤマザクラ、花にリンドウが決定
		東勝寺跡の発掘調査が始まる
一九七七	五十二	鎌倉彫資料館が辻説法通りに完成
一九七八	五十三	極楽寺発掘調査が始まる
一九七九	五十四	鎌倉彫が国の伝統的工芸品として県第一号指定
		ＮＨＫ大河ドラマ「草燃える」放映で鎌倉観光がブームになる
		山口県萩《はぎ》市・長野県上田市と友好都市になる
一九八〇	五十五	鎌倉入府八百年祭で記念行事
一九八二	五十七	栃木県足利市と姉妹都市に。大船行政センターが開設
一九八三	五十八	鎌倉海水浴場開設百年記念式典開催
一九八四	五十九	鎌倉駅新駅舎が完成。神奈川県立近代美術館別館がオープン

一九八五	六十	旧前田侯爵別邸を改装し鎌倉文学館開館。初代館長に永井龍男《ながいたつお》 御成小学校敷地内から鎌倉郡衙《ぐんが》跡が発掘される
一九八六	六十一	古都サミット開催
一九八七	六十二	鎌倉駅西口にウォーナーの記念碑が建つ 御成から古代の建物跡とみられる八つの柱穴を発見
一九八九	平成元	鎌倉市制五十周年 鎌倉駅開業百年記念式典 若宮大路周辺遺跡群から日本最古の内裏びな出土
一九九〇	二	相模湾の湾岸十三市町が参加しSURF90を開催。映画『稲村ジェーン』が公開封切
一九九一	三	鎌倉ケーブルテレビ開局
一九九二	四	大船駅ビル完成
一九九三	五	鎌倉武道館、鎌倉芸術館開館
一九九四	六	かまくらFM開局
一九九五	七	都市景観条例制定。古都フォーラム開催。名誉市民に日本画家・小倉遊亀《おぐらゆき》
一九九六	八	名誉市民に漫画家・横山隆一《よこやまりゅういち》
一九九七	九	鎌倉商工会議所創立五十周年記念展
一九九八	十	鎌倉市鏑木清方《かぶらききよかた》記念美術館開館 源頼朝公没後八百年祭 ナショナルトラスト団体「鎌倉広町・台峯《だいみね》の自然を守る会」発足 名誉市民に評論家・加瀬俊一《かせとしかず》、作家・永井路子《ながいみちこ》 中華人民共和国・敦煌《トンコウ》市と友好都市提携

西暦	元号	事項
二〇〇〇	平成十二	鎌倉市観光協会創立五十周年
		松竹大船撮影所が閉所
二〇〇一	十三	第二次鎌倉ペンクラブ発足。会長に三木卓《たく》
二〇〇二	十四	江ノ電開業百周年
二〇〇三	十五	砂浜の浸食により、稲村《いなむら》ヶ崎《がさき》海水浴場閉鎖。神奈川県立近代美術館葉山館が開館
二〇〇四	十六	市が台峯の買収に同意し、三大緑地（常盤山《ときわやま》・広町《ひろまち》・台峯）の保全に目途
二〇〇五	十七	美観保持のため「落書き防止条例」施行
二〇〇六	十八	「鎌倉世界遺産登録推進協議会」設立
二〇〇七	十九	名誉市民に音楽評論家・吉田秀和、鋳金家《ちゅうきんか》・蓮田修吾郎《はすだしゅうごろう》、日本画家・平山郁夫
二〇〇八	二十	鎌倉市世界遺産登録活動のシンボルマークが決定
		徳洲会体操クラブ（鎌倉市梶原）所属の中瀬卓也が北京オリンピック体操競技で銀メダルを獲得
		鎌倉国宝館が開館八十周年記念展「鎌倉の精華」を開催
二〇〇九	二十一	鎌倉市制七十周年記念式典が行われる
		二階堂在住の日本画家・平山郁夫が逝去
二〇一〇	二十二	鎌倉市川喜多映画記念館が開館
		佐助《さすけ》在住の作家・井上ひさしが逝去
		鶴岡八幡宮の隠れイチョウが倒伏
		ＡＰＥＣ首脳会議で来日中のアメリカ・オバマ大統領が高徳院を訪問
二〇一一	二十三	東北地方太平洋沖地震（東日本大震災）。鎌倉市が帰宅困難な観光客を受け入れ
		神道、仏教、キリスト教関係者が合同で東日本大震災の「追悼・復興祈願祭」を執り行う

二〇一二	二十四	英勝寺山門（県重文）が復興される 建長寺唐門が復元される 文化庁が鎌倉の世界遺産登録に向け、ユネスコへの推薦を了承 建長寺法堂の「雲龍図」を描いた十二所《じゅうにそ》在住の日本画家・小泉淳作が逝去 音楽評論家・吉田秀和が逝去
二〇一三	二十五	ユネスコの諮問機関イコモスが鎌倉の世界遺産登録について「不記載」の判断 鎌倉市を訪れる観光客数が十九年ぶりに二千万人を突破
二〇一五	二十七	長谷寺宝物館が大規模な改修工事を経て「観音ミュージアム」としてオープン
二〇一六	二十八	神奈川県立近代美術館「鎌倉館」が老朽化のため閉館 若宮大路段葛が大規模な改修工事を終え、渡り初め式が行われる 文化庁による「日本遺産」に鎌倉が認定 建長寺で臨済禅師千百五十年、白隠禅師二百五十年遠諱「鎌倉大坐禅会」を開催
二〇一七	二十九	扇ガ谷に鎌倉歴史文化交流館がオープン

源氏・北条氏・皇室関係図

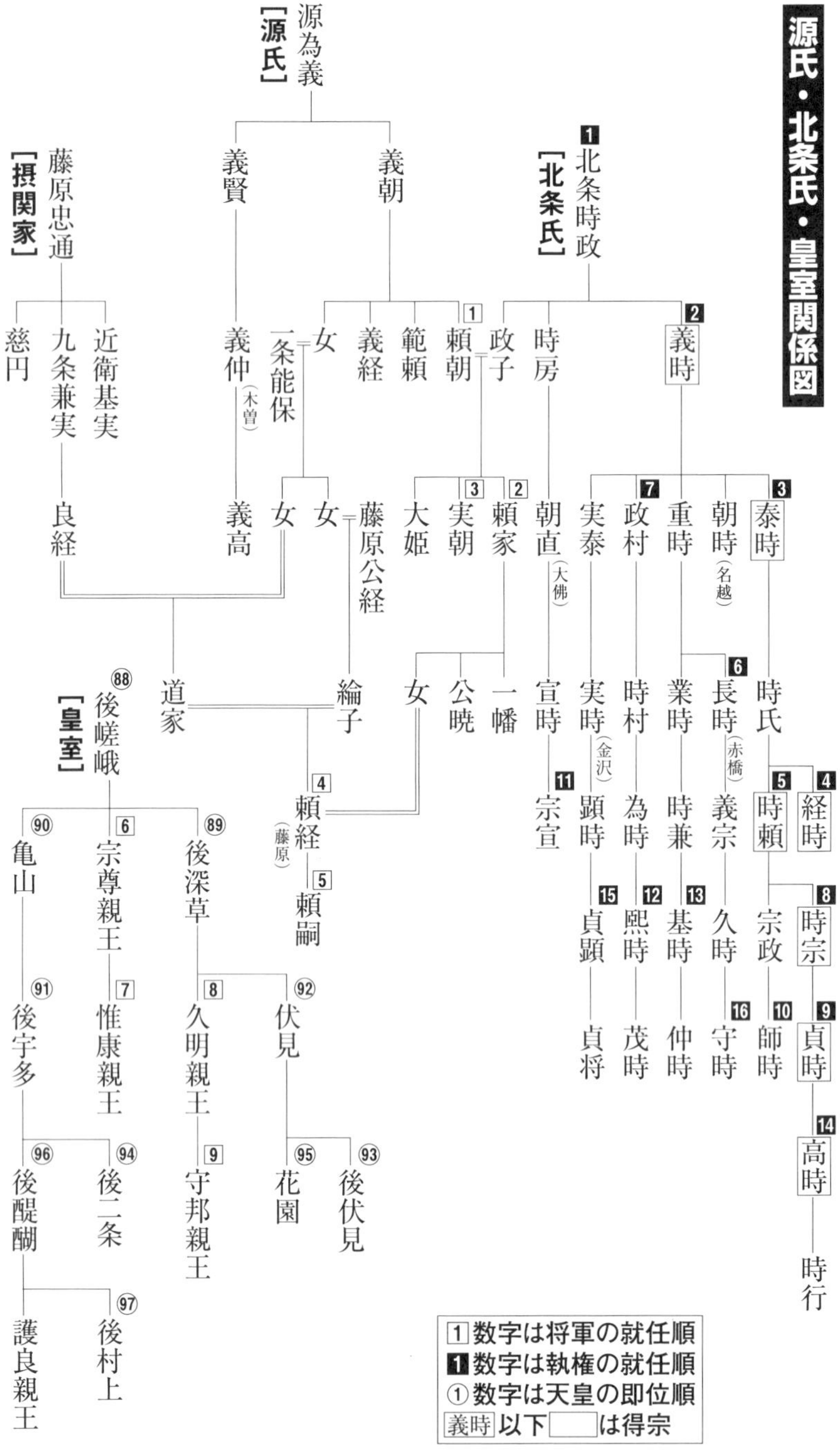

【北条氏】
1 北条時政
2 義時
時房
政子
3 泰時
朝時（名越）
重時
7 政村
実泰
朝直（大佛）
時氏
6 長時（赤橋）
業時
時村
実時（金沢）
宣時
4 経時
5 時頼
義宗
時兼
為時
顕時
11 宗宣
8 時宗
宗政
久時
13 基時
12 熙時
15 貞顕
9 貞時
10 師時
16 守時
仲時
茂時
貞将
14 高時
時行
【源氏】
源為義
義朝
義賢
1 頼朝
範頼
義経
女
一条能保
義仲（木曽）
2 頼家
3 実朝
大姫
女
女
藤原公経
義高
一幡
公暁
女
倫子
道家
4 頼経（藤原）
5 頼嗣
【摂関家】
藤原忠通
近衛基実
九条兼実
慈円
良経
【皇室】
88 後嵯峨
89 後深草
6 宗尊親王
90 亀山
92 伏見
8 久明親王
7 惟康親王
91 後宇多
93 後伏見
95 花園
9 守邦親王
94 後二条
96 後醍醐
97 後村上
護良親王
1 数字は将軍の就任順
1 数字は執権の就任順
① 数字は天皇の即位順
義時 以下　　は得宗

足利家略系図

[1] 数字は将軍の就任順

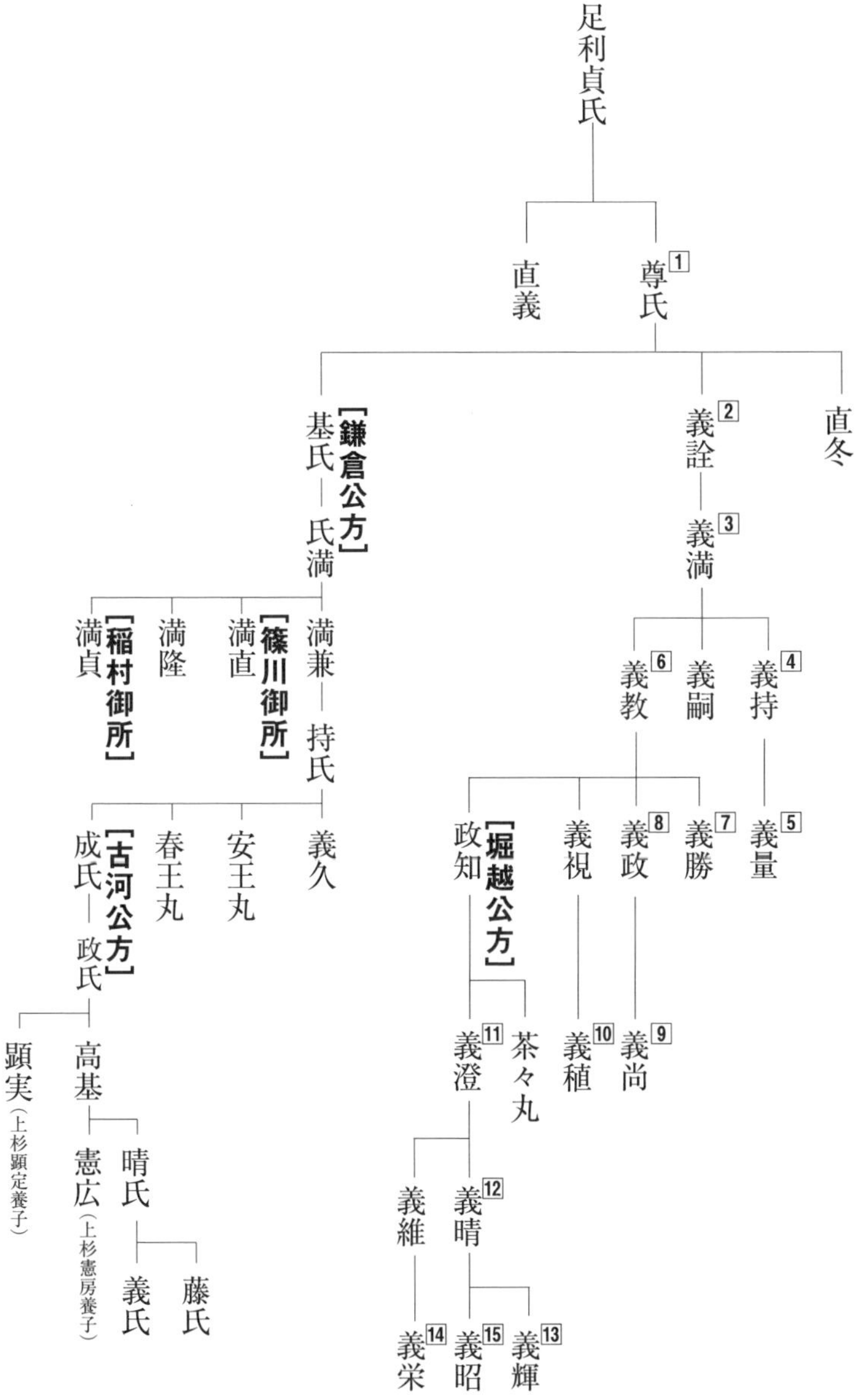

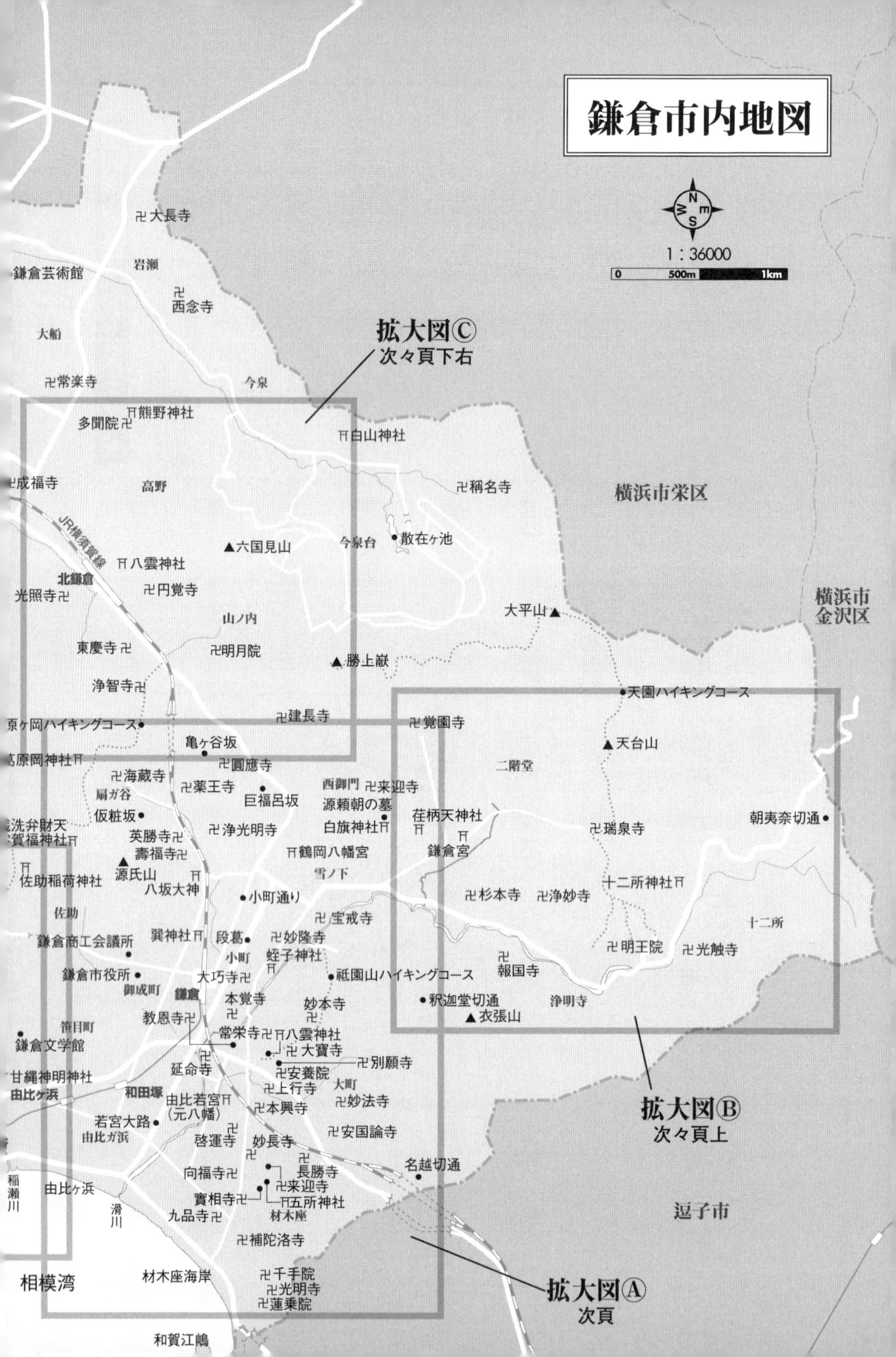
鎌倉市内地図
N E S W
1：36000
0 500m 1km
拡大図Ⓒ
次々頁下右
拡大図Ⓑ
次々頁上
拡大図Ⓐ
次頁
大長寺
岩瀬
鎌倉芸術館
西念寺
大船
常楽寺
今泉
熊野神社
多聞院
白山神社
成福寺
高野
稱名寺
横浜市栄区
JR横須賀線
六国見山
今泉台
散在ヶ池
八雲神社
北鎌倉
円覚寺
光照寺
山ノ内
大平山
横浜市
金沢区
東慶寺
明月院
勝上嶽
浄智寺
天園ハイキングコース
建長寺
覚園寺
原ヶ岡ハイキングコース
亀ヶ谷坂
天台山
葛原岡神社
圓應寺
二階堂
海蔵寺
薬王寺
巨福呂坂
西御門
来迎寺
扇ガ谷
源頼朝の墓
仮粧坂
浄光明寺
荏柄天神社
白旗神社
瑞泉寺
朝夷奈切通
銭洗弁財天
宇賀福神社
英勝寺
鶴岡八幡宮
鎌倉宮
壽福寺
雪ノ下
佐助稲荷神社
源氏山
八坂大神
十二所神社
杉本寺
浄妙寺
小町通り
佐助
宝戒寺
十二所
鎌倉商工会議所
巽神社
段葛
妙隆寺
明王院
光触寺
小町
蛭子神社
鎌倉市役所
大巧寺
祇園山ハイキングコース
報国寺
御成町
鎌倉
本覚寺
妙本寺
釈迦堂切通
浄明寺
教恩寺
衣張山
笹目町
常栄寺
八雲神社
鎌倉文学館
大寶寺
別願寺
延命寺
安養院
甘縄神明神社
上行寺
大町
由比ヶ浜
和田塚
由比若宮
(元八幡)
妙法寺
本興寺
若宮大路
安国論寺
由比ガ浜
啓運寺
妙長寺
名越切通
長勝寺
向福寺
来迎寺
稲瀬川
由比ヶ浜
實相寺
五所神社
逗子市
滑川
九品寺
材木座
補陀洛寺
相模湾
材木座海岸
千手院
光明寺
蓮乗院
和賀江嶋

横浜市戸塚区
横浜市戸塚区
関谷
城廻
玉縄
黙仙寺
諏訪神社
大船観音寺
大船
玉縄城址
龍寶寺
岡本
玉泉寺
久成寺
植木
圓光寺
貞宗寺
柏尾川
JR東海道本線
富士見町
藤沢市
妙法寺
北野神社
台
上町屋
泉光院
鎌倉市
湘南町屋
山崎
寺分
湘南深沢
大慶寺
等覚寺
東光寺
御霊神社
梶原
手広
青蓮寺
笛田
仏行寺
常盤
湘南モノレール
圓久寺
西鎌倉
鎌倉山
大仏ハイキングコース
大仏切通
西鎌倉
龍口明神社
片瀬山
拡大図Ⓓ
次々頁下左
津西
宝善院
津
光則寺
長谷寺
極楽寺
熊野新宮
法源寺
腰越
本龍寺
霊光寺
勧行寺
東漸寺
本成寺
妙典寺
七里ガ浜
七里ガ浜東
極楽寺
極楽寺切通
満福寺
腰越
極楽寺
成就院
浄泉寺
鎌倉高校前
神戸川
七里ヶ浜
稲村ガ崎
坂ノ下
小動神社
江ノ島電鉄
小動岬
七里ヶ浜
稲村ヶ崎
行合川
音無川
極楽寺川
稲村ヶ崎
江の島

拡大図Ⓐ
市中心部
瓜ヶ谷やぐら群
亀ヶ谷坂
岡神社
圓應寺
鎌倉街道
海蔵寺
底脱ノ井
薬王寺
巨福呂坂
日野俊基墓
冷泉為相墓
県立近代美術館別館
西御門
扇ガ谷
銭洗弁財天
宇賀福神社
扇ノ井
泉ノ井
浄光明寺
仮粧坂
源頼朝像
鶴岡八幡宮
源頼朝の墓
白旗神社
荏柄天神社
伝阿仏尼墓
鎌倉市
川喜多映画
記念館
銭洗水
英勝寺
いわや
不動
雪ノ下
平家池
鎌倉国宝館
源実朝・
北条政子の墓
鉄ノ井
大倉幕府跡
勝ノ橋
三の鳥居
源氏池
筋違橋
壽福寺
金沢街道
段葛
鎌倉歴史
文化交流館
鎌倉市
鏑木清方記念
美術館
宝戒寺
八坂大神
野尻邸
(大佛次郎茶亭)
巽神社
小町
小町通り
東勝寺橋
佐助
妙隆寺
鎌倉彫会館
東勝寺跡・
腹切りやぐら
鎌倉商工
会議所
江ノ電鎌倉駅
JR鎌倉
二の鳥居
日蓮上人辻説法跡
鎌倉市役所
祇園山ハイキングコース
蛭子神社
笹目町
御成小
大巧寺
今小路
小町大路
御成町
裁許橋
妙本寺
釈迦堂切通
御成通り
本覚寺
夷堂橋
日本基督教団
鎌倉教会会堂
教恩寺
常栄寺
六地蔵
大町大路
八雲神社
(大町)
大町
大寶寺
琵琶橋
延命寺
屋信子記念館
別願寺
安養院
由比ガ浜大通り
若宮大路
逆川橋
上行寺
和田塚
和田塚
一の鳥居
本興寺
妙法寺
比ヶ浜
由比若宮
(元八幡)
由比ガ浜
安国論寺
啓運寺
銚子ノ井
日蓮乞水
倉海浜公園
妙長寺
長勝寺
乱橋
名越切通
向福寺
来迎寺
(材木座)
由比ヶ浜
實相寺
五所神社
妙法寺
滑川
材木座
九品寺
相模湾
材木座海岸
補陀洛寺
逗子市
千手院
光明寺
蓮乗院

拡大図Ⓑ
金沢街道方面
棟立ノ井
覚園寺
石川邸(旧里見 弴邸)
来迎寺(西御門)
二階堂
天園ハイキングコース
天台山
永福寺跡
鎌倉霊園
瑞泉寺
源頼朝の墓
白旗神社
荏柄天神社
鎌倉宮
大倉幕府跡
梶原太刀洗水
朝夷奈切通
十二所神社
歌ノ橋
杉本寺
浄妙寺
浄明寺
十二所
金沢街道
明王院
光触寺
報国寺
釈迦堂切通
旧華頂宮邸
衣張山
逗子市

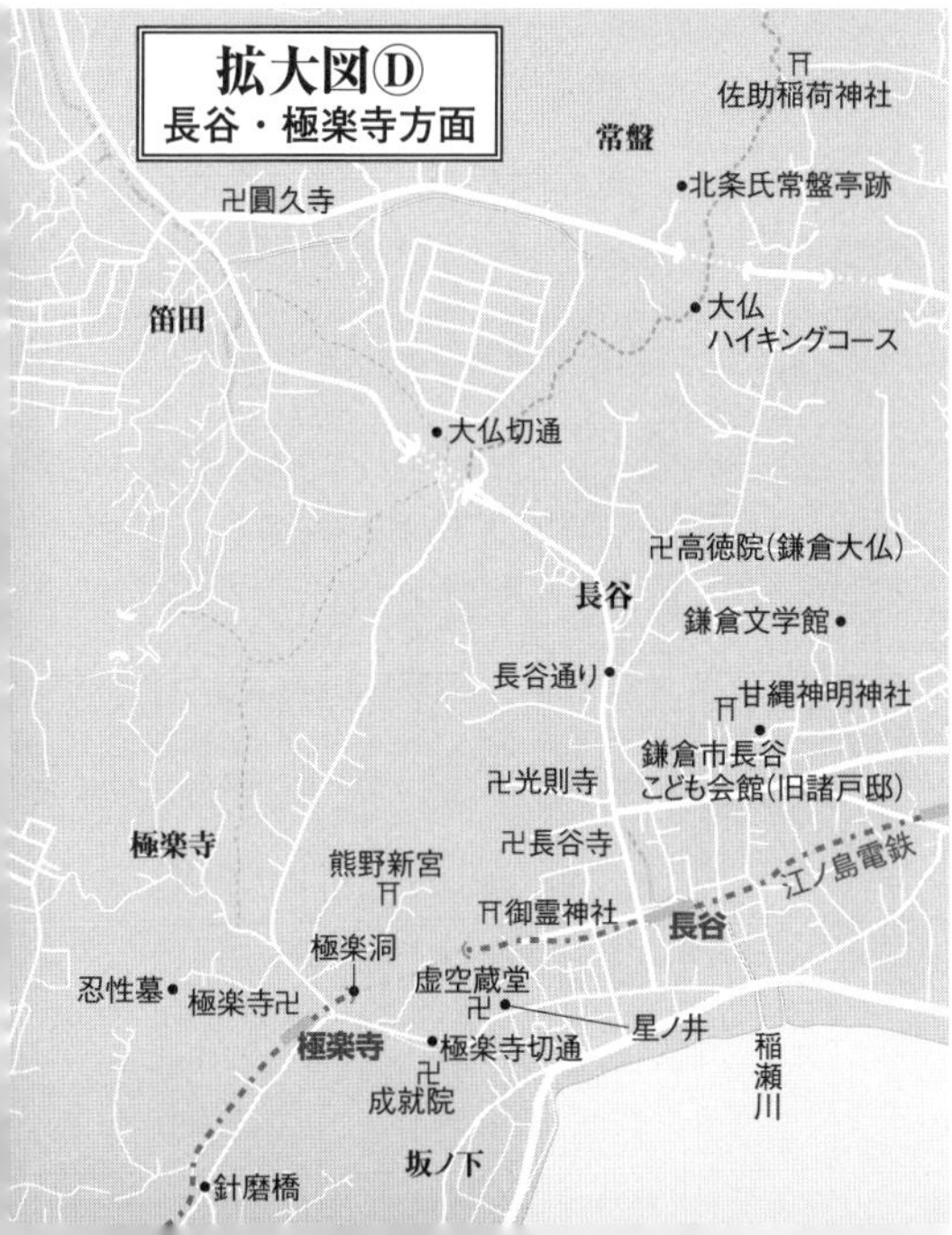

拡大図Ⓓ
長谷・極楽寺方面
佐助稲荷神社
常盤
圓久寺
北条氏常盤亭跡
笛田
大仏
ハイキングコース
大仏切通
高徳院(鎌倉大仏)
長谷
鎌倉文学館
長谷通り
甘縄神明神社
鎌倉市長谷
こども会館(旧諸戸邸)
光則寺
極楽寺
長谷寺
熊野新宮
江ノ島電鉄
御霊神社
長谷
極楽洞
忍性墓
極楽寺
虚空蔵堂
星ノ井
極楽寺
極楽寺切通
稲
瀬
川
成就院
坂ノ下
針磨橋

拡大図Ⓒ
北鎌倉・大船方面
白山神社
八雲神社
(山ノ内)
円覚寺舎利殿
六国見山
光照寺
正続院
黄梅院
龍隠庵
北鎌倉
松嶺院
佛日庵
十王堂橋
円覚寺
山ノ内
桂昌庵
白鷺池
済蔭庵
帰源院
瓶ノ井
東慶寺
葉祥明
美術館
明月院
不老水
甘露ノ井
浄智寺
葛原ヶ岡ハイキングコース
建長寺
長壽寺
瓜ヶ谷やぐら群
亀ヶ谷坂
金龍水

191, 194, 196, 241, 242
横佩の大臣　*148*
横山隆一　***233**, 137, 157, 169*
与謝野晶子　***233**, 125*
与謝野寛　*155, 233*
与謝蕪村　*148*
義経まつり　***204**, 214*
吉野秀雄　***233**, 117, 157, 159*
吉屋信子　***234**, 159, 244*
吉屋信子記念館　*244, 252*
四万六千日　***207**, 217*

ら

来迎寺（西御門）　***116**, 152, 165, 250, 253*
来迎寺（材木座）　***123**, 250, 252*
檑亭　***176***
羅漢洞　*54*
『羅生門』　*155, 222, 225*
蘭渓道隆　***234**, 106, 109～111, 118, 131, 144, 148～150, 164, 180, 206, 216, 231, 238*
「蘭渓道隆像」　***148**, 165, 170*

り

立祥　*168*
『立正安国論』　*65, 121, 182, 229, 238*
龍隠庵　***108**, 253*
龍口明神社　***142**, 251*
笠智衆　***234**, 162*
龍寶寺　***130**, 251*
霊山（霊山ヶ崎）　*50, 51, 76, 234*
両統迭立　*37*
旅館対僊閣　***175***
臨済宗　*106, 108～112, 114, 117, 118, 131, 133, 144, 150, 227, 233, 237, 247*
リンドウ　***100***

れ

霊光寺　***127**, 251*
冷泉為相　*54, 62, 112, 114*
冷泉為相墓　*54, 114, 252*
歴史　***26***
歴史的建造物　***172***
連署　*33, 34*
蓮乗院　***124**, 250, 252*

ろ

ロウバイ　***91***
六地蔵　***65**, 78, 252*
六波羅探題　*34, 37, 231*
魯迅　*93*
六角ノ井　***67***
六国見山　*84, 89*
浪漫主義詩歌　*155*

わ

和賀江嶋　***49**, 17, 34, 37, 81, 166, 178, 238*
若宮大路　***76**, 17, 33, 57, 69, 71, 72, 77, 80, 81, 84, 87, 94, 101, 115, 136, 173, 175, 176, 190, 196, 203, 207, 213, 238, 247, 250, 252*
若宮大路周辺遺跡群　***71**, 245*
若宮大路幕府跡　***58***
和田合戦　*34, 50*
和田義盛　***234**, 32, 33, 50, 75, 147, 237*
「侘助」　*92*
『倭名類聚鈔』　*27*

宗尊親王　*35, 248*
棟立ノ井　***67***, *253*
村松梢風　*160*

め

明応の鎌倉大地震　***195***
明月院　***109***, *53, 54, 61, 67, 91, 93, 95, 97, 98, 110, 150, 172, 223, 250, 253*
明月院やぐら　***53***, *61*
名産　***197***
面掛行列　*141, 151, 208, 218*

も

默仙寺　***130***
「木造阿弥陀如来及両脇侍立像」　*150*
「木造上杉重房坐像」　*150*
「木造彩色水月観音坐像」　*151*
「木造釈迦如来立像」（極楽寺）　*150*
「木造地蔵菩薩坐像」（浄智寺）　*150*
「木造弁才天坐像」　*136, 150*
以仁王　*31*
物部国光　*149*
物部重光　*149*
守屋多々志　*107, 168*
護良親王の墓　***62***, *121*
『門』　*107, 154, 229*
文覚（上人）　***233***, *60, 64, 123, 236*
文覚上人屋敷跡　***64***
文殊祭　*132, 212*
モンキアゲハ　*90*
問注所　*19, 32, 69, 236*

や

薬王寺　***114***, *66, 252*
八雲神社（大町）　***138***, *44, 104, 205, 206, 216, 250, 252*
八雲神社（山ノ内）　***141***, *216, 241, 250, 253*
八雲神社例祭　***206***, *216*
やぐら　***52***
八坂大神　***139***, *215, 250, 252*
八坂大神例祭　*215*
屋敷跡など　***62***
谷戸　*17, 33, 52, 53, 55, 70, 71, 78, 81, 84, 88, 94, 129, 153, 173, 177, 189*
宿谷光則　*125*
柳田国男　*155*
流鏑馬　*50, 136, 186, 203, 207, 213, 214, 218, 236*
山木兼隆　*31*
山口素堂　*188*
山崎　*56, 84, 104, 141, 216, 225*
山崎榮治　*160*
山崎横穴群　*55*
山崎方代　*117, 160*
ヤマザクラ　*88*
日本武尊　*79, 141*
山ノ内　*61, 68, 75, 106, 108～111, 132, 141, 158, 171, 172, 176, 216, 227, 228, 241*
山内家（上杉氏）　*38*
山の旧跡　***52***
ヤマブキ　***95***

ゆ

湯浅物産館　***176***
結　*50, 82*
由比ヶ浜（由比ガ浜）　***50***, ***82***, *27, 45, 49, 65, 76, 78, 79, 85, 87, 104, 111, 140, 155, 156, 158, 161, 173, 174, 186, 189, 195, 200, 204, 207, 208, 214, 215, 218, 222, 226, 228, 229, 237*
由比郷　*28, 50, 82, 136, 235*
由比若宮　*17, 28, 33, 136, 213, 235, 236, 250, 252*
由比若宮例祭　*213*
「結城合戦絵巻」　*39*
友好都市　***187***, *244*
雪ノ下　***82***, *42, 55, 57, 58, 60, 85, 136, 157～159, 163, 170, 172, 175～177, 224～226, 229*
ユキノシタ　***97***, *82*
雪ノ下大蔵山横穴群　*55*
ユキヤナギ　***93***

よ

栄西　***233***, *30, 58, 106, 111, 112, 118, 144, 236, 237*
葉祥明美術館　***171***
永福寺（跡）　***59***, *22, 32, 60, 70, 78, 82, 94, 146, 147, 237, 240, 244, 253*
横大路　***77***
横須賀線　***193***, *45, 50, 77, 87, 154, 155, 172,*

120, 135, 138, 152, 200, 210, 211, 219, 232, 240, 250, 252
本興寺　***120***, *65, 99*
本成寺　***128***
ぼんぼり祭　***206***, *217*
本龍寺　***129***

ま

前田青邨　*107, 168*
前田利為　***231***, *173*
前浜　*49, 50, 82, 227*
「籬菊螺鈿蒔絵硯箱」　***148***, *166*
牧逸馬　*157*
牧方　*33*
正岡子規　*154, 228, 242*
正宗　***232***, *43, 197, 198*
正宗工芸　*191, 197, 198, 232*
『増鏡』　*153*
町衆　*40, 44, 205, 206*
町並み　***87***
町の旧跡　***57***
松尾芭蕉　*65, 188, 241*
松尾百遊　*65*
松ヶ岡（松岡）　*44, 79, 109, 236,*
松葉ヶ谷　*121, 182*
祭り　***200***
祭り一覧　***210***
丸山稲荷社火焚祭　*219*
万寿姫　*53, 182*
政所　*18, 32, 34, 61, 118, 224, 237*
満福寺　***128***, *204, 214*
『万葉集』　*27, 79, 153*

み

三浦道寸（義同）　*40, 55, 56, 240*
三浦道寸城跡　*52*
三浦平太為次（継）　*29*
三浦義明　*29, 30, 123*
三浦義澄　***232***
三浦泰村　*34, 59, 232*
三河屋本店　***175***
三島由紀夫　*173*
水　***66***
乱橋　***69***, *42, 139*
『みだれ橋』（『星あかり』）　*155*
道　***73***
三橋家　*168, 197*
ミツマタ　***92***
源実朝　***180***, ***232***, *33, 34, 50, 57, 60, 68, 94, 112, 118, 131, 136, 140, 147, 153, 207, 215, 217, 219, 225, 231, 237, 248, 252*
源為朝　*67, 236*
源為義　*29, 236, 248*
源範頼　*32, 236, 237, 248*
源義家　*28, 29, 138, 140, 235*
源義経　***232***, *29, 32, 59, 128, 153, 203, 204, 206, 214, 227, 236, 248*
源義朝　***232***, *29～31, 57, 58, 60, 111, 236, 248*
源頼家　***232***, *33, 34, 57, 119, 180, 230, 231, 237, 248*
源頼朝　***59***, ***71***, ***232***, *16～18, 22, 28～35, 43, 50, 53, 55, 57～61, 64, 67, 68, 69, 73, 77, 81, 82, 103, 111, 115, 116, 118～120, 123, 124, 128, 134, 136, 138～142, 146, 148, 151, 153, 164, 166, 178, 181～183, 197, 200～204, 206, 209, 211, 213～215, 224～228, 230, 231, 233, 234, 236, 237, 245, 248, 252, 253*
源頼朝公墓前祭　*213, 214*
源頼義　*28, 136, 139, 140, 149, 235*
宮久保遺跡　*27, 79*
明王院　***118***, *61, 103, 152, 212, 250, 253*
妙長寺　***122***, *155, 241, 250, 252*
妙典寺　***129***, *251*
妙法寺（大町）　***121***, *96, 214, 250, 252*
妙法寺（山崎）　***135***, *251*
妙本寺　***118***, *94～96, 99, 101, 102, 115, 119, 250, 252*
妙隆寺　***115***, *71, 99, 135, 250, 252*
三好達治　*157*

む

無学祖元　***232***, *106, 108, 109, 111, 144, 147, 208, 218, 231, 239*
武者小路実篤　*155*
「夢窓国師坐像」　*117, 165*
夢窓疎石　***233***, *64, 91, 107, 117, 141, 144, 172, 239*
陸奥廣吉　***233***, *46*
棟方志功　*169*
棟方板画美術館　*169*

広町（緑地）　*88, 89, 96, 98, 246*
琵琶橋　***69**, 252*

ふ――――
馮子振　*150*
馮子振墨蹟画跋　***150***
笛田　*84, 86, 96, 104, 134, 230*
笛田横穴群　*55*
深沢凝灰質粗粒砂岩層　*86*
深田久弥　*157*
フジ　***96***
藤原定家　*34, 62, 222, 232*
藤原泰衡　*32, 59, 232*
補陀洛寺　***123***
仏行寺　***134**, 96*
「仏光国師坐像」　*108, 165*
佛日庵　***108**, 93, 107, 213, 253*
筆供養　***201**, 212*
船祝い　*200, 210*
船おろし　***200**, 210*
『冬の日』　*159*
フヨウ　***99***
不老水　***68**, 253*
文永の役　*35, 106, 231, 239*
文学　***153***
「文學界」　*154, 155, 157, 227*
文化財　***146***

へ――――
平家池　*99, 170, 252*
『平家物語』　*101, 153*
平治の乱　*29, 109, 232, 236*
『丙辰紀行』　*154*
平和都市宣言　*47, 243*
別願寺　***119**, 96, 250, 252*
ベルツ　***224**, 45, 243*
偏界一覧亭　*64*

ほ――――
宝戒寺　***116**, 54, 69, 71, 77, 78, 81, 92, 93, 99, 100, 135, 138, 211, 214, 216, 250, 252*
ボケ　***93***
保元の乱　*29, 67, 232, 236*
法源寺　***129**, 251*
『法語規則』　***150**, 110, 234*
報国寺　***118**, 78, 152, 162*
宝治合戦　*34, 59, 231, 238*
北条氏勝　*130, 240*
北条氏綱　*40, 41, 132, 223, 240*
北条氏常盤亭跡　***64**, 253*
北条貞時　*35, 36, 107, 108, 116, 133, 149, 231, 248*
北条重時　*81, 127*
北条（金沢）実時　***230**, 248*
北条高時　***231**, 36, 37, 38, 54, 58, 64, 104, 108, 132, 150, 239, 248*
北条高時邸跡　***71***
北条時房　*70, 248*
北条時政　***231**, 33, 70, 77, 81, 119, 147, 182, 223, 237, 248*
北条時宗　***231**, 35, 58, 62, 106～109, 127, 179, 208, 213, 222～224, 230, 232, 238, 239, 248*
北条時行　*38, 248*
北条時頼　***179**, **231**, 34, 35, 59, 106, 109, 110, 121, 125, 139, 149, 164, 181, 182, 184, 206, 229, 234, 238, 248*
北条政子　***231**, 30, 33, 34, 57, 58, 60, 77, 106, 111, 112, 118, 120, 136, 140, 147, 182, 230, 232, 237, 248, 252*
北条政村　*64, 134, 248*
北条泰時　***231**, 34, 35, 49, 57, 58, 72, 75, 76, 126, 131, 132, 237, 248*
北条義時　***59**, **71**, **231**, 33, 34, 70, 72, 76, 81, 116, 126, 127, 151, 180, 181, 234, 237, 248*
宝善院　***129***
宝物風入れ　***209**, 219*
星ノ井　***67**, 127, 253*
星野天知　*155*
蛍放生祭　***204**, 215*
ボタン　***96***
哺乳類　***89***
法華堂（跡）　***59**, **71**, 116, 138, 151, 232*
法性寺（お猿畠）　*74*
ホテル　ニューカマクラ　***176***
墓碑など　***61***
「頬焼阿弥陀縁起」　*118, 166*
「頬焼阿弥陀如来像」　***181**, 118*
堀越公方　*39*
堀辰雄　*157*
本えびす　*200, 211*
本覚寺　***114**, 42, 68, 77, 95, 99, 101, 115,*

ね
涅槃会　***202***, *212*
然阿良忠　*124*
年表　***235***

の
農業　***189***
ノウゼンカズラ　***99***
『残りの雪』　*159, 228*
野島凝灰質砂岩シルト岩層　*86*
野尻邸（旧大佛次郎茶邸）　***177***, *252*
野田高梧　*157*
野村胡堂　*157*
のり真安齊商店　***175***

は
バーナード・リーチ　*169*
ハイキングコース　***103***
廃寺跡　***58***
『梅松論』　*73*
廃仏毀釈　*45, 66, 197*
ハギ　***100***
萩市　*187*
萩原朔太郎　***230***, *156*
白山神社　***141***, *210, 250, 253*
白日堂　***175***
「麦秋」　*161*
幕府跡　***57***
博物館　***170***
ハクモクレン　***93***
橋　***68***
ハス　***99***
長谷　***82***, ***125***, *22, 27, 42, 78, 86, 103, 104, 126, 140, 154, 156, 158, 168, 171, 173〜175, 177, 194, 196, 218, 224, 225, 230, 233〜235, 238*
長谷川海太郎　*157*
長谷小路　***78***
長谷小路周辺遺跡　***72***, *27*
長谷寺　***126***, *17, 27, 72, 78, 82, 92, 93, 96〜100, 102, 135, 150, 151, 171, 175, 184, 200, 202, 203, 207, 209, 210, 217, 220, 235, 247, 251, 253*
長谷寺　観音ミュージアム　***171***
畠山重忠　***230***, *140, 237*
「鉢の木」　*179*
は虫類・両生類　***90***
初午祭　*212*
初えびす　***200***, *210*
発掘調査　***70***
初不動　*212*
初巳祭　***201***, *211*
ハナショウブ　***97***
花の名所　***91***
ハナモモ　***93***
パブロバ　***224***, *162*
ハマヒルガオ　***97***, *90*
林房雄　*157〜159*
林不忘　*123, 157*
林羅山　*43, 154, 168*
バラ　***96***
腹切りやぐら　***54***, *37, 104, 252*
原節子　***230***, *162*
針供養　***202***, *212*
針磨橋　***69***, *65, 253*
『春』　*155, 227*
『春の雪』　*173*
ハンゲショウ　***98***
「晩春」　*161, 162, 230*
半僧坊大権現　*86, 94, 97, 100, 103, 110, 156, 253*
馬場小路　***78***

ひ
ヒガンバナ　***100***
引付衆　*34*
比企能員　***230***, *33, 119, 129, 237*
彦根藩　*44*
久生十蘭　*160*
土方定一　***230***, *169*
美術　***164***
美術館　***170***
日夏耿之介　*155, 156*
日野俊基　*61, 140, 204, 215, 239*
日野俊基墓　***61***, *103, 140, 151, 252*
百八やぐら　***53***, *52, 103*
評定衆　*34*
平賀朝雅　*33*
平山郁夫　***230***, *169, 246*
広津和郎　*120, 155, 157*
平場　*74, 113*
蛭子神社　***138***, *250, 252*

『東帰集』　118, 154
「東京物語」　161, 162, 224, 230, 234
東慶寺　**108**, 42, 44, 93, 97, 98, 100, 151, 224, 227, 241, 250, 253
道元　237, 238
東光寺　**133**, 251
「銅五輪塔」　166
東勝寺（跡）　**58**, 37, 54, 70, 104, 231, 239, 244, 252
東勝寺橋　**176**, 182, 252
動植物　**88**
東漸寺　**129**, 128, 251
「銅造十一面観音懸仏」　126, 151
塔ノ辻　**78**
動物慰霊祭　213
動物・昆虫　**89**
東和商事　162
戸川秋骨　155
常盤　64, 75, 84, 134
常盤山緑地　88, 247
徳川家康　23, 41～43, 109, 112, 120, 130～132, 241
『徳川の夫人たち』　159, 234
徳川秀忠　131, 136,
徳川光圀　**228**, 43, 66, 67, 117, 149, 154, 168, 180, 241
得宗　34～37, 71
徳崇権現会　116, 214
どこも苦地蔵　**181**
歳の市　**209**, 126, 220
杜世忠　35
『とはずがたり』　153, 226
土紋　116, 165
敦煌市　187

な

永井龍男　**229**, 159, 160, 245
中里恒子　157
中臣鎌足　79
中原中也　**229**, 95, 157, 226
中村光夫　157, 159
中山義秀　**229**, 157, 159
長与専斎　**229**, 45, 156, 241
長与善郎　155～157
泣塔　**62**, 240
名越　**118**, 53, 69, 74, 76, 80, 120, 205
名越切通　**74**, 17, 68, 77, 86, 250, 251
名越光時　231
名越山　84
夏越祭　207, 217
ナショナルトラスト運動　48, 245
那須良輔　169
夏目漱石　**229**, 98, 107, 145, 154, 227
滑川　17, 50, 59, 64, 68, 81, 85, 176, 182, 192, 196, 250, 252
成良親王　38, 112
『南総里見八犬伝』　154

に

ニース市　187
二階堂　**82**, **116**, 22, 27, 32, 42, 53, 59, 60, 84, 85, 86, 117, 137, 159, 168, 226, 228～230, 233, 237, 244, 246
二階堂大路　**78**
二階堂川　68, 78, 89
西大路　**78**
西田幾多郎　**229**, 109
西御門　**82**, 39, 42, 52, 57, 58, 61, 78, 116, 138, 152, 165, 172, 176, 177
二十五坊跡　**64**, 41, 63
日蓮　**182**, **229**, 65, 68, 74, 106, 114, 115, 118～123, 125～129, 134, 135, 218, 238
日蓮袈裟掛松　**65**
日蓮乞水　**68**
日蓮宗　58, 106, 114, 115, 118～123, 125～129, 131, 134, 135, 155, 229
日蓮上人辻説法跡　**65**, 115, 252
新田義貞　**184**, **229**, 36, 37, 38, 49, 51, 54, 58, 62, 64, 69, 73, 75, 76, 93, 123, 126, 127, 133, 137, 142, 151, 168, 231, 239
日本基督教団鎌倉教会会堂　**174**
日本基督教団鎌倉教会付属ハリス記念鎌倉幼稚園　**174**
「如意輪観音菩薩像」　165
『女人平家』　159
人形供養　219
忍性　**230**, 76, 81, 127, 166, 213, 238
忍性墓特別公開　213

ぬ

沼浜（郷）　27

龍口法難会　*218*
巽神社　***139***, *78, 250, 252*
田中絹代　***228***, *162*
七夕祭　***205***, *216*
谷譲次　*157*
狸和尚　*180*
多宝寺　*54, 70, 81*
多宝寺址やぐら群　***54***
玉縄　***82***, *26, 30, 40, 41, 43, 45, 46, 84, 130, 131, 217, 243*
玉縄首塚まつり　*217*
玉縄桜　*102*
玉縄城址（玉縄城）　***56***, *40, 42, 43, 55, 70, 130～132, 141, 142, 217, 223, 240, 241*
玉縄平戸山遺跡　*26*
玉藻前　*183*
田村隆一　***228***, *160*
多聞院　***132***, *141, 250*
「太郎庵」　*92*
段葛　***77***, *33, 76, 94, 136, 195, 201, 236, 247, 250, 252*
『丹下左膳』　*123, 157*

ち

地形　***84***
地質　***86***
地図　***250***
地勢　***84***
千葉ヶ谷横穴群　***55***
千葉常胤　***228***, *32, 55, 115, 124*
地名　***79***
仲安真康　*166, 167*
鳥海青児　*168*
銚子ノ井　***66***
長壽寺　***111***, *75, 93, 96, 222, 253*
長勝寺　***121***, *66, 68, 94, 101, 122, 202, 212, 250, 252*
張即子　*150*
手斧始式　***200***, *178, 210*
茶々丸　*40, 249*
鳥類　***89***
頂相　*111, 144, 148, 165, 167*

つ

「ツィゴイネルワイゼン」　*161, 162*
月影ヶ谷　*62, 65, 153*
月影地蔵　***65***
『月に吠える』　*156, 230*
辻野久憲　*157*
ツツジ　***96***
ツバキ　***92***
津村信夫　*157*
鶴岡八幡宮（寺）　***136***, *16, 17, 22, 23, 26, 33～35, 38～45, 48, 57, 63, 64, 66, 70, 71, 73, 75～78, 80, 82, 84～87, 91, 92, 94, 96, 99～101, 135, 138, 140, 146, 147, 148, 149, 150, 151, 166, 170, 172, 173, 178～180, 187, 189, 196, 198, 200～220, 223, 227, 232, 236, 237, 239～241, 243, 246, 252*
鶴岡八幡宮大鳥居（一の鳥居）　***173***, *49, 76, 101, 150, 195, 241, 252*
鶴岡八幡宮例大祭　***207***, *218*
『鶴は病みき』　*156*
瓶ノ井　***67***, *110*
『徒然草』　*44, 153, 188*

て

テアトル鎌倉　*162*
貞宗寺　***131***, *92, 251*
「DESTINY　鎌倉ものがたり」　*163*
手塚太郎光盛　*53, 182*
手広　***82***, *26, 43, 62, 84, 89, 130, 134, 176, 190*
手広八反目遺跡　*26*
寺分　*27, 55, 84, 133, 240*
寺分狐坂横穴群　*55*
伝上杉憲方墓　***61***
天園ハイキングコース　***103***, *187*
田楽辻子　***78***
『転身の頌』　*156*
天神山城址　***56***
伝説　***179***
天台山　*84, 86*
天台宗　*115～117, 132, 233*
天王祭　***206***, *44, 142, 178, 216*
『天養記』　*29, 30, 82*
「天井桟敷の人々」　*162*

と

等覚寺　***133***, *251*
『凍雲篩雪図』　***148***
『東関紀行』　*153*

菅原通済　***227***
杉本城（址）　***56***, *55*
杉本寺　***117***, *27, 207, 217, 235, 250, 253*
洲崎　*37, 62, 73*
逗子開成中学　*51, 242*
逗子シルト岩層　*86*
筋違橋　***69***, *77, 252*
鈴木清順　*161*
鈴木大拙　***227***, *109, 145*
スダジイ　*88*
砂押川　*84, 85*
住吉城（址）　***56***, *40, 240*
『SLAM DUNK』　*163*
諏訪神社　***142***, *251*
寸松堂　***173***

せ

征夷大将軍　*32, 62, 137, 153, 232, 233, 237, 239, 241*
西澗子曇　*149*
清渓尼　*58*
「青磁浮牡丹文花瓶」　*166*
「青磁袴腰香炉」　*151, 166*
清浄光寺（遊行寺）　*45, 108, 116, 118, 119, 122, 123*
清拙正澄　*150*
清拙正澄墨蹟遺偈　***150***
成朝　*164*
正中の変　*37*
西来庵　***111***, *96*
清和源氏　*16*
関谷　*26, 40, 55, 84, 142, 190*
関谷東正院遺跡　*26*
絶海中津　*154*
殺生石　***183***, *114*
節分祭・節分会　***202***, *212*
銭洗水　***68***, *252*
銭洗弁財天宇賀福神社　***139***, *68, 70, 81, 86, 103, 184, 187, 201, 211, 250, 252*
前九年合戦　*28, 235*
千家元麿　*157*
浅間山　*84*
泉光院　***134***, *251*
千手院　***124***, *250, 252*
センダンの実　***101***
洗馬谷戸横穴群　***55***
『千羽鶴』　*108, 225*
禅文化　***144***
センリョウの実　***101***

そ

相州伝　*197, 232*
曹洞宗　*129, 130*
底脱ノ井　***66***, *114, 252*
園池公致　*155, 156*

た

大休正念　*58, 109, 133, 231*
大巧寺　***115***, *92, 99, 250, 252*
大慶寺　***133***, *38, 107, 251*
退耕行勇　*58, 118, 131*
大國禱会成満祭　***202***, *122, 212*
大正関東地震（関東大震災）　***195***, *23, 46, 63, 112, 124, 135, 141, 156, 172, 174, 176, 194, 196, 225, 242*
大長寺　***132***, *250*
大仏切通　***75***, *17, 64, 104*
『太平記』　*36, 44, 51, 73, 153, 184*
太平寺（跡）　***58***, *147, 172*
大寶寺　***120***, *96, 250, 252*
「当麻曼荼羅縁起」　***147***, *125, 166*
台峯緑地　*88, 246*
平清盛　*29, 31, 32, 119, 232, 236*
平忠常　*28*
平直方　*28*
平頼綱　*36*
高田博厚　***227***, *169*
高橋和巳　*160*
高橋元吉　*160*
高橋由一　*168*
高浜虚子　***227***, *64, 112, 126, 155, 157, 160*
高見順　***228***, *109, 158, 159*
高山樗牛　*126, 155*
『薪能』　*159, 228*
沢庵宗彭　*43, 110, 168*
宅間家（上杉氏）　*38*
武田麟太郎　*157*
竹山道雄　***228***
『多情仏心』　*227*
タチアオイ　***98***
立原正秋　***228***, *159*
龍ノ口　*65, 119, 128, 129, 218, 229*

収玄寺　***126***
「十五才――学校Ⅳ」　*163*
十三仏詣　*152*
十二所　***81***, ***116***, *42, 61, 84～86, 92, 93, 115, 118, 137, 138, 247*
十二所神社　***137***, *82, 138, 218*
十二所神社例祭　*218*
十便図　***148***
シュウメイギク　***100***
十夜法要　***209***, *125, 219*
朱漆弓　***149***
十六ノ井　*114*
「十六羅漢像」　*54*
守護　*32, 35, 37～39, 61, 142, 232, 236*
朱垂木やぐら　***52***
壽福寺　***111***, *17, 29, 30, 69, 78, 86, 106, 139, 144, 147, 151, 152, 167, 229, 231～233, 237, 250, 252*
鷲峰山　*84, 116*
常栄寺　***119***, *129, 218, 250, 252*
青岳尼　*58*
正月ボタン　***91***
「定額寺官符」　*151*
承久の乱　*34, 231, 237*
商業　***191***
上行寺　***120***, *250, 252*
『蕉堅藁』　*154*
商工業　***191***
浄光明寺　***112***, *17, 54, 66, 113, 139, 151, 152, 165, 250, 252*
城址　***55***
成就院　***126***, *76, 101, 127, 152, 251, 253*
招寿軒　*156*
浄泉寺　***127***, *99, 101, 128, 235, 251*
正続院　***108***, *107, 147*
松竹大船撮影所　***162***, *47, 161, 163, 191, 242, 246*
浄智寺　***109***, *17, 66, 78, 91, 92, 96～101, 103, 107, 135, 144, 150～152, 168, 216, 224, 227, 250, 253*
勝長寿院（跡）　***58***, *17, 60, 94, 146, 147, 165, 223, 231, 236*
聖徳太子講　*211*
「浄土五祖絵伝」　*166*
浄土宗　*106, 112, 120, 121, 123～126, 131, 133, 182, 209, 219*
浄土真宗　*106, 132*
湘南モノレール　***194***, *193, 244*
成福寺　***132***, *162*
菖蒲祭　***204***, *214*
稱名寺　***133***, *250*
称名寺　*37, 73, 147*
浄明寺　***82***, *53, 85, 118, 177, 225*
浄妙寺　***118***, *17, 82, 99, 144, 152, 250, 253*
常楽寺　***131***, *61, 107, 141, 161, 180, 212, 238, 250*
松嶺院　***108***, *96, 156, 223, 253*
青蓮寺　***134***, *62, 176, 235*
ショカツサイ　***93***
「初江王坐像」　*164, 165*
除魔神事　***201***, *210*
白樺（派）　*118, 155, 156, 157, 168, 222, 223, 225, 227*
白鷺　***179***
白旗神社　***138***, *59, 211, 215, 217, 219, 250, 252, 253*
白旗神社文墨祭　*219*
白旗神社例祭　*211, 215*
白小葵地鳳凰文二重織　***149***
城廻　*84*
信仰　***64***
神護寺　*64*
「新御式目」　*35*
真言宗　*112, 114～116, 118, 119, 123, 124, 126～134, 182, 233*
真言律宗　*127, 230*
神西清　*157*
「新思潮」　*155*
神社　***136***
新藤五国光　*197, 232*
「深秘の沙汰」　*35*
人物小事典　***222***
『新編鎌倉志』　*52, 67, 168, 228*
『新編相模国風土記稿』　*73, 141, 149*
森林・植物　***88***

す

瑞賢忌　***205***
スイセン　***91***
瑞泉寺　***117***, *38, 64, 78, 91～93, 98～103, 144, 151, 165, 172, 181, 222, 233, 234, 250, 253*

さ

済蔭庵　***107***
災害　***195***
西行　***226****, 69, 236*
三枝博音　***226***
裁許橋　***69****, 252*
「最後から二番目の恋」　*163*
西念寺　***132****, 250*
材木座　***81, 121****, 17, 43, 49, 50, 67, 69, 94, 119, 122～124, 136, 139, 154～157, 159, 166, 170, 178, 196, 210, 215, 222, 224～226, 228, 229, 230*
材木座海岸　*56, 85, 178, 200, 201, 208, 211, 218*
坂倉準三　*170*
尺度郷　*27, 235*
坂上田村麻呂　*139, 235*
坂ノ下　***81****, 30, 42, 43, 46, 76, 85, 104, 135, 140, 151, 156, 178, 196, 206, 208, 210, 216, 218, 230*
坂ノ下海岸　*49, 200, 201, 210, 211*
『相模国封戸租交易帳』　*79, 235*
逆川橋　***69****, 252*
埼立（郷）　*27*
左義長神事　***201****, 211*
サクラ　***94****, 77, 93, 95, 176, 203*
サクラガイ　*90*
『桜の実の熟する時』　*155*
笹目町　*27, 78, 120, 155, 157*
笹目谷横穴群　*55*
ササリンドウ　*47, 100, 243*
サザンカ　***101****, 121*
佐助　***81****, 68, 75, 90, 124, 139, 183, 197, 215, 246*
佐助稲荷神社　***139****, 81, 103, 183, 212, 250, 253*
坐禅川　*64, 85*
佐田啓二　*162*
撮影場所と大船撮影所の閉鎖　***162***
サツキ　***97***
佐藤栄作　*173*
佐藤宗岳　*173*
里見弴　***226****, 47, 155, 157, 158, 160, 162, 169, 177, 222～224*
里見実堯　*41*
里見義弘　*58*
実朝祭　*207, 217*
『様々なる意匠』　*158, 226*
侍所　*18, 32～34, 75, 234, 237*
サルスベリ　***99***
「秋刀魚の味」　*161*
三門梶原施餓鬼会　***206****, 216*

し

寺院　***106***
シオン　***100***
志賀直哉　*155*
四賀光子　*157*
地獄谷　*110*
『地獄変』　*155*
獅子舞　*89, 102*
時宗　*108, 116, 118～120, 122, 123, 223*
四条金吾　*126*
静御前　***227****, 128, 203, 204, 236*
静の舞　*136, 203, 213, 214*
七五三祈請祭　*219*
七福神　*109, 114, 116, 135*
七里ヶ浜（七里ガ浜）　***51, 81, 127****, 50, 76, 79, 85～87, 90, 97, 168, 186, 224, 229, 242*
「七里ヶ浜の哀歌」　*51*
日月やぐら　***53***
實相寺　***123****, 98, 250, 252*
地頭　*32, 34, 35, 232, 236*
渋川刑部六郎兼守　*68*
澁澤龍彦　***227****, 160*
しぼり水　*89*
「紙本淡彩頬焼阿弥陀縁起」　*166*
姉妹都市　***187****, 245*
島木健作　*157*
島崎藤村　***227****, 155, 242*
島津重豪　*59*
島津忠久　*61*
清水崑　*137, 159, 169*
霜月騒動　*36*
シャガ　***96***
釈迦堂ヶ谷奥やぐら群　*53, 54*
釈（洪嶽）宗演　***227****, 145, 154*
舎利講式　*219*
十一人塚　***62***
十王岩　*53, 103*
十王堂橋　***69****, 253*
十宜図　***148***

「絹本著色釈迦三尊像」　*150*
「絹本著色仏涅槃図」　*150*
「絹本墨画観音像」　*150*
建武式目　*38*
建武の新政　*38, 229, 239*
県立フラワーセンター大船植物園　*94, 102, 243*
元禄の大地震　***195**, 44, 111*

こ

弘安の役　*35, 106, 231, 239*
工業　***191***
光照寺　***108**, 94, 250, 253*
高松寺跡　***58**, 176*
『興禅護国論』　*233*
光触寺　***118**, 81, 96, 137, 151, 166, 181, 250, 253*
光則寺　***125**, 92, 93, 95, 213, 251, 253*
降誕会　***203**, 202, 213*
交通　***193***
高徳院　***125**, 44, 101, 103, 148, 155, 164, 233, 238, 243, 246, 251, 253*
高師冬　*38*
向福寺　***122**, 250, 252*
「高峰顕日坐像」　*165*
光明寺　***124**, 17, 94, 95, 97, 99, 119, 125, 147, 161, 166, 209, 217, 219, 250, 252*
小笠懸　*50*
「黒漆須弥壇」　*151, 166*
国宝　***147***
極楽寺（地名）　***81**, **125**, 36, 50, 85, 86, 127, 141, 177, 234, 238*
極楽寺　***127**, 17, 37, 49, 51, 76, 99, 150, 152, 162, 166, 213, 244, 251, 253*
極楽寺切通　***76**, 17, 62, 67, 81, 86, 251, 253*
極楽寺本尊開扉　*213*
極楽洞　***177**, 253*
『こころ』　*154, 229*
『古今著聞集』　*153*
後嵯峨上皇　*35*
後三年合戦　*28, 29, 120, 138, 235*
五山文学　*107, 144, 154, 233*
『古事記』　*79, 235*
腰越　***81**, **127**, 26, 43, 45, 46, 51, 76, 84, 85, 86, 99, 106, 128, 129, 142, 188, 189, 195, 196, 200, 204, 206, 209, 210, 214, 216, 229, 241, 243*
「腰越状」　*128, 153, 204, 236*
腰越町　*46, 243*
小島政二郎　*157*
五所神社　***139**, 215, 250, 252*
五所神社例祭　*215*
居士林　*107*
古神宝類　***149***
小杉天外　*157*
御成敗式目（貞永式目）　*34, 35, 231, 238*
「古代青軸」　*92*
後醍醐天皇　*36～38, 61, 62, 107, 109, 112, 116, 117, 137, 140, 204, 222, 229, 233, 239, 248*
御鎮座記念祭　***209**, 219*
後土御門天皇　*125, 209*
コッホ　***234**, 51*
後藤家　*168, 197, 226*
後鳥羽上皇　*34, 231, 233, 237, 238*
古都保存法　*47, 48, 158, 234, 244*
後花園天皇　*125*
小林秀雄　***226**, 95, 157, 158, 160, 169, 229*
御判行事　*210*
後深草院二条　***226**, 153*
巨福呂坂　***75**, 17, 34, 37, 110, 250, 252*
小袋坂　*64, 75, 78, 157, 170*
小袋谷　*26, 132, 162, 235*
小堀遠州　*99, 125*
小牧近江　*157*
護摩焚き供養　*211*
小町　***81**, **114**, 71, 80, 115, 116, 138, 171, 176, 226, 238, 243*
小町大路　***77**, 17, 57, 65, 71, 80, 81, 115, 171, 252*
小町通り　*66, 170, 186, 250, 252*
小動　*51, 81, 85, 86, 127*
小動神社　***142**, 101, 127, 128, 206, 216, 251*
御霊神社（坂ノ下）　***140**, 17, 30, 98, 135, 151, 178, 201, 206, 208, 216, 218, 251, 253*
御霊神社（梶原）　***140**, 251*
御霊神社例祭　***208**, 218*
五郎入道正宗　*197*
「金銅密教法具」　*166*
昆虫　***90***
今日出海　***226**, 157, 159, 160, 169*

『喫茶養生記』　112, 151, 233, 237
義堂周信　154
衣張山　**181**, 84, 86, 250, 253
祈年祭　212
木下利玄　118, 155, 156
旧安保小児科医院　**175**
旧華頂宮邸（旧華頂家住宅）　**177**, 162, 225, 253
旧御用邸門　**63**
教恩寺　**119**, 192, 250, 252
行基　117, 128, 131, 140, 141, 235
行事　**200**
行事一覧　**210**
漁業　**188**
玉泉寺　**130**, 251
曲亭馬琴　154
清正公祭　214
去来庵　**176**
魚類　**90**
切岸　52, 56, 74, 86
『金槐和歌集』　34, 153, 207, 232
キンモクセイ　**100**
金龍水　**67**, 253

く

空海（弘法大師）　80, 126, 127, 133, 134, 135
『空華集』　154
公暁　34, 131, 136, 180, 232, 237, 248
愚渓右恵　166
草鹿　**204**, 214
草野心平　168
「草燃える」　163
久成寺　**131**, 251
九条（藤原）頼経　**225**, 34, 57, 231, 237, 248
葛原岡神社　**140**, 54, 61, 98, 103, 215, 252
葛原岡神社例祭　**204**, 215
葛原ヶ岡・大仏ハイキングコース　**103**, 250, 251, 253
国木田独歩　155
国指定史跡　**151**
国指定名勝　**151**
国指定有形文化財　**150**
久保田万太郎　117, 157, 160
九品寺　**123**, 93, 97, 250, 252
熊野新宮　**141**, 251, 253
熊野神社　**141**, 250
久米正雄　**226**, 47, 126, 155～159, 161, 233, 242
『蜘蛛の糸』　155
公文所　32, 61, 224
『暗い部屋にて』　156
『鞍馬天狗』　156, 177, 224
「屈輪文彫木朱漆大香合」　166
胡桃沢耕史　160
鉄ノ井　**66**, 78, 252
黒漆矢　**149**
黒地蔵縁日　**207**, 116, 217
黒田清輝　**226**, 46, 122, 168, 225, 233

け

啓運寺　**122**, 250, 252
景観重要建築物等　**173**
桂昌庵　**107**, 253
系図　**248**
芸能　**178**
ケイワタバコ　**98**
飢渇畠　65
下馬　**80**, 27, 45, 77, 78, 81, 173, 195, 237
仮粧坂　**75**, 17, 54, 98, 102, 250, 253
献詠披講式　**202**, 213
元軍　118, 231
賢江祥啓　166, 167
県指定無形民俗文化財　**151**
県指定有形文化財　**151**
源氏池　99, 207, 252
建造物　**172**
建長寺　**110**, **179**, 17, 37, 42, 44, 53, 67, 68, 78, 94, 96～103, 106, 107, 109, 110, 111, 114, 118, 131, 132, 144, 146, 148, 149～151, 156, 165～170, 172, 180, 195, 197, 202, 203, 205, 206, 207, 209, 215, 216, 219, 222, 227, 231, 232, 234, 238, 241, 243, 247, 250, 253
建長寺鐘　**149**
建長寺船　37
けんちん汁　111
献灯会　217
源翁禅師（心昭空外）　**183**, 114
『源平盛衰記』　153
「絹本著色五百羅漢像」　150
「絹本著色虚空蔵菩薩像」　150

鎌倉市鏑木清方記念美術館　***170***, *225, 245, 252*
鎌倉市川喜多映画記念館　*163, 225, 247, 252*
鎌倉シネマワールド　*162*
鎌倉市長谷子ども会館（旧諸戸邸）　***174***, *253*
鎌倉市民座　*162*
鎌倉十橋　***68***, *65, 69, 77, 139*
鎌倉十井　***66***, *68, 109, 110, 114, 127*
鎌倉商工会議所　*47, 186, 204, 243, 245, 250, 252*
鎌倉女学校　*47, 156, 233*
『鎌倉震災誌』　*46, 196*
鎌倉聖ミカエル教会聖堂　***174***
鎌倉大仏（銅造阿弥陀如来坐像）　***148***, *17, 22, 44, 45, 101, 103, 104, 125, 155, 156, 164, 233, 238, 243, 251, 253*
鎌倉薪能　***208***, *137, 186, 218, 243*
鎌倉町　*45, 46, 242, 243*
鎌倉天王唄　***178***, *206*
鎌倉同人会　*233*
鎌倉と映画　***161***
鎌倉と禅文化　***144***
鎌倉七口　***74***, *37, 75, 76*
『鎌倉日記』　*44, 67, 149, 154, 180, 228, 241*
鎌倉の映画黎明期　***161***
鎌倉の自然環境　***88***
鎌倉之楯　*29, 30*
鎌倉の路　***76***
「鎌倉」の由来　***79***
鎌倉花火大会　***208***, *218, 243*
鎌倉ビーチフェスタ　***204***, *214*
鎌倉風致保存会　*47, 48, 177*
鎌倉ブランド　***190***, *189*
鎌倉文学館　***173***, *48, 97, 160, 177, 186, 187, 229, 231, 245, 250, 253*
鎌倉文庫　*159, 226, 243*
鎌倉文士　*23, 157～160, 162, 177, 226, 227, 243*
鎌倉ペンクラブ　*47, 157, 158, 160, 226, 227, 242, 246*
鎌倉彫　*22, 128, 166, 168, 169, 171, 173, 175, 191, 197, 226, 244*
鎌倉彫会館　***171***, *226, 244, 252*
鎌倉まつり　***203***, *136, 186, 213*
鎌倉山　*27, 95, 104, 134, 162, 169, 176, 227, 228, 242*
鎌倉ゆかりの映画人　***161***
鎌倉歴史文化交流館　***171***, *48, 72, 170, 247, 252*
神庫　*79*
上町屋横穴群　*55*
亀ケ谷坂　***75***, *17, 57, 250, 252, 253*
『仮面』　*158*
『唐糸草子』　*53*
唐糸やぐら　***53***, *182*
川・水源・湿地　***89***
川喜多長政　***225***, *162*
川越藩　*44*
河竹黙阿弥　*154*
カワズザクラ　***92***
カワセミ　*89*
川端康成　***225***, *108, 137, 148, 157～159, 162, 169, 244*
神奈川県立近代美術館　***170***, *169, 230, 243, 244, 246, 247, 250, 252*
勧行寺　***128***, *241, 251*
観光　***186***
観光客数　***187***
関東管領　*38, 39, 41, 54, 61, 80, 141, 223*
関東十刹　*38, 109, 117, 133*
甘露ノ井　***66***, *109, 253*

き

「喜江禅師像」　*167*
祇園山ハイキングコース　***104***, *250, 252*
キキョウ　***98***
菊池寛　*155*
『義経記』　*153*
帰源院　***107***, *98, 154, 155, 227, 229, 253*
気候　***85***
岸田劉生　***225***, *168*
木曽義高の墓　***61***
木曽義仲　*32, 53, 61, 236, 248*
北大路魯山人　***225***, *169*
北鎌倉　***106***
北鎌倉台山遺跡　*26*
北里柴三郎　*51, 234*
北野神社　***141***, *56, 216*
北畠顕家　*56*
北畠八穂　*160*

大庭御厨　29, 82, 235
大祓式　**205**, 215, 220
大平山　86, 103, 250
大船　**80**, 26, 45～48, 55, 56, 69, 73, 84～86, 94, 102, 129～132, 141, 161～163, 169, 191～194, 198, 209, 234, 241, 244～246
大船観音寺　**129**, 130, 162, 234, 243, 251
大船シルト岩層　86
大船調　47, 161
大町　**80**, **118**, 17, 44, 77, 78, 81, 104, 119～121, 138, 155, 156, 159, 192, 194, 205, 206, 214, 216, 228, 238
大町大路　**77**, 17, 80, 252
大町釈迦堂口遺跡　53, 70, 71, 162
大町まつり　**206**, 216
岡本一平　156
岡本かの子　156
置石　33
荻原井泉水　160
小倉遊亀　**224**, 168, 245
尾崎喜八　160
大佛次郎　**224**, 47, 48, 87, 93, 112, 156, 157, 158, 162, 177, 242
『おせい』　156
小津安二郎　**224**, 161, 162, 230, 234
御成小学校　27, 28, 63, 69, 70, 72, 80, 235, 242, 245, 252
御成町　**80**, 175, 176, 226, 244, 245
御谷（騒動）　48, 64, 87

か

開基毎歳忌　213
海月楼　156
快元　40
『快元僧都記』　40, 41
開山忌　**206**, 216
開山国師毎歳忌　**208**, 218
海蔵寺　**114**, 66, 92, 94～102, 152, 183, 250, 252
カイドウ　**95**, 126
『海道記』　60, 153
かいひん荘　鎌倉　**174**
海浜ホテル　155
貝吹地蔵　**64**, 103
覚山尼　**224**, 108, 222
カエデ紅葉　**101**
覚園寺　**116**, 17, 53, 67, 92, 102, 103, 151, 152, 166, 167, 172, 181, 207, 217, 250, 253
神楽始式　210
隠れイチョウ　**180**, 101, 136, 246
葛西善蔵　156
柏尾川　26, 84, 85, 241
梶原景時　**61**, **224**, 31, 33, 67, 206, 216, 236, 237
梶原（郷）　27, 86, 140, 228, 246
梶原太刀洗水　**67**, 236, 253
華頂博信　**225**, 177
カツオ　**188**, 189
「かっぱ筆塚」　137
葛飾北斎　167, 168
勝ノ橋　**69**, 78, 252
金沢街道　**116**, 69, 103, 252
金沢文庫　43, 73, 230, 239
狩野雪信　131, 180
鏑木清方　**225**, 168, 170, 245
鎌倉アカデミア　125, 159, 160, 161, 226, 228, 234, 243
鎌倉尼五山　58, 147, 172
鎌倉石　84, 86
鎌倉エビ　**189**
鎌倉往還　**73**, 74
鎌倉街道　46, 69, 73, 74, 252
鎌倉カーニバル　47, 158, 233, 242, 243
鎌倉神楽　**178**, 141, 201, 208, 219
鎌倉木遣唄　**178**, 201
鎌倉郷土芸能大会　178, 219
鎌倉宮　**137**, 38, 59, 78, 92, 102, 202, 204, 205, 208, 215, 217～220, 233, 241, 250, 253
鎌倉宮例祭　217
鎌倉公方　22, 38, 39, 40, 60, 61, 111, 114, 117, 120, 167, 205, 222, 223, 240
鎌倉郡衙（跡）　27, 70, 72, 245
鎌倉芸術館　48, 169, 186, 245, 250
鎌倉郷　27, 79, 235
鎌倉国宝館　**170**, **172**, 46, 49, 112, 164, 187, 233, 242, 246, 252
鎌倉五山　38, 82, 106, 109, 110, 111, 118, 144, 154, 200, 224
鎌倉五名水　**67**, 139
鎌倉権五郎景政（正）　29, 30, 140, 142, 235

井原西鶴　154
今泉　**80**, 84, 85, 87, 96, 99, 141
今小路　**78**, 65, 69, 70, 71, 252
今小路西遺跡（群）　**71**, 17, 20, 27, 235
石清水八幡宮　28, 136, 209, 213, 235
岩瀬　27, 84, 89, 132, 141
岩瀬上耕地遺跡　27
岩田宏　160

う

ヴィム・ヴェンダース　162
植木　40, 92
上杉謙信（長尾景虎）　**223**, 41, 240
上杉定正　80, 224, 240
上杉重房　110, 150
上杉禅秀　39, 240
上杉憲顕　**223**, 38
上杉憲方　**223**, 61, 97, 109
上田市　187, 244
上田敏　155
ウォーナー　**234**
潮神楽　**201**, 211
汐まつり　201
歌川国貞　168
歌川広重　168
歌ノ橋　**68**, 253
打越　40
宇津宮辻子　17, 34, 57, 58, 237
宇津宮辻子幕府跡　**57**
海・海岸　**90**
海の旧跡　**49**
「海街 diary」　162, 163
ウメ　**92**
瓜ヶ谷やぐら群　**54**, 103, 252
運慶　**223**, 22, 111, 112, 119, 121, 123, 147, 164, 181, 197

え

映画から漫画・ドラマへ　**163**
永享の乱　39, 240
英勝寺　**112**, 43, 69, 80, 92, 96, 99, 100, 102, 150, 224, 241, 247, 250, 252
永仁の徳政令　36
荏草（郷）　27, 235
荏柄天神社　**137**, 17, 68, 92, 101, 137, 172, 201, 202, 212, 217, 235, 250, 252, 253
駅路の法　73
江藤　淳　160
江ノ島（江の島）　44, 51, 114, 116, 135, 142, 168, 194, 206, 216, 227, 236, 244
江ノ島電鉄　**194**, 45, 155, 163, 177, 193, 227, 242, 243
夷堂橋　**68**, 69, 77, 81, 138, 252
円覚寺　**106**, 37, 41, 42, 44, 58, 78, 93, 96, 98, 100, 102, 106～109, 111, 117, 132, 133, 144～147, 149, 150, 151, 154, 156, 162, 165～167, 172, 179, 197, 208, 209, 213, 216, 218, 219, 223, 227, 229, 231, 232, 239, 241～243, 250, 253
円覚寺鐘　**149**
円覚寺舎利殿　**147**, **172**, 58, 108, 144, 208, 219, 242, 253
圓久寺　**135**, 251
圓光寺　**131**, 42, 251
圓應寺　**111**, 75, 100, 121, 152, 165, 205, 211, 250, 252
閻魔縁日　205, 211
延命寺　**121**, 192, 196, 250, 252

お

往阿弥陀仏　49, 238
扇ヶ谷（扇ガ谷）　**80**, **111**, 42, 43, 54, 66, 75, 104, 112, 114, 139, 158, 171, 181, 226, 228, 236, 247
扇谷家（上杉氏）　38, 39, 55, 224
扇ノ井　**66**, 80, 252
横穴墓（横穴古墳）　**54**, 27, 52, 55
黄梅院　**107**, 253
「黄釉草葉文壷」　167
大江広元　**61**, **224**, 103, 128
大岡昇平　157, 229
大倉幕府跡　**57**, 17, 46, 59, 77, 78, 252, 253
大倉御所　33, 34, 39, 82, 237
大河内（松平）正綱　43
大島（郷）　27
大注連祭　141, 210
大舘宗氏　62
太田道灌　**224**, 95, 112, 240, 241
太田水穂　157
大塔宮護良親王　**233**, 38, 62, 121, 137, 239, 248
大庭景親　29

索　引

●註：太字は見出しページをあらわす
：書名には『 』、文化財などの名称には「 」を付した

あ

会津藩　*44*
『青砥稿花紅彩画』　*154*
青砥藤綱　***181***, *182*
赤橋（北条）守時　*62, 113*
アカモク　***189***
秋葉山三尺坊大権現例祭　*215*
「秋日和」　*162*
芥川龍之介　***222***, *155, 156*
上知令　*45, 241*
朝井閑右衛門　*168*
朝夷奈切通　***74***, *17, 34, 67, 75, 86, 89, 98, 102, 154, 168, 238, 250, 253*
朝比奈三郎義秀　*75*
足利氏満　*61, 109, 114, 223, 249*
足利学校　*224*
足利市　*187*
足利成氏　*39, 205, 240, 249*
足利尊氏（高氏）　***222***, *36〜38, 62, 111〜113, 116, 117, 137, 223, 229, 233, 239, 249*
足利直義　*38, 112, 113, 183, 239, 249*
足鏡別王　*79, 235*
足利持氏　*38, 39, 120, 240, 249*
足利基氏　***222***, *38, 111, 223, 240, 249*
足利政知　*39*
足利義詮　*107, 249*
足利義教　*39, 249*
足利義満　*144, 249*
アジサイ　***98***, *91, 110*
『吾妻鏡』　*30, 44, 50, 64, 71, 73, 75, 77, 78, 81, 138, 147, 148, 181, 195, 213, 226, 238, 239*
安達泰盛　***222***, *36, 66, 72, 239*
『厚物咲』　*159, 229*
阿仏尼　***222***, *62, 114, 153, 252*
阿仏尼邸跡　***62***
甘縄神明神社　***140***, *17, 27, 218, 235, 250, 253*
甘縄神明神社例祭　*218*
「阿弥陀三尊坐像（木造阿弥陀如来及両脇侍坐像）」　*165*
飴屋踊り　***178***
新井城　*40, 42, 56*
新井白石　*43, 130*
有島生馬　***222***, *155, 168, 223, 227*
有島武郎　***223***, *155, 156, 222, 227*
『或る女のグリンプス』（『或る女』）　*156, 223*
安国論寺　***121***, *95, 96, 101, 126, 182, 250, 252*
『安城家の兄弟』　*227*
安養院　***120***, *33, 96, 207, 231, 250, 252*

い

「沃懸地杏葉螺鈿太刀」　***150***, *166*
「沃懸地杏葉螺鈿平胡籙」　***149***
生田長江　*157*
池子火砕岩層　*86*
池田克己　*160*
池大雅　*148*
『十六夜日記』　*112, 114, 153, 222*
石上神社／石上神社例祭　*201, 206, 216*
石川邸（旧里見弴邸）　***177***, *253*
石塚友二　*160*
石橋湛山　***223***
石橋山／石橋山の合戦（戦い）　*17, 31, 61, 64, 225, 232, 236*
泉鏡花　*122, 155, 170*
泉ノ井　***66***, *252*
伊勢宗瑞（北条早雲）　***223***, *40, 55, 56, 142, 240*
イソギク　***101***, *90*
一の鳥居　***173***, *49, 76, 101, 150, 241, 252*
イチョウ黄葉　***101***
一遍　***223***, *106, 108, 118, 119*
伊藤海彦　*160*
伊東深水　*168*
伊東祐親　*31*
糸巻太刀拵　***149***
稲瀬川　*17, 62, 85, 250, 253*
稲村ヶ崎（稲村ガ崎）　***50, 79***, *17, 36, 37, 50, 51, 65, 80, 〜82, 84, 85, 97, 101, 104, 168, 186, 227, 229, 234, 251*
犬追物　*50*
犬懸家（上杉氏）　*38*
井上ひさし　*160, 163, 246*

参考資料

『朝日人物事典』朝日新聞社
『江ノ電の１００年』江ノ島電鉄株式会社
『円覚寺』大本山円覚寺
『円覚寺史』春秋社
『角川日本地名大辞典』角川書店
『風のかたみ　鎌倉文士の世界』朝日新聞社
『鎌倉映画地図』鎌倉市川喜多映画記念館
『かまくら景観百選　鎌倉の景観重要建築物』鎌倉市都市景観課
『かまくら子ども風土記』鎌倉市教育委員会
『鎌倉散歩24コース』山川出版社
『鎌倉市史』社寺編　吉川弘文館
『鎌倉市史』総説編　吉川弘文館
『鎌倉事典』東京堂出版
『鎌倉史跡事典』新人物往来社
『鎌倉大佛縁起』鎌倉大佛殿高徳院
『鎌倉の史跡』かまくら春秋社
『鎌倉の自然』鎌倉市教育委員会
『鎌倉の神社小事典』かまくら春秋社
『鎌倉の禅宗美術』かまくら春秋社
『鎌倉の地名由来辞典』東京堂出版
『鎌倉の寺小事典』かまくら春秋社
『鎌倉の統計』鎌倉市
『鎌倉の花小事典』かまくら春秋社
『鎌倉の仏教』かまくら春秋社
『鎌倉の文学小事典』かまくら春秋社
『鎌倉の埋蔵文化財』鎌倉市教育委員会
『鎌倉の民俗』かまくら春秋社
『鎌倉花手帳』ＪＴＢパブリッシング
『かまくら　附鎌倉案内記』村田書店
『かまくらむかしばなし』かまくら春秋社
『現代鎌倉文士』かまくら春秋社
『建長寺』大本山建長寺
『〈古都〉鎌倉案内　いかにして鎌倉は死都から古都になったか』洋泉社
『子どもの四季　鎌倉風物詩』新樹社
『松竹映画の栄光と崩壊　大船の時代』平凡社
『松竹大船撮影所覚え書』かまくら春秋社
『湘南の誕生』藤沢市教育委員会
『新編鎌倉志』雄山閣
『新編国歌大観』角川書店
『新編相模国風土記稿』雄山閣
『図説鎌倉回顧』鎌倉市
『図説鎌倉年表』鎌倉市
『図説　鎌倉伝説散歩』河出書房新社
『図説　鎌倉歴史散歩』河出書房新社
『ゼロからわかる鎌倉』（ＣＡＲＴＡシリーズ）学研パブリッシング
『中世鎌倉の発掘』有隣堂
『鶴岡八幡宮年表』鶴岡八幡宮
『新潮日本文学辞典』新潮社
『としよりのはなし　鎌倉文化財資料第7集』鎌倉市教育委員会
『都市鎌倉の中世史』吉川弘文館
『永井路子の私のかまくら道』かまくら春秋社
『日本史年表・地図』吉川弘文館
『日本人名大辞典』講談社
『日本大百科全書』小学館
『深く歩く　鎌倉史跡散策』かまくら春秋社
『武家の古都、鎌倉』山川出版社
『佛教語大辞典』東京書籍
『文学都市かまくら１００人』鎌倉文学館
『平安京と水辺の都市、そして安土』（朝日百科・日本の歴史別冊）朝日新聞社
『北条時宗小百科』かまくら春秋社
『末座の幸福』小学館
『よみがえる中世〔３〕　武士の都　鎌倉』平凡社
『乱世の鎌倉』かまくら春秋社
『私たちの鎌倉』鎌倉市教育委員会
鎌倉市公式ホームページ
神奈川県公式ホームページ
文化庁公式ホームページ
農林水産省公式ホームページ
経済産業省公式ホームページ

協力者一覧

（敬称略・順不同）

●監修委員

伊藤一美（鎌倉考古学研究所理事）
酒井忠康（美術評論家）
高井正俊（建長寺派前宗務総長）
錦　昭江（鎌倉女学院高等学校校長）
原田　寛（写真家）
樋口州男（中世史研究家）
福澤健次（建築家）
三木　卓（作家）
養老孟司（東京大学名誉教授）

●協力

掲載寺院／掲載神社／神奈川県立金沢文庫／神奈川県立近代美術館／神奈川県立歴史博物館／鎌倉市／鎌倉市教育委員会／鎌倉市観光協会／鎌倉芸術館／鎌倉国宝館／鎌倉市鏑木清方記念美術館／鎌倉市中央図書館／鎌倉文学館／鎌倉歴史文化交流館／日本近代文学館／金子丸／新江ノ島水族館／清泉女学院中学高等学校／蒼史社／博古堂／飯田正実／池田等／薄井和夫／大三輪龍哉／大貫昭彦／風間　洋／河野眞知郎／久保田雅彦／久保廣晃／久米和子／倉和男／小峰邦夫／鈴木良明／清水梢太郎／瀬谷貴之／田中奈保／田辺旬／千葉和子／辻井善彌／戸口和江／中村孝志／本多順子／政尾吉郎／増谷文良／宮田　真／村上光彦／村田江里子／森山恵美／八木寧子／山口俊章／山内静夫

●写真

池　英夫
大社優子
桐島元樹
高嶋和之
原田　寛
宮川潤一
山口光彦

●イラスト

二階堂正宏
柿沼迪夫
吉野晃希男

●地図

DIG. Factory

●装丁

ATOLO FILMS

新版改訂　鎌倉観光文化検定
公式テキストブック

監　修　鎌倉商工会議所

発行者　伊藤玄二郎

編集・発行　かまくら春秋社
鎌倉市小町二―一四―七
電話〇四六七（二五）二八六四

印　刷　ケイアール

平成三十年四月二十五日　第一刷発行

ISBN978-4-7740-0753-3 C0026